- 江西省人文社科重点研究基地项目（JD16149）
- 江西省社会科学"十三五"规划项目（17GL26）
- 国家自然科学基金项目（71763018）
- 博士科研启动经费（06301351）和南昌大学廉政研究中心资助

# 中国蔬菜产业政策发展及评价

ZHONGGUO SHUCAI CHANYE
ZHENGCE FAZHAN JI PINGJIA

高群 著

中国社会科学出版社

**图书在版编目(CIP)数据**

中国蔬菜产业政策发展及评价/高群著.—北京:中国社会科学出版社,
2018.9

ISBN 978 - 7 - 5203 - 2841 - 8

Ⅰ.①中… Ⅱ.①高… Ⅲ.①蔬菜产业—产业发展—研究—中国
Ⅳ.①F326.13

中国版本图书馆 CIP 数据核字(2018)第 160965 号

---

| | | |
|---|---|---|
| 出 版 人 | 赵剑英 | |
| 责任编辑 | 刘 艳 | |
| 责任校对 | 陈 晨 | |
| 责任印制 | 戴 宽 | |

---

| | | |
|---|---|---|
| 出 版 | 中国社会科学出版社 | |
| 社 址 | 北京鼓楼西大街甲 158 号 | |
| 邮 编 | 100720 | |
| 网 址 | http://www.csspw.cn | |
| 发 行 部 | 010 - 84083685 | |
| 门 市 部 | 010 - 84029450 | |
| 经 销 | 新华书店及其他书店 | |

---

| | | |
|---|---|---|
| 印 刷 | 北京明恒达印务有限公司 | |
| 装 订 | 廊坊市广阳区广增装订厂 | |
| 版 次 | 2018 年 9 月第 1 版 | |
| 印 次 | 2018 年 9 月第 1 次印刷 | |

---

| | | |
|---|---|---|
| 开 本 | 710 × 1000 1/16 | |
| 印 张 | 16 | |
| 插 页 | 2 | |
| 字 数 | 228 千字 | |
| 定 价 | 69.00 元 | |

---

# 中国蔬菜产业政策发展及评价

ZHONGGUO SHUCAI CHANYE
ZHENGCE FAZHAN JI PINGJIA

高群 著

中国社会科学出版社

## 图书在版编目（CIP）数据

中国蔬菜产业政策发展及评价／高群著. —北京：中国社会科学出版社，
2018.9

ISBN 978 - 7 - 5203 - 2841 - 8

Ⅰ.①中… Ⅱ.①高… Ⅲ.①蔬菜产业—产业发展—研究—中国
Ⅳ.①F326.13

中国版本图书馆 CIP 数据核字（2018）第 160965 号

| | | |
|---|---|---|
| 出 版 人 | 赵剑英 |
| 责任编辑 | 刘 艳 |
| 责任校对 | 陈 晨 |
| 责任印制 | 戴 宽 |

| | | |
|---|---|---|
| 出 版 | 中国社会科学出版社 |
| 社 址 | 北京鼓楼西大街甲 158 号 |
| 邮 编 | 100720 |
| 网 址 | http://www.csspw.cn |
| 发 行 部 | 010 - 84083685 |
| 门 市 部 | 010 - 84029450 |
| 经 销 | 新华书店及其他书店 |

| | | |
|---|---|---|
| 印 刷 | 北京明恒达印务有限公司 |
| 装 订 | 廊坊市广阳区广增装订厂 |
| 版 次 | 2018 年 9 月第 1 版 |
| 印 次 | 2018 年 9 月第 1 次印刷 |

| | | |
|---|---|---|
| 开 本 | 710×1000 1/16 |
| 印 张 | 16 |
| 插 页 | 2 |
| 字 数 | 228 千字 |
| 定 价 | 69.00 元 |

凡购买中国社会科学出版社图书,如有质量问题请与本社营销中心联系调换
电话:010 - 84083683

# 中国蔬菜产业
# 政策发展及评价

ZHONGGUO SHUCAI CHANYE
ZHENGCE FAZHAN JI PINGJIA

高群 著

中国社会科学出版社

**图书在版编目(CIP)数据**

中国蔬菜产业政策发展及评价/高群著.—北京：中国社会科学出版社，
2018.9

ISBN 978 - 7 - 5203 - 2841 - 8

Ⅰ.①中…　Ⅱ.①高…　Ⅲ.①蔬菜产业—产业发展—研究—中国

Ⅳ.①F326.13

中国版本图书馆 CIP 数据核字(2018)第 160965 号

| | | |
|---|---|---|
| 出 版 人 | 赵剑英 |
| 责任编辑 | 刘 艳 |
| 责任校对 | 陈 晨 |
| 责任印制 | 戴 宽 |

| | | |
|---|---|---|
| 出　　版 | 中国社会科学出版社 |
| 社　　址 | 北京鼓楼西大街甲 158 号 |
| 邮　　编 | 100720 |
| 网　　址 | http://www.csspw.cn |
| 发 行 部 | 010 - 84083685 |
| 门 市 部 | 010 - 84029450 |
| 经　　销 | 新华书店及其他书店 |

| | | |
|---|---|---|
| 印　　刷 | 北京明恒达印务有限公司 |
| 装　　订 | 廊坊市广阳区广增装订厂 |
| 版　　次 | 2018 年 9 月第 1 版 |
| 印　　次 | 2018 年 9 月第 1 次印刷 |

| | | |
|---|---|---|
| 开　　本 | 710×1000　1/16 |
| 印　　张 | 16 |
| 插　　页 | 2 |
| 字　　数 | 228 千字 |
| 定　　价 | 69.00 元 |

凡购买中国社会科学出版社图书,如有质量问题请与本社营销中心联系调换
电话:010 - 84083683

# 目　　录

# 图目录

# 表目录

# 第一章　导论

## 第一节　研究背景与研究意义

### 一　研究背景与问题的提出

#### （一）稳定蔬菜的价格，是确保农业生产与维护社会稳定的大事

1. 保障蔬菜市场价格稳定，关乎农业安全与国际贸易的正常运行

蔬菜产业是主产区种植户的重要收入来源，在国内农业生产领域中处于十分重要的战略地位；与此同时，中国也在全球蔬菜市场扮演着重要角色。《中国农业展望报告（2015—2024）》显示，中国是全球蔬菜类产品生产与消费第一大国；国家统计局数据进一步表明，21 世纪以来，全国蔬菜生产形势整体向好，播种面积与产量均有所提升。具体来看：就种植面积而言，2000 年至 2014 年，国内蔬菜的生产面积自 1523.73 万公顷扩大至 2140.48 万公顷，年均增幅为 2.46%；蔬菜在农作物总生产面积中占比由 9.75% 稳步上升至 12.94%。就产量而言，国内蔬菜产业以年均 3.90% 的速度上涨，截至 2014 年年底，国内蔬菜的产量已由 21 世纪之初的 4.45 亿吨涨至 7.60 亿吨（详见图 1 - 1）。

与此同时，进入 21 世纪以来中国蔬菜出口贸易取得了迅速发展，在平衡农产品贸易方面做出了巨大贡献。2000—2014 年，中国菜品贸易保持量额齐增的趋势。其中，蔬菜产品的出口量由 320.30 万吨增至 976.00 万吨，年均增幅为 8.28%；出口额自 20.90 亿美元增加至 125.00 亿美元，年均增幅约 13.63%，显著高于同期农产品总出口额 11.50% 的年均增速（详见表 1 - 1）。15 年

间，中国农产品贸易整体已经从净出口国逐步沦为净进口国，贸易额自 21 世纪之初的 44.20 亿美元顺差逐步转向 505.80 亿美元逆差。然而，蔬菜类产品作为国内农产品出口创汇的重要品种，却始终保持贸易顺差态势，产品出口始终保持强劲涨势，贸易顺差自 19.80 亿美元增为 119.90 亿美元，对平衡农产品贸易逆差与出口创汇发挥重要功效。

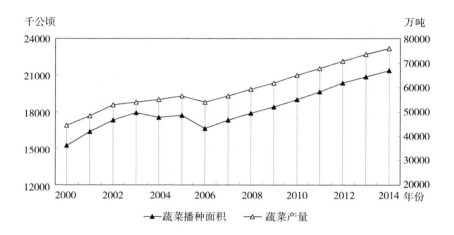

**图 1-1  我国蔬菜产业生产基本情况（2000—2014 年）**

数据来源：国家统计局网站 http：//www.stats.gov.cn/。

表 1-1　　　　中国蔬菜进出口贸易情况（2000—2014 年）

| 年份 | 农产品贸易额（亿美元） | | | 蔬菜贸易额（亿美元） | | |
|---|---|---|---|---|---|---|
| | 出口额 | 进口额 | 贸易差 | 出口额 | 进口额 | 贸易差 |
| 2000 | 156.8 | 112.6 | 44.2 | 20.9 | 1.1 | 19.8 |
| 2001 | 160.5 | 118.5 | 42.0 | 23.5 | 1.1 | 22.4 |
| 2002 | 181.3 | 124.7 | 56.6 | 26.4 | 1.1 | 25.3 |
| 2003 | 214.1 | 189.7 | 24.4 | 30.8 | 1.1 | 29.7 |
| 2004 | 233.6 | 280.9 | -47.3 | 38.1 | 1.4 | 36.7 |
| 2005 | 275.5 | 287.9 | -12.4 | 45.0 | 1.3 | 43.7 |

| 时间 | 农产品贸易额（亿美元） | | | 蔬菜贸易额（亿美元） | | |
|------|------|------|------|------|------|------|
| | 出口额 | 进口额 | 贸易差 | 出口额 | 进口额 | 贸易差 |
| 2006 | 313.8 | 321.7 | -7.9 | 54.5 | 1.5 | 53.0 |
| 2007 | 369.9 | 412.0 | -42.1 | 62.5 | 1.7 | 60.8 |
| 2008 | 404.7 | 587.7 | -183.0 | 64.8 | 1.9 | 62.9 |
| 2009 | 395.4 | 527.0 | -131.6 | 68.3 | 1.8 | 66.5 |
| 2010 | 493.7 | 725.5 | -231.8 | 99.5 | 2.8 | 96.7 |
| 2011 | 607.2 | 948.7 | -341.5 | 117.2 | 3.3 | 113.9 |
| 2012 | 632.5 | 1124.8 | -492.3 | 99.7 | 4.1 | 95.6 |
| 2013 | 678.3 | 1188.7 | -510.4 | 115.8 | 4.2 | 111.6 |
| 2014 | 719.6 | 1225.4 | -505.8 | 125.0 | 5.1 | 119.9 |

注：表中"贸易差"一栏中负值代表贸易逆差，正值则为顺差。数据源于《中国农产品贸易发展报告（2015）》、商务部《中国农产品进出口月度统计报告》。

综合而言，中国是全球第一大蔬菜的生产与消费大国，蔬菜产业也是国内继粮食作物之后的第二大农业产业，蔬菜产业已然成为当代农民增收致富的主要来源及主产区农业经济的支柱产业，强化蔬菜类产品调控是增强国际贸易竞争力的必然需求。

2. 稳定蔬菜价格，为保障生产主体收入和满足消费主体需求的客观需要

（1）稳定菜品价格，是确保生产主体收入的基本要求

一方面，农民从事蔬菜生产，效益空间巨大。如表1-2所示，蔬菜和水果产业是带动农户增收致富的支柱产业，两者的成本收益率分别为77.79%和51.33%，经济效率远超出其他农作物。《全国农产品成本收益资料汇编（2015）》进一步显示，2014年国内蔬菜产业亩均产值和亩均现金收益均是仅次于水果之后排名第二的重要农作物，其中，蔬菜类产品的亩均产值高达6344.56元，分别是粮食、棉花、油料、食糖产值的5.32倍、3.98倍、5.78倍、3.36倍；每亩的现金收益为3939.36元，分别是粮食、棉花、油料、食

糖的 5.54 倍、5.27 倍、5.24 倍和 4.64 倍。

另一方面，发展蔬菜产业能够有效带动城乡居民就业。众所周知，蔬菜和水果产业均隶属典型劳动密集型产业，对转化城乡剩余劳动力贡献巨大。2014 年，中国蔬菜产业的亩均用工量高达 28.24 日，分别是水果、粮食、棉花、油料及食糖产业用工量的 1.09 倍、4.81 倍、1.55 倍、3.44 倍及 2.56 倍。并且设施蔬菜的用工量更多，其中，设施黄瓜、设施西红柿、设施茄子、设施菜椒的亩均用工量依次高达 60.15 日、57.9 日、55.95 日、49.72 日，分别是相应露地品种用工量的 1.97 倍、2.14 倍、2.80 倍以及 2.37 倍。另外，据不完全统计，仅 2010 年在中国就有超过一亿的劳动力直接从事蔬菜生产，并且有超过 8000 万的劳动力间接地从事与蔬菜类产品保鲜、贮运、销售及加工相关的工作；此后几年，直接或间接从事与蔬菜类产品产销相关的从业人员数目始终处于高位。

表 1-2　　　　　　2014 年国内大宗作物成本收益情况

| 项目 | 涵盖品种 | 现金收益（元/亩） | 净利润（元/亩） | 成本利润率（%） | 商品率（%） | 产值（元/亩） | 每亩用工量（日） |
|---|---|---|---|---|---|---|---|
| 蔬菜 | 露地的圆白菜、大白菜及马铃薯，西红柿、黄瓜、茄子、菜椒 | 3939.36 | 2152.12 | 51.33 | 99.55 | 6344.56 | 28.24 |
| 水果 | 苹果、柑、桔 | 4452.95 | 2964.76 | 77.79 | 99.63 | 6775.76 | 25.87 |
| 粮食 | 稻谷、小麦、玉米 | 710.44 | 124.78 | 11.68 | 89.08 | 1193.35 | 5.87 |
| 棉花 | 棉花 | 747.24 | -686.44 | -30.13 | 99.68 | 1592.12 | 18.23 |
| 油料 | 花生、油菜籽 | 751.56 | -8.98 | -0.81 | 85.72 | 1098.59 | 8.21 |
| 食糖 | 甘蔗、甜菜 | 848.43 | 77.41 | 4.27 | 100 | 1889.69 | 11.01 |

数据来源：《全国农产品成本收益资料汇编（2015）》。

当前"五化同步"形势下,工业反哺农业的新时代正在悄然到来。为改善蔬菜产业生产主体的弱势地位,维护国家社会的稳定和谐,确保国民经济协调发展,中央及各级政府有必要出台相应的调控措施支持农业与农村的发展;与此同时,在全球化背景下,生产主体面临自然风险的同时还要抵御波动剧烈的市场风险,为营造公平竞争环境、确保蔬菜类产品有效供给,并维持可持续的农村环境,也迫切需要相应调控政策的出台。

(2)确保蔬菜价格稳定,是保障城乡居民基本消费需求与生活质量改善的客观要求。

首先,蔬菜类产品对改善城乡消费主体营养水平与膳食结构贡献巨大。作为城乡消费主体的基本食物来源之一,蔬菜类产品在消费者的膳食结构中扮演重要角色。一方面,蔬菜类产品是人类的基本食物来源之一,能提供人体健康所必需的维生素、膳食纤维、无机盐及矿物质,且脂肪与蛋白质含量较少。与此同时,因蔬菜类产品内含诸多有机酸、色素成分及芳香物质,在增加人体食欲、促进人体消化方面也发挥重要作用。另一方面,国内城乡消费主体长久以来以果蔬鲜食为主、需求量大的消费习惯,也决定了菜品在城乡消费主体膳食结构中占据特别重要的地位。

其次,蔬菜类产品在城乡居民食品消费中占据着十分重要的地位。国家统计局数据显示,2000—2012年,中国农村居民家庭的人均菜品消费均值是100.61千克;城镇居民家庭的人均菜品购买均值为117.57千克。就消费量而言,自21世纪以来蔬菜与粮食始终是城乡居民人均食品消费中的前两大类产品,消费量远高于瓜果及其制品、水产品、食用油、肉禽及其制品、奶及其制品(详见图1-2、图1-3)。《中国农业展望报告(2015—2024)》进一步指出,2014年国内城乡居民年均菜品的消费量达到145千克,且伴随居民营养膳食结构的改善与国民经济水平的提升,未来十年,城乡居民对蔬菜类产品的消费需求将持续扩大。

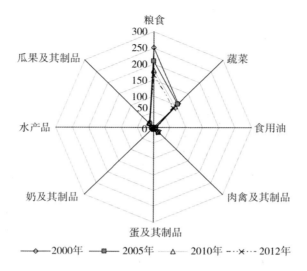

**图 1-2　农村居民家庭人均食品消费量（2000—2012 年）**

数据来源：国家统计局网站 http：//data. stats. gov. cn/。

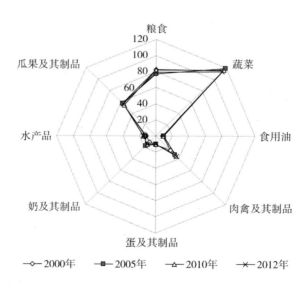

**图 1-3　城镇居民家庭人均食品消费量（2000—2012 年）**

数据来源：国家统计局网站 http：//data. stats. gov. cn/。

**（二）蔬菜市场价格频繁剧烈波动，生产主体和消费主体深受"卖难""买难"困扰**

1. 蔬菜价格行情不稳定引发滞销烂地头，生产主体经受"卖难"困扰。

（1）蔬菜市场价格频发暴涨暴跌现象，种植户面临无法预知的市场风险

21世纪以来，中国蔬菜类产品市场价格行情不稳，不同月份之间的市场价格差较大。无疑，这在一定程度上干扰了菜农对未来市场价格的预期，进而影响了蔬菜生产主体的种植决策。从全国月度蔬菜集贸市场中等价格走势图来看，大宗菜品基本都表现出较为剧烈的价格波动。2002年至2015年，西红柿、黄瓜、菜椒、大白菜集贸市场最高价格依次为7.63元/公斤、8.17元/公斤、9.84元/公斤、3.31元/公斤，集贸市场最低价格依次为1.08元/公斤、0.89元/公斤、1.16元/公斤、0.53元/公斤，集贸市场最高价依次是最低价的7.06倍、9.18倍、8.48倍、6.25倍（详见图1-4）。

为进一步了解蔬菜类产品价格波动背景下种植主体的产销行为，笔者于2013—2015年持续三年对山东省寿光市48个种植户和甘肃省蔬菜种植示范县榆中县、武山县57个种植户进行了跟踪调研，以求系统地剖析当地蔬菜产销的基本情况与存在的问题。在调研中，种植户普遍反映蔬菜行情不明朗、同一菜品价格忽高忽低。具体表现在两个方面：一是不同年份之间同一蔬菜价格差异巨大。例如，甘肃省甘蓝的地头收购均价在2013年为0.47元/斤，2014年为0.58元/斤，而2015年上半年则低至0.1元/斤。二是同一年份之间同一菜品价格也存在巨大差异。以2015年为例，寿光市西红柿地头最高收购价格可达3元/公斤，最低时仅0.5元/公斤；黄瓜的最高地头出售价可达到4元/公斤，最低时仅0.2元/公斤；彩椒最高地头出售价可达8元/公斤，最低时仅1.5元/公斤。

究其原因，主要涵盖以下几个方面：一是大宗蔬菜产品生产周期普遍较长，种植主体大多根据以往经验安排生产，对市场信息的反应存在滞后性，当意识到消费主体对蔬菜需求有所变动已为时过

晚，种植主体只能被迫接受现状，即蔬菜生产周期无法随市场供求的变动而及时进行调整；二是菜农靠天吃饭、面临无法预知的市场风险的同时，还要经历批发商串通起来压低菜价的威胁。处于家庭分散式经营模式下的种植户在与经销商进行讨价还价过程中存在天然的弱势性。榆中县一位送菜来的种植户刘老汉告诉笔者，他卖给经纪人的蔬菜在交易时是不知道价格的，经纪人出手后有钱赚再给他结账，到时候经纪人说多少钱一斤就多少！笔者深刻感受到了农民的弱势和可怜；三是受到气候因素、产量、市场缺口、外地菜的冲击等多重因素制约，历年的蔬菜市场行情不尽相同。与此同时，农村青壮年劳力因外出务工而疏于对蔬菜的经营管理导致蔬菜品质有所下降，进一步加剧了市场价格的震荡。

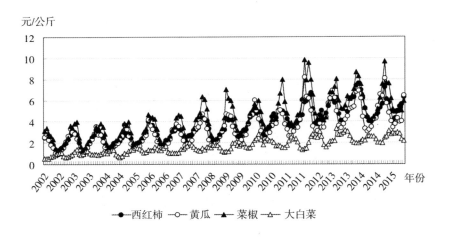

**图 1-4 国内部分大宗菜品价格走势（2002—2015 年）**

数据来源：中国社会经济发展统计数据库。

（2）蔬菜终端价格高企往往会刺激生产主体的积极性，反而更进一步地引发滞销难题。

事实上，蔬菜类产品的终端消费市场价格坚挺，并不能够代表蔬菜全产业链价格也能保持高企态势，蔬菜类产品"田间卖几分钱终端卖几元钱"的现象屡次出现。近年来，由蔬菜"田间"收购价过低引发的果蔬类产品滞销现象层出不穷，例如，2010 年，四川省成都市的胡萝卜与莴笋产品出现滞销；2011 年，浙江省温岭市的大白菜滞销；2012 年，山东省德州市芹菜、北京彩椒、甘肃省天水市苹果、河北省山楂接连出现滞销现象；2013 年，四川省宜宾市的芹菜与莴笋、湖北省孝感市的包菜滞销；2014 年，河南省南阳市的大葱、陕西省礼泉县的苹果发生滞销现象；2015 年，山东省平度市的生姜、聊城市的辣椒、滨州市的芹菜、河南省开封市的西瓜、广东省佛山市的火龙果等果蔬类产品纷纷滞销。果蔬类产品的滞销一次次给生产主体带来了严重的福利损失，部分血本无归、走投无路的菜农和果农甚至选择了自杀。2011 年 4 月，山东、河南多地叶菜类蔬菜出现滞销，山东省济南市历城区唐王镇卷心菜种植户韩某，因自家所种的六亩卷心菜每斤的收购价仅 8 分钱使得负债累累的他无奈之下选择了自杀；2012 年 12 月，山西省的苹果出现大量滞销，家住运城万荣的果农王某，所种的 10 亩合计 8 万多斤苹果每斤售价不足 8 毛，绝望之下亦选择了自杀。

与此同时，当前龙头企业与蔬菜专业合作组织作为蔬菜产业销售领域起主要推动作用的两股力量，依旧较为薄弱，经营能力存在有限性、发展层次存在低质性。具体表现为：一是龙头企业经营模式单一、层次较低严重制约了市场推动能力。龙头企业因融资与土地流转等方面的限制，无法进行深层次、高水平的经营，在市场流通过程中仅扮演中间商与服务商的单一角色，通过赚取蔬菜收购差价或提供冷库等服务设施收取租金来盈利，发展后劲不足，在蔬菜市场销售方面捉襟见肘。二是多数村镇的蔬菜专业合作组织尚处于初创阶段，有经营能力与运作经验的蔬菜专业合作社数量匮乏，且合作社经营层次也有待提升，多数合作社仅在生产资料供应与蔬菜种植技术支持方面发挥作用，能够破解种植户菜品销售难题的专业合作社数量稀少。

近年来，为破解"菜贱伤农""果贱伤农"困境，部分地区开始涌现出果菜网络经纪人，主攻"卖难"的滞销产品。与此同时，"果菜＋互联网"新模式略去了传统农产品流通模式中的中间环节，且果蔬类产品自原产地直接去往消费终端的新模式有效地提升了产品的质量与价格优势。然而，因为果蔬类产品自身存在特殊性，"果蔬＋互联网"的新模式尚未全面铺开，仍然处于小步慢行的状态。出现滞销难题的大多农户依旧等待解救，急切需要中央及各级地方政府的政策扶持。

2. 蔬菜终端价格波动频繁且波幅明显，消费主体经受"买难"困扰。

国家统计局网站（http：//www. stats. gov. cn/）公布了21世纪以来鲜菜类产品和鲜果类产品居民消费价格指数的同比与环比值，限于数据的有限性与统一性，我们从中截取了2007—2015年数据无缺失值的一段作为考察区间，从中可以发现以下两大特征：

第一，果蔬类产品市场价格表现出季节性波动与波动性上升特征共存。如图1－5所示，一方面，国内果蔬市场价格存在明显的季节性波动现象，蔬菜和水果作为生鲜农产品中的两大典型产品，符合生鲜农产品生产供给的一般规律，且其生物学的特性使其具备季节性供给特征，进一步促成了果蔬类产品市场价格的季节性波动。另一方面，2007年以来国内菜品市场行情整体表现为明显的价格上扬态势。截至2015年12月，鲜菜类产品居民消费价格指数（上年同比）平均值为109.66％，价格指数只有22个月份低于100％，仅占样本区间的20.37％，其余月份均处于100％以上。短短九年间，蔬菜产品市场价格提升了2.26倍，果蔬类产品价格持续上涨提升了终端消费主体的生活成本，尤其是引致了低收入人群生活压力的加重。在此背景下，日益严峻的果蔬市场价格高企问题引发了社会各界的高度重视。

第二，21世纪以来果蔬市场价格波幅明显。如图1－5所示，2007年1月—2015年12月合计108个样本区间内，有56个月份鲜菜类产品居民消费价格指数（上年同比）涨跌幅度超出10％，占样本总量的比重为51.85％，均超过样本量半数以上，在一定程度上反映出近年来果蔬市场频发价格暴涨暴跌现象。2010年以来部分蔬菜产品轮番涨价，催生了"姜你军""辣翻天""蒜你狠""豆你玩""向钱葱"等一批网络热词，网民幽默调侃的背后正是消费者对蔬菜"过山车"式价格行情不满且无奈的真实写照，新生代"菜奴""果奴"的诞生实乃消费主体面临果菜价格上涨引致生活窘迫的丰富创造。

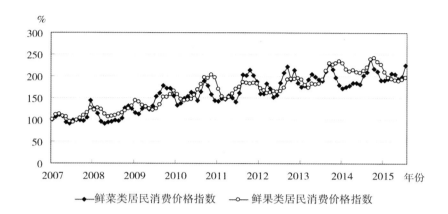

**图 1 - 5　2007—2015 年鲜菜类与鲜果类居民消费价格指数**
**（以 2007 年 1 月为基期）**

数据来源：国家统计局网站 http：//www.stats.gov.cn/。

终端蔬菜价格上涨且暴涨暴跌的剧烈变动，更多折射出的是一种亟待解决的社会问题。笔者从海南中商农产品中心市场管理部马经理处了解到，"大多时候，海南蔬菜运至北京，蔬菜价格比海南本地还要低"。究竟是何种原因促成了这一现象，引起了笔者的好奇。2015 年 11 月，笔者前往海南省海口市批发市场进行调研，发现海南蔬菜市场批零价格虚高现象较为严重，消费者福利严重受损。实地调研发现，海南蔬菜价格偏高可以概括为四个方面的原因：（1）台风影响。海南是台风的多发地，每年都面临特殊的"台风"等恶劣气候侵害，特别是比较严重年份的台风，不可避免地对当地蔬菜产业运营造成一定的影响，菜品供给量减少，蔬菜价格在市场规律的作用下有所增长。但是长此以往，海南批发主体与零售主体已经养成了一种习惯，"不论蔬菜有没有受到台风等恶劣气候的影响，只要有台风，物价就会习惯性上涨"，"而且菜价上涨之后，便很难降低"。事实上，海南每年都会受到台风的侵袭，台风加价之风盛行，助推了蔬菜类产品价格的一次次高昂。（2）商贩长此以往利润加倍的心理助推。调研结果表明，海南蔬菜产业流通的各个环节基本都有乱抬高价格的现象，特别是零售环节，乱抬高价格现象更为严重，利润加倍已经成为海南商贩独有的经营习惯。以南北蔬菜批发市场的大白菜和白萝卜为例，大白菜的一级批发市场价格为 0.8 元/斤，二级批发市场价格为 1 元/斤，而零售市场价格高达2.5 元/斤；白萝卜一级批发市场价格 0.7 元/斤，二级批发市场价格为 0.8 元/斤，零售市场价已经达到 2 元/斤。同一批发市场、不同的摊位，零售价格可能也相差较大，在零售环节随意抬高价格已是常见现象。此外，地处热带北缘的海南省，享有"天然大温室"之美誉，自然环境优美，旅游资源丰富，是世界上一流的旅游胜地，外地人较多，这可能也是造成此现象的原因之一，再加上政府监管不力、执法不严，更是助推了商贩长此以往的经营模式，使得海南物价高涨。（3）流通环节人为的垄断与控制价格。蔬菜产业流通涉及环节众多，南北蔬菜批发市场作为海口市最主要的蔬菜批发市场，蔬菜交易量占据海口市批发市场交易总量的 70% 左右，在海口市一家独大，外地菜被南北蔬菜批发商控制，蔬菜批发价格由南北蔬菜市场几个较大的一级批发商所控制，从事二级批发的商户也只是在一级批发商户定价的基础上加价销售。（4）政府不作为，物价局等相关职能部门对蔬菜类产品价格的管制不到位。在蔬菜批发市场上，政府相关部门只公布了各种蔬菜的平价价格，对蔬菜的成本等其他价格相关信息并没有公布，而且政府公布的各类菜品平价价格远低于市场实际零售价，如政府公布大白菜的平价价格是 1.2 元/斤，而白菜的实际零售价格为 2.5 元/斤；白萝卜的平价价格为 1.3 元/斤，其实际零售价格为 2 元/斤，远高于平价价格，而且政府的监管力度较低，这在一定程度上，促使蔬菜批发商、零售商更加无所忌惮，随意抬高价格，损害了消费主体利益。

**（三）在生鲜农产品领域市场和政府之间的关系辨析**

蔬菜作为生鲜农产品领域的重要成分，是国民经济中的关键一环。为确保蔬菜类产品正常供给，政府和市场之间的关系应该如何权衡？对于包括蔬菜在内的鲜活农产品而言，市场与政府的合理边界究竟是怎样的？在市场经济的大环境下，政府相关部门应当如何发挥其功效？这类问题始终是困扰经济学界与政府部门的难题。

1. 政府与市场关联的理论起源

伴随时间的推移，单纯的市场机制开始显露弊端。早期，以亚当·斯密为首的西方经济学家认为，市场一般会在"看不见的手"的作用下依靠价格信号，自动实现均衡，无须政府进行额外的干预。然而，若想通过市场机制达到这种资源最优化配置，则需要满足一个严格假设，即市场处于完全竞争状态。事实上，完全竞争的状态只是一种假设的状态，现实市场经济环境下基本不太可能存在，因此，单纯的市场机制往往难以实现资源的最优配置，即出现"市场失灵"现象（王洪会，2011）。

对蔬菜产业而言，同样面临"市场失灵"难题。虽然，包括蔬菜在内的鲜活农产品领域，长久以来被经济学界视为最趋于完全竞争的领域，但是，事实上鲜活农产品领域也与完全竞争市场的基本特征不尽相符。究其原因，可以归纳为以下四个方面：第一，蔬菜产业链条较长，涉及的利益主体较多，因此，对菜品产销流通过程而言，蔬菜的生产主体和消费主体之间、生产主体和政府管理部门之间、政府各级管理部门之间、政府与消费主体之间在产品营养、品质等诸多方面均有可能存在信息不对称问题。第二，对包括蔬菜在内的鲜活农产品而言，产销过程中的价格信号、监管措施等均隶属公共物品的范畴，由蔬菜生产经营主体共同享有，而单纯的市场机制在解决公共物品方面往往会存在失灵现象。第三，包括蔬菜在内的鲜活农产品生产均不可避免地面临环境外部性问题，在单一的市场机制下，从事蔬菜生产的种植户一般会以个人眼前利益为主，鲜少关注社会长远利益，对环境产生污染的成本结果往往会由社会共同分担。第四，蔬菜类产品符合生鲜农产品易腐、不耐储存的基本特征，加之"小生产""大市场"矛盾的存在，使得蔬菜产销过程中极易出现机会主义行为，若不加以规制，生产经营主体间的恶性竞争往往会影响正常的蔬菜产品供给均衡价格，使得生产经营主体和消费主体福利受损。

鲜活农产品"市场失灵"若不加以规制，极易引发严重的经济后果：短期来看，对于生产环节而言，劣质的蔬菜生产主体可能并未因产生环境负外部性而付出成本，优质的蔬菜生产主体可能也并未因正外部性的产生而得到补偿；对于消费主体而言，在没有时间与精力鉴别蔬菜类产品质量安全的前提下，可能会因劣质蔬菜生产经营主体恶意扭曲市场价格而导致福利受损。长期来看，在缺乏政策指导与政策监管的状况下，优势、安全的蔬菜类产品可能会逐步退出市场，取而代之的是劣质、不安全产品的上市，使得蔬菜类产品质量安全整体水平难以得到保障。

从有关市场经济的理论与实践来看，为解决"市场失灵"问题，确保经济正常运行与均衡发展，中央及地方各级政府一般会遵循市场经济规律，出台一系列调节机制与相应的举措，进行优化配置资源，即政府宏观调控政策正式诞生。对蔬菜市场而言，若想消除信息不对称、公共物品、外部性及行业竞争激烈等难题，在坚持市场发挥主导性作用的同时，有必要强化中央及地方各级政府的立法或行政职能，做好产销各环节的信息传递、产销监管、市场准入等工作。

归根结底，政府针对市场经济执行经济职能的基本原因就是市场体制存在缺陷，各级政府的宏观调控机制主要是指除依靠市场自身的资源优化配置功效之外，国家启动财政领域、计划领域及金融领域多维度的调控举措对经济主体决策氛围施加作用，以期间接性引导经济主体决策结果之行为。

2. 西方经济学家有关农产品市场与政府之争的演变历程

自15世纪以来，西方经济学界不同派系围绕农产品领域究竟应该奉行市场自由贸易的理念还是应该由政府进行政策干预展开了一系列的争论。按照时间的演变顺序，可以归纳为三类：

第一，15—18世纪重商主义与重农主义关于农产品国家干预还是自由贸易的论战。

（1）重商主义——倡导政府积极干预农产品市场

自15世纪至17世纪中期，倡导重商主义的经济学家指出国家针对商品流通领域的全部政治经济活动旨意只有一个，即获取金银货币。按时间演变顺序，可将其归纳为早期与晚期两大阶段。其中，早期重商主义学派均是典型的"重金主义"倡导者，他们清醒而客观地认识到，单单凭借经济手段根本无法确保一个国家发展需求的货币，学者们极力建议国家或政府应该尽可能多地利用行政措施与手段进行货币财富积累。晚期重商主义盛行于十六世纪后半期至十七世纪中期，推崇"优良的国家管理与计划是一国致富之良策"的方针，且以为公众谋福利的名义全面地对国民经济实施干预政策，并提出保护关税、国家征税等基本主张。①

综合来看，无论早期还是晚期的重商主义，均十分强调国家的重要性，并奉行政府要积极干预经济活动的理念，认为增加财富量的主要渠道就是对包括农产品在内的商品进行对外贸易。因此，只有那些符合对外贸易活动需要的商品才应当尽可能多地被生产，旨在保证对外贸易活动中尽可能地实现顺差而攫取更多的金银货币。

（2）重农主义——主张农产品领域的自由贸易

重农主义学派将分析视角自流通环节转向了生产环节，强调一国从事农业生产的重要性，他们与重商主义处于完全对立的一面，是农产品市场自由贸易主义的坚定拥护者。重农主义可以划分为广义重农主义与狭义重农主义两类。其中，广义重农主义涵盖一切倡导自由放任并且同重商主义学派持对立态度的学者。17世纪末，法国学者布阿吉尔贝尔认为国家的政治经济活动应该自流通环节向生产环节转变，农业生产才是创造财富的本源。鼓励充分发挥货币的流通与支付职能，并倡导"自然秩序"的思想，认为农业才是各行各业的基础，200种行业交易活动均在土地产物助推下才得以正常周转运作。他主推在科学分析市场价格的基础上实施农产品自由贸易的思想，建议政府实施谷物产品自由输入与输出，撤销在重商主义思潮影响下的谷物输出禁令，为此后法国重农学派的发展奠定了基础。狭义重农主义起源于十八世纪中叶的法国。重农学派鼻祖、

---

① 姚开建：《经济学说史》，中国人民大学出版社2011年版，第26页。

法籍学者——弗朗斯瓦·魁奈的农业政策主张可以归纳为两个方面：一是强调农业的重要性。在其所著的《谷物论》和《租地农场主论》中指出，政府对谷物出口的限制以及对农业领域的苛捐杂税即为农业衰落的根本原因，并进一步提出唯有农业部门才能够真正开创与增加财富；二是倡导农产品自由贸易理念。只有鼓励包括农产品在内的商品实现州内与州际之间的自由流通才符合"自然秩序"法则。杜尔哥在魁奈等人的基础上将重农主义学说发展至巅峰。在其年轻时代就深受古内尔（时任法国商务总督）的经济自由放任思想影响；在其中年担任利摩日省督抚期间，曾在省内试行谷物自由流通政策、改革征税制，开启了对重农主义政策的初步推广；他在晚年担任财政大臣期间，才开始在法国全国范围内主推重农主义政策，并正式地将谷物自由贸易政策和单一税制推广至全法国。①

综合来看，无论是广义还是狭义的重农主义学派，始终信奉"农业是一国富强之根本"的理念，十分重视农业领域的生产活动，认为农业才是一切社会财富的源泉；与此同时，他们强调"自然秩序"的思想，并积极推广农产品自由贸易的主张。

第二，18 世纪以来，古典主义和凯恩斯主义有关自由主义还是政府干预之战。

（1）英国古典政治经济学——传统的自由主义

十八世纪五十至七十年代，古典政治经济学家——亚当·斯密在威廉·配第的基础上，于 1776 年首次阐述在供求竞争中市场价格围绕"自然价格"上下波动的理念，在其所著的《国富论》中提出"自然价格是永恒中心，对市场价格而言，虽然免不了经受各类障碍，但是，它始终围绕着中心"的思想②。亚当·斯密对重商主义学派倡导的政策干预理念持反对态度，同时也不支持重农主义的观点，而是倡导建立最明白而单纯的自然自由机制。为此，他对以往的政策法令提出了四点改革建议：一是要确保国内贸易的自

---

① 姚开建：《经济学说史》，中国人民大学出版社 2011 年版，第 75 页。
② ［英］亚当·斯密：《国富论》，郭大力等译，译林出版社 2011 年版，第 48 页。

由，取消地方性的关税与部分税收制度；二是要确保对外贸易的自由，取消以往的对商业的禁令或特许垄断权限，废除奖励金与关税制度；三是要确保从业人员的职业自由，取消居住法令与以往的学徒规章制；四是实现土地自由买卖，撤销以往限制土地自由买卖的法规制度，取消限嗣继承法与长子继承法。在国际贸易领域，斯密提出了相对优势与绝对优势原理，主张取消政策限令、杜绝垄断行径，实现英国农产品自由放任、国际农产品自由贸易。

经济自由主义倡导自由放任、自由竞争，然而，他们并不反对在特定条件下实施政策干预。[①] 这一思想在大卫·李嘉图时代达到顶峰，他曾明确指出政府不进行任何干预手段就是制造业、商业及农业最繁荣的节点，相应地，政府也应当是一个奉行经济节约意识的廉价政府[②]。针对农产品贸易领域，坚定地认为自由贸易状态是促进一国繁荣最稳妥、最明智的策略，国家出台的各项税赋制度都应当尽可能地降低为贸易自由带来干扰。[③] 十九世纪中叶，英籍学者约翰·斯图亚特·穆勒从政治、哲学、经济学等多重维度经济自由放任原则和自由贸易学说进行了进一步的论证与补充，与此同时，也阐述了在特殊情况之下国家干预政策也有其必要性。[④]

（2）凯恩斯主义——倡导国家干预经济活动

英国经济学家约翰·梅纳德·凯恩斯指出经济机制无法从根本上解决有效需求不足的问题，只有国家调节才是避免现代经济走向毁灭的唯一方法。他对重商主义通过贸易顺差进一步促进国民收入增长的论点秉持肯定的态度，因此这一论点也被称为"新重商主义"。作为资本主义制度的坚定拥护者，凯恩斯 1936 年在其著作《通论》中正式提出"需求管理政策"，在他看来，国家调节的重心在于管理有效需求，并整理出一套行之有效的货币与财政政策。其中，货币政策的实施可以在一定程度上影响国民的收入水平，但是由于"流动性陷

---

① 姚开建：《经济学说史》，中国人民大学出版社 2011 年版，第 116 页。
② 陈孟熙：《经济学说史教程》，中国人民大学出版社 2003 年版，第 119 页。
③ 姚开建：《经济学说史》，中国人民大学出版社 2011 年版，第 136 页。
④ 陈孟熙：《经济学说史教程》，中国人民大学出版社 2003 年版，第 216 页。

阱"的存在以及资本边际效率可能存在剧烈波动两方面的原因，使得单一货币政策于改善国民收入方面的功效大幅缩水，对发生经济危机时期而言更是如此；财政政策的实施在一定程度上弥补了货币政策的不足，通过国家投资与消费的方式可以弥补私人投资与消费的缺陷，并进一步地促进国民收入的提升，对应的政策措施可以归纳为两个方面：第一改变政府预算收入，第二改变政府预算支出[①]。

总的来看，凯恩斯主义的政策干预为一种事后经济调节理念，倡导扩大国家干预经济活动权利的主张，其宏观调节政策一般依托财政手段[②]。在他看来，市场机制本身并不能够解决有效需求不足的难题，国家与政府肩负着调节经济的重任。国家的兴衰成败主要在于充分的有效需求，如果想避免现代经济走向毁灭，唯一的、科学的、可行的策略就是进行国家调控。

（1）德国新自由主义——社会市场经济

社会市场经济理念兴起于二十世纪中期，从广义上讲，它应该纳入德国弗来堡学派的范畴，是新自由主义学派中的一个重要分支。1947年，德国经济学家、著名的学者阿尔弗雷德·米勒－阿尔马在其著作《经济控制和市场经济》中首次提出了社会市场经济的基本理念，认为市场经济体制虽然有效，却也存在某种缺陷，并且强调了社会在匡正、补充及平衡市场经济缺陷方面具有重要作用。在他看来，社会市场经济为一种对经济活动进行有意识引领下的市场经济，而非完全放任不管的自由市场经济。与传统自由主义的区别就在于，该理论强调为了保障社会经济活动的顺利运行，需要在一定程度上运用社会力量对市场经济实施干预与管理。1949—1963年，在德国经济部长路德维希·艾哈德联邦执政期间进一步丰富并引导国家向社会市场经济转轨，并逐步丰富与完善了该理论的基本观点。[③]

奉行新自由主义的学者认为社会市场理论遵循两大基本内涵：一是市场自由，二是国家干预。其中，实现市场自由需要有四个基本

---

① 陈孟熙：《经济学说史教程》，中国人民大学出版社2003年版，第416页。
② 姚开建：《经济学说史》，中国人民大学出版社2011年版，第341页。
③ 同上书，第413页。

前提：一是自由定价制度，二是自由对外贸易机制，三是稳定的货币，四是实现契约自由。国家干预相应的举措主要包括合理配置资源、反对市场垄断行为、促进公平分配及打击破坏市场秩序的行为等。倡导社会市场经济理念的学者们进一步明确指出，虽然市场自由是第一位的，然而在市场自由发展的过程中自由竞争秩序可能会被破坏，因此必须要有国家干预的存在，尤其是在反垄断方面，只有利用各种社会干预与管理措施才能保障市场经济正常运行。而确保市场经济顺利运营所实施的社会市场经济干预，为政策积极干预，属于事前有效维护市场竞争秩序。社会市场经济主义下，国家政策调控着重采用经济措施，一般启动逻辑为先货币体系，后财政体系。

（2）公共选择——政府失效理论①

公共选择学派起源于二十世纪四十至五十年代，它是在公共财政理论、公债理论与国家学说、社会契约理论、经济自由学说等理论的基础上发展起来的西方经济学界一个重要的理论流派。该理论创始人——美籍著名学者詹姆斯·麦吉尔·布坎南和戈登·塔洛克于1962年共同著作的《同意的计算》中最早阐明了公共选择理论，其核心问题就是参考"经济人"的研究逻辑，分析市场经济条件下政府失灵现象与有限的政策干预。该理论指出，一般而言，经济学家并非政策的制定主体，由经济学家提供的理论分析与政策建议在转化为政策的过程中，往往受到公共选择复杂程度的制约。在布坎南看来，凯恩斯低估了政府政策制定过程中的复杂性，市场存在失灵现象并不代表着国家干预就是合理和必然的，国家的政策干预可能也会带来与市场失灵同样甚至更为严重的不利后果，而"滞胀"现象正是这一观点的最好体现。他进一步指出，宪法约束失灵是促成政府失灵现象发生的缘由。因此，为了规避政府失灵问题，建议政府做好以下三个方面的立宪改革工作：一是改革税收立法、制度及结构；二是修正简单多数制；三是改革货币政策和财政政策。

第三，20世纪中叶之后新古典主义和新凯恩斯主义关于自由

---

① 姚开建：《经济学说史》，中国人民大学出版社2011年版，第456页。

主义与政府干预的论战。

（1）新古典主义——政策无效性，强调自由主义

二十世纪七十年代由理性预期主义日渐兴起了新古典宏观经济学，又称新古典主义。该学派的主要理论都是建立在市场出清假设、理性预期假设、自然率假说及总供给假说四个基本假设的前提下，是伴随对凯恩斯主义批评的基础上得以流行与发展的。新古典主义学派将理性预期概念引入了宏观经济模型，重新恢复并肯定了李嘉图等价，分析后认为凯恩斯主义倡导的宏观经济调控政策中，无论是货币政策还是财政政策，无论政策期间是长期、中期，还是短期，都是没有效果的。该学派坚定地倡导自由主义理念，信奉市场出清机制，认为无论是产品价格还是工资价格均完全灵活，不存在供不应求或者供过于求的现象。从长期来看，经济内具稳定性，政府的干预行为往往会引致宏观经济环境不稳定，政府确保政治经济活动顺利进行最优的选择就是顺其自然。因此，该学派又被界定为"自由主义""古典的"。

作为当前西方经济学界唯一可以与新凯恩斯主义抗衡的学派，新古典主义极力倡导新自由主义的观念。然而，新古典主义理论目前主要停留在意识形态与观念层次，在具体政策设计与实行方面尚无具体的实践成果予以验证①。

（2）新凯恩斯主义——倡导政策调控有效，强调市场具备不完全特征

新凯恩斯主义学派是二十世纪七八十年代兴起，学者们在传统凯恩斯主义基础上吸收融合了理性预期、自由主义的部分先进观念后发展而成的一个新派系。该学派在三个方面秉持凯恩斯主义观点：一是坚信市场为非出清状态，劳动市场存在失业现象；二是证实了经济的周期性波动，可能会对社会经济产生不利影响；三是大多数年份政府实施有其必要性，肯定了经济政策具有一定的作用。与此同时，区别于传统凯恩斯主义，新凯恩斯主义也发展出一些新特征：

---

① 姚开建：《经济学说史》，中国人民大学出版社2011年版，第481页。

一是强调工资与价格具有黏性；二是有效吸收理性预期、自然失业率等观点。新凯恩斯主义同新古典主义之间也存在较多争论，双方争论焦点集中于三个层面：第一，有关货币是否为中性的争论，前者秉持货币非中性理念，倡导货币政策有效；后者则坚持货币中性理念，倡导货币政策在稳定经济过程中无效。第二，对促成经济波动的原因认识不同。前者认为，实际黏性与名义黏性是促成经济波动的基本缘由；后者则认为没有预料到的供给冲击或者货币冲击使得宏观经济产生变动。第三，有关市场出清与否及政府干预与否的争论。前者认为市场非出清，并基于不完全竞争均衡分析，得出政府有必要对宏观经济实施必要干预的结论；后者则坚信市场是出清的，基于完全竞争均衡分析，得出经济运行过程中应倡导自由主义观点。

新凯恩斯主义认为，市场是以企业具有一定的价格影响能力为特征的不完全竞争均衡体系，劳动、产品及资本三方均为非出清市场。倡导这一理念的经济学家们，主张政府可以在一定程度上干预经济。尤其是在遭遇持久性巨大冲击、经济极度衰退的时候，有必要进行政府的政策干预，为此，他们还设计出了"粗调"政策。①

3. 政府与市场在生鲜农产品领域关系的权衡

2013 年，中央十八届三中全会审核发布《关于全面深化改革若干重大问题的决定》，明文强调"密切围绕市场对资源优化配置过程的决定性功效，加速构建开放型经济制度、现代化市场制度及宏观调控制度""变革经济体制之关键在于合理统筹市场与政府之间的关系，充分发挥市场机制对资源优化配置的决定性功效并有效实现政策功效""优化市场定价体系，但凡能够通过市场机制定价的均交予市场，不得实施不当的政策干预""加快政府职能转变进程，政府需进一步强化制定与实施发展战略、规划、政策及标准，优化市场监管机制，确保公共服务有效供给"。2015 年中央一号文件再次重申强调优化涉农领域产品市场价格形成机制的关键性。这一系列规定

① 姚开建：《经济学说史》，中国人民大学出版社 2011 年版，第 490 页。

为新时期经济体制变革中有关市场和政府之间关系的权威界定。

2014 年，于纪念著名学者杨小凯辞世 10 周年追思会上，国内著名经济学者林毅夫与张维迎展开了有关政府与市场关系的激烈辩论。林毅夫认为，高质量的经济体系涵盖有为的政府与有效的市场，而张维迎则坚持强调高效的市场理念。由此，在现代社会的中国引发了一场旷日持久的有关政府与市场关系的讨论。那么，包括蔬菜在内的生鲜农产品作为国民经济的重要组成部分，为确保鲜活农产品正常供给，政府与市场的关系应该如何权衡？

事实上，作为农业领域的重要成分，鲜活农产品市场符合一般的经济发展规律，其具备的某些产业特征（如土地流动性缺失、产权外生态效应造就产业竞争的不完全性、鲜活农产品于保障国家安全方面的公共服务性），刚好符合导致"市场失灵"的条件（卫龙宝，1993）；此外，在市场经济国家，涵盖蔬菜类产品在内的鲜活农产品往往还面临以下问题：一是价格缺乏弹性，一般而言，鲜活农产品价格波动的幅度要超过供给与需求变动的幅度，进而导致鲜活农产品市场价格极易引发震荡；二是鲜活农产品供给存在"二元性"，并非全部依照市场一般性法则，生产主体有价格供给"逆反应"行为；三是生产主体收益不稳定，鲜活农产品的生产周期较长，生产主体在某种程度上要经受自然风险与市场风险的双重威胁（洪民荣，2003）。这就构成了政策干预的基本理由。因此，对生鲜农产品而言，在坚持市场对价格形成起决定性作用的同时，政府有必要为鲜活农产品市场发展中存在的问题而设计制定策略原则与行为准则，即启动农业政策。

市场经济条件下，一个国家农业政策的实施离不开立法机构与行政机构两个主体。其中，立法机构的主要职责是以出台法律法规的形式为农业政策的实施提供合法性与法律依据，此类法律法规一般由三个方面的内容组成：一是明确调控政策的主要目标、基本原则与具体内容；二是明确调控政策的启动与争议处理程序；三是科学界定行政机构的法律地位、相应职责及基本权利。行政机构则是在遵循相关法律法规的基础上成立的产业规制机构，其主要职责是获取相应法律法规授权，并做好以下三个方面的工作：一是执行政府规制，二是制定规制措施与工作程序，三是及时判别具体事件并相应地采取行动。

对于农产品领域而言，调控政策出台本质上是尽可能地减少包括蔬菜在内的鲜活农产品领域信息不对称性、公共物品、外部性及竞争激烈等难题，有效确保农业生产经营主体良性运作，同时尽量为其搭建一种高效且公平的市场竞争环境。有效的农业政策，应该具备较强的激励效果与较低的信息揭示成本，能培育出具备竞争力、自由流通的产品市场，也能增强一国或地区的竞争力。在市场经济背景下，农业发展的政府调控措施涵盖间接干预和直接干预两种方式。其中，前者是指在农产品市场信息系统、储备系统、市场系统、加工和农业支持系统等诸多方面实施直接的干预；后者体现在财政政策、金融政策、货币政策、福利政策和农业立法等方面对农业发展进行间接的干预。政府针对农产品市场的调控边界要符合三个条件：第一，不损害产品交易的市场化体系；第二，不损害农民收入增长；第三，避免超出经济增长对国内农业发展的阶段要求（卫龙宝，1999）。

**（四）蔬菜价格调控引发国内外政府高度重视，且调控效果备受争议**

在专业化、市场化步伐加速的背景下，蔬菜类产品市场价格极易受到外界环境干扰，如何确保蔬菜类产品价格稳定正引发社会各界的广泛关注。自20世纪80年代起，国家相继取消了对鲜活农产品领域的"计划"政策，包括蔬菜类产品在内的鲜活农产品在生产环节、流通环节、加工环节、消费环节等全产业链条基本均依靠市场机制发挥作用，产品价格基本上属于随行就市。然而，在"看不见的手"机制下，往往会出现"市场失灵"现象。尤其对蔬菜类产品而言，一旦社会私人资本进入到蔬菜市场流通领域，极易引发产品交易成本的提升；与此同时，诸如大蒜、生姜等小宗蔬菜类产品具备的金融属性会损坏市场原本的产品供需状态，扰乱市场的顺序、加剧蔬菜类产品价格的波动。

从国际经验看，世界上多数国家都根据国情对蔬菜产业实行了不同程度和不同方式的调控或监管，对政策干预效果也存在着很大争议：如美国对蔬菜产业的调控大多源于各种一般性的、非谷类作物专有的项目；欧盟政府在共同农业政策的指导下对蔬菜产业采取干预与市场融合并存的方式；日本政府针对蔬菜类产品的长、短期价格波动分别给予调控。

那么，蔬菜类产品究竟为何会引发各国政府高度重视与干预？从蔬菜类产品自身特性上看，其生产受自然条件影响大、季节性强，易腐且不易保存，具有需求弹性小、价格容易波动的特性，各国蔬菜供需失衡的矛盾始终较为突出。各国政府高度关注并出台相应的调控举措，主要目的是保障蔬菜类产品供给、确保价格稳定，促进生产主体的生产积极性并满足消费主体对蔬菜类产品的需求。从各国自身产销情况来看，蔬菜的生产通常以家庭经营为主，且生产成本偏高、效率低下。多半农产品依靠进口渠道来满足国内市场需求，大量外来品的涌入，增加了各国保障国内产品供给的危机感。来自国内外的现实压力与大众舆论，迫使各国采取积极措施来稳定国内蔬菜类产品的供给，中央及各级地方政府也相继出台了一系列的蔬菜产业宏观调控政策。那么，中央及地方各级政府针对蔬菜产业实施的调控政策真的有效吗？

中国是全球重要的蔬菜生产与消费大国，且以蔬菜和水果为代表的鲜活农产品已经成为中国农业、农村经济发展的支柱产业。蔬菜和水果生产与供给一端衔接着生产主体的"钱袋子"，另一端衔接着消费主体的"菜篮子"。然而，蔬菜产业因其产销过程呈现出局部性生产与全国性消费、季节性生产与全年性消费的特征，其市场价格往往需要经受自然风险与经济风险的双重冲击。"价高伤民"与"价低伤农"凸显出保持蔬菜类产品市场稳定对提升生产主体收入水平、稳定消费主体通货膨胀预期及促进国民经济平稳较快发展具备重要的理论与现实价值。

1984 年以前为确保城乡居民基本生活稳定，国家对蔬菜类产品采取调整不合理价格措施，提高了价格的同时提升了对蔬菜类产品的补贴支持力度；从 1984 年起，国家逐渐放开了蔬菜类产品价格管制权限；1988 年正式启动"菜篮子"工程与市长负责制，至今已经持续 20 多年。有关蔬菜产业宏观调控政策及其效果的研究愈发受到重视，尤其是 2010 年洪涝灾害频发、国内市场蔬菜价格持续高位运行，中央政府为保障蔬菜类产品稳定的生产与流通，启动了蔬菜类产品综合性收入补贴及专项生产性补贴机制，实施"绿色通道"政策并撤销了农业税收。同年，中央一号文件正式提出实施新一轮"菜篮子"工程，国务院印发《关于统筹推进新一轮"菜篮子"工程建设的意见》《关于进一步促进蔬菜生产，保障市场供应和价格基本稳定的通知》和《关于稳定消费价格总水平保障群众基本生活的通知》，再次要求各地严格落实市长负责制。自此，社会各界开启了对蔬菜产业调控政策的广泛关注。

　　包括蔬菜和水果在内的鲜活农产品与粮食、棉花、油料、食糖等大宗农产品相比，在市场导向作用强化的背景下，政府对其调控力量正呈现出不断弱化的趋势，并引发蔬菜市场供求关系发生扭曲与产品价格的波动。那么，针对蔬菜产业，政府与市场之间的关系究竟应该是怎么样的？对蔬菜类产品而言，2010 年以来，面对市场价格的剧烈波动，政府频繁采取的产业干预政策真的会对蔬菜类产品市场价格产生影响吗？如果有影响，其影响的正负导向与持续时间又是怎样的？未来，为确保蔬菜类产品价格稳定，政府调控是否有必要由行政手段向市场化手段转变？新形势下，优化国内蔬菜产业调控政策的建议有哪些？这些，均是现有的文献研究未能深入解决的问题。基于此，下述研究拟在市场机制决定鲜活农产品供求均衡的理论基础之上，对蔬菜领域政府与市场的关系进行解析，系统梳理与评判美国、欧盟、日本等发达市场化国家和地区的蔬菜调控机制运作理念，归纳总结国内蔬菜产业调控政策的基本概况、演变历程与影响因素，并采取事件分析法与典型的案例研究等方法对国内现行的蔬菜产业调控政策效果展开定性与定量的评估，试图探求如何实现蔬菜产业调控由行政手段向市场化手段的转变，并提出完善国内蔬菜产业调控机制的政策建议。

## 二 研究的目的与意义

（一）理论意义。近年来部分学者对我国鲜活农产品宏观调控政策效果展开了分析，提出了政策评价的标准及需要考虑的因素。然而，这类分析多以定性研究为主，很少运用定量研究。以往研究中，对比分析法、模糊数学法及专家访谈法等农业政策评价方法运用也较多，然而，对比粮食、棉花、油料、食糖等大宗农产品，学术界针对包括蔬菜类产品在内的鲜活农产品调控政策效果缺乏相对完善的评价实践研究，其指标体系与评价方法等理论体系都不够完善。本书拟通过构建蔬菜类产品宏观调控政策评价模型，旨在进一步补充、借鉴与完善蔬菜类产品调控政策评价指标体系与方法。

（二）实践意义。通过系统梳理与总结我国蔬菜产业政策调控目标、运行机理、政策演变历程、影响因素及对政策效果的评价研究，最终旨在重新设计出一套科学、可行、符合国情的蔬菜类产品调控政策，以期为政府部门提供决策参考，同时方便蔬菜类产品生产环节、流通环节及消费环节的相关主体更加了解产业政策运行状况。

# 第二节 概念的界定与研究对象

## 一 概念的界定

### （一）蔬菜类产品

本书中所指的蔬菜类产品主要为可食用蔬菜，隶属鲜活农产品的一个子类。据不完全统计，蔬菜类产品内含丰富的矿物质、有机酸、维生素、酶、碳水化合物、芳香物质、色素物质、丹宁物质、含氮物质、苷类物质、油脂、膳食纤维等化学成分，为城乡消费主体日常生活必需品之一。

蔬菜类产品种类繁多，其中，按照栽培技术与产品特性相近的原则，可将蔬菜类产品分为八类：一是包括大白菜、菠菜、甘蓝、芹菜、香菜、油菜、生菜在内的叶菜类产品；二是涵盖茄子、西红柿、辣椒在内的茄果类产品；三是涵盖马铃薯、山药、萝卜、芋头、根用甜菜在内的块根块茎类产品；四是包括丝瓜、苦瓜、冬瓜、黄瓜及南瓜在内的瓜菜类产品；五是涵盖四季豆、黄豆、荷兰豆、扁豆及长豆角在内的豆类产品；六是涵盖芡实、水芹、茭白、菱角、莲藕及荸荠等产品在内的水生菜品；七是涵盖大蒜、韭菜、薤、大葱在内的葱蒜类产品；八是涵盖香椿、芦笋、竹笋、黄花菜、百合等多年生草本或木本蔬菜以及包括芽苗菜、食用菌、野生蔬菜在内的杂类菜品。

蔬菜类产品具备以下四个特征：第一，鲜活易腐、不耐储藏，隶属于鲜活农产品范畴。在整个生命周期内，蔬菜类产品的价值（或效用）呈现逐步递减的态势。第二，品种极其丰富，且在全球范围内均可种植。第三，商品化程度较高，是农业生产中重要的收入来源。第四，作为劳动密集型产业，发展蔬菜产业对促进城乡居民就业具有较强的拉动作用。

**（二）农业政策**

农业政策通常是由政府相关部门或执政党派遵循特定程序制定并颁发的一种规范性文件，旨在同农业生产经营与农村发展相关的政治、经济、社会目标相契合，此类政策文件一般都涵盖政策目标与具体的政策措施，农业政策大多针对农业发展过程中的重要环节与重要方面。

具体来看，农业政策涵盖以下五大特征：第一，政策的实施主体一定是政府相关部门或执政党派，既包括中央政府及相关的涉农机关，也包括地方各级政府与当地的涉农机构；第二，制定并颁发农业政策主要意图为实现同农业生产经营与农村发展相关的政治、经济、社会目标；第三，农业政策构成要素涵盖政策目标和具体措施；第四，农业政策一般都有着较强的时效性；第五，农业政策形式一般为规范性的文件，且其制定、发布及修改程序均较为简易、便捷；第六，各项农业政策之间存在一定的共生关系，且任意一项农业政策的存在均与其所处的环境有着密切关联与契合关系。

**（三）蔬菜产业调控政策**

蔬菜产业调控政策主要是指政府相关部门或执政党派为了纠正

与改善蔬菜行业竞争市场的低效率、确保蔬菜类产品市场价格稳定，谋求蔬菜生产主体、消费主体及其他利益相关群体的福利均衡，从宏观和微观两个层面出台的一系列具有周密性、强制性、可行性的经济干预措施与手段，涵盖蔬菜产业的生产环节、流通环节、加工环节及销售环节等全产业链的各个环节。蔬菜产业调控政策是一个国家或地区农业政策中的子类，符合农业政策的一般特征，其形式一般也为规范性的文件，且制定、发布及修改程序均较为简易、便捷。

按照调控政策实施主体与产业链所处环节的不同，可将蔬菜产业调控政策划分为不同的类别。其中，按照调控政策实施主体可以将蔬菜产业调控政策划分为两个类别：中央政府的蔬菜产业调控政策和地方各级政府的蔬菜产业调控政策。其中，中央政府的蔬菜产业调控政策主要是由各相关部门以政策性文件的形式颁布，涉及的部门主要涵盖国务院、农业部、财政部、国家经贸委、交通部、卫生部、国家计委、国家质检总局、国家工商总局、国家发展和改革委员会、国家税务总局等；地方各级政府的调控政策主要是指地方各级政府在坚持中央、国务院等相关部门宏观调控方针政策之基础上，结合各地蔬菜产销实际情况而相应地由地方各级部门出台相关的调控规章制度。按照调控政策所处产业链环节的不同可以将蔬菜产业调控政策划分为三个类别：一是与蔬菜生产环节相关的调控政策，如蔬菜标准化生产政策、蔬菜类产品质量安全政策、科技研发与推广政策、标准园艺创建政策、发展蔬菜保险或其他方式的金融支持政策等；二是与蔬菜流通环节相关的调控政策，如"绿色通道"政策、税收优惠政策（如免收流通环节增值税、企业所得税优惠等）、创新流通模式（如鼓励"农超对接"、电子商务、连锁经营、特种蔬菜的拍卖机制等）、扶持蔬菜批零市场建设、推进蔬菜加工与完善进出口政策等；三是与消费环节相关的调控政策，如国家储备菜政策、应急调控政策，以及其他的调控政策，如产业发展规划、基础设施建设、基本农田保护政策等（详见图 1 - 6）。

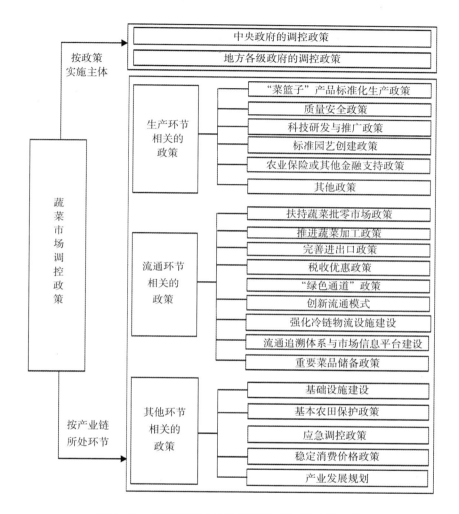

图 1－6　21 世纪以来国内蔬菜产业调控政策分类

## 二　研究对象

本书中的对象主要为蔬菜类产品宏观调控政策，且定性与定量的研究均主要针对中央政府层面的调控政策。本书中进一步地，将蔬菜产业调控政策划分为与生产环节相关的调控政策、与流通环节相关的调控政策以及与其他环节相关的政策三个类别，详见图 1－7。

# 第三节　研究内容

第一，对蔬菜产业调控政策基本概况、发展历程及影响因素进行系统归纳与梳理。具体而言：（1）按照政策执行主体，从中央和地方政府两个层面出发对改革开放以来我国蔬菜产业调控政策进行系统梳理。从政策实施背景、演变历程、政策内容、具体措施等方面出发对相关市场调控政策内容进行客观描述，并对调控机制运营过程中出现的困难与问题展开定性评价，为后文政策定量评价奠定基础。（2）按照在产业链中所处地位，从生产环节、流通环节及其他环节三个层面对 21 世纪以来中央层面的蔬菜产业调控政策进行系统梳理。对蔬菜产业调控政策而言，生产环节支持措施包括"菜篮子"产品标准化生产政策、强化质量安全、科研推广体系建设、标准园艺创建等；流通环节的调控政策包括扶持蔬菜批零市场建设、蔬菜市场信息平台建设、重要菜品储备政策、推进蔬菜加工、完善出口政策、"绿色通道"政策、免征增值税政策及农超对接等；其他环节的调控政策有基本农田保护、基础设施建设、稳定消费价格及应急调控政策等。（3）按照时间演变顺序和政策着重点的不同，将新中国成立至今的国内蔬菜产业调控政策划分为八个阶段；并深入剖析蔬菜产业调控政策制定与执行过程中的影响因素。

第二，基于事件分析法，展开蔬菜产业调控政策对市场价格影响的实证分析。借鉴金融学与社会学研究领域中经典的事件分析法，按生产环节、流通环节及其他环节分门别类地展开蔬菜产业历次调控政策对市场价格的影响研究，重点对影响机制的正负导向作用及持续时间进行宏观评估。利用 21 世纪以来的数据，通过蔬菜类产品价格在历次调控政策实施窗口前后"异常波动值"的变化趋势，考察蔬菜产业调控政策对菜品市场价格的作用程度，且用并不直接受到蔬菜产业政策影响的肉类及其制品价格作对比研究。最后，利用目标定位分析法，对蔬菜产业调控政策进行外生性检验。

第三，基于差分模型展开我国蔬菜产业调控政策对菜品价格走势影响的典型案例研究。（1）基于差分模型选取重点年份的经典案例。首先，借鉴已有学者的研究，利用供需变动、成本变化、自然灾害、替代品价格、农户对蔬菜价格的预期、人均可支配收入、城镇化率、GDP 增长率等一系列蔬菜价格波动驱动因素进行多元回归分析，对假设政策未发生时菜品价格走势进行模拟；其次，找出改革开放以来，蔬菜价格真实走势；然后，基于差分模型测算蔬菜产业调控政策对蔬菜市场价格影响的走势，选取拐点处的三大典型案例。（2）对三大典型的政策案例进行背景分析、政策解读及效果评价。

第四，蔬菜产业调控政策的国际观察、评价及对比借鉴。首先，从蔬菜产业基本情况、调控政策背景与发展历程、政策概览、效果评价四个方面对美国、欧盟、日本等国外蔬菜产业先进的调控政策进行系统的梳理、总结；其次，吸收与借鉴国内外先进的蔬菜产业市场化调控手段——果蔬调控目录制度和蔬菜价格保险制度，综合评价这些国家或地区果蔬类产品调控政策的运行效果；最后，与中国进行对比，从而探寻、归纳出对国内蔬菜产业良性运营具有借鉴性意义的重要启示。

## 第四节　研究方法、技术路线与拟解决的关键问题

### 一　研究方法

（一）文献分析法（Literature Analysis）。文献分析法旨在对相关文献进行搜集、鉴别、整理及进一步研究的过程中，逐步科学认识事实和理论的方法。目前，国内外不乏关于农产品宏观调控方面的研究，然而绝大多数研究仅仅是对大宗农产品产业调控的某个方面、某个具体问题进行阐述，认识较为零散，尤其是缺乏对我国生鲜蔬菜政策按产业链环节分门别类地认真总结与效果评估。本课题通过对国内外相关研究成果进行系统分析与跟踪，以便能正确地把握生鲜蔬菜类产品调控政策效果评估目前研究的最新进展，并在充分利用现有成果基础之上确立本课题的始点。

（二）对比分析法（Comparative Analysis Approach），又称比较分析法。是指将客观事物通过两个或多个相互联系的指标加以比较进而认识事物本质、规律并作出正确的评价。其中，对比标准的选取是十分关键的步骤，常见的对比标准涵盖时间标准、空间标准、经验或理论标准及计划标准四类。本书为科学构建国内蔬菜产业调控政策，拟从时间和空间双重标准出发，首先，对比、总结与归纳不同阶段国内蔬菜产业调控政策的演变历程与运行规律；其次，展开我国与美国、欧盟、日本等市场化程度较高的发达国家或地区蔬菜产业宏观调控政策在政策背景、发展历程、政策概览及政策评价等方面的比较。

（三）事件分析法（Event Study）。事件分析法可用来判别某种事件对社会经济现实是否的确存在冲击作用，始于 1933 年 Dolley 的研究，1969 年由 Ball & Brown 及 Famaetal 等学者正式提出。最初主要应用于金融业，基本原理为遵循研究目的选取某一事件，通过指定事件发生前后股票收益率变动的情况，考察该事件对股票市场价格和收益率影响的作用程度，该方法往往被用作评判某一事件发生前后市场价格对披露信息的反应程度或者市场价格的变动情况。因其具备研究理论严谨、逻辑清晰、计算过程简单、适用性强等优点，适用于对单个事件或间断发生的同类事件的考察。与对单个事件作用的考察原理不同的是，间断出现同类事件的情况下若想考量事件的作用程度，则主要基于该类事件发生作用事件窗口异常波动值来评判。本书利用事件分析法对间断发生的同类事件考察方面的研究，试图探索事件分析法在国内蔬菜产业调控政策对价格影响效果评估中的应用。

（四）基于差分法的典型案例研究（Typical Case Study Based On Calculus Of Differences）。差分模型主要被用作计量经济领域中定量评估公共政策的作用效果。它效仿科学实验的分析逻辑，其基本原理是设置了实验组与控制组，其中，前者在研究过程中受到所有因素的作用，而后者则需剥离出待考察因素。基于实验组与控制组于调控政策变动前后待考察因素影响之差额，评估调控机制实施效果。本书利用改革开放以来蔬菜价格相关变量年度数据，对假设产业调控政策未发生时的蔬菜价格模拟走势与政策存在背景下的真实价格走势展开对比，基于差分模型展开典型案例研究，试图摸清蔬菜产业调控政策对市场价格走势的真正影响。

## 二 技术路线

本书的技术路线图详见图1-7。

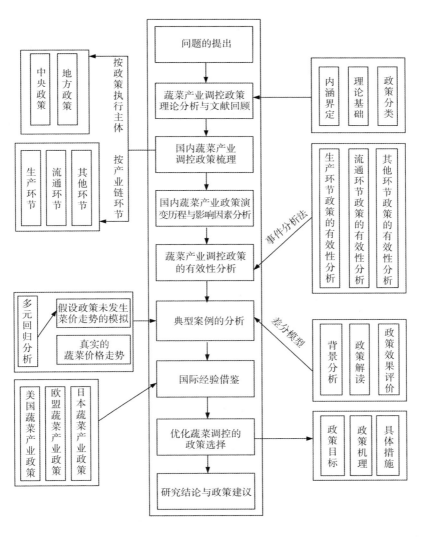

**图1-7 技术路线**

### 三 研究框架

第一章为导论。旨在阐明本课题研究背景、研究目标及研究意义、研究内容、研究对象、研究方法、技术路线及拟解决的关键问题，科学界定核心概念，并指出了文章可能存在的创新点与局限性。

第二章为理论基础与文献综述。从均衡价格理论、市场失灵与公共财政职能理论、公共物品与福利经济学理论、农业的弱质性与城乡反差协调理论四大方面界定了文章的理论基础，并进行国内外蔬菜产业调控政策效果相关文献的回顾。

第三章为中国蔬菜产业调控政策概况。本章回顾了国内蔬菜产业运营的基本概况，并按产业调控政策实施主体与产业链环节两个维度分别梳理了中央与地方各级政府以及产业链不同环节的蔬菜产业宏观调控政策内容及具体措施，并指出现行的宏观调控机制取得的成效与存在的局限。

第四章为中国蔬菜产业调控政策发展与影响因素分析。本章首先回顾了蔬菜产业调控政策出台背景及演变轨迹，按照时间演变顺序和政策着重点的不同，将新中国成立以来国内蔬菜产业调控政策划分为八个阶段；其次从政策制定和执行过程两个维度解析了蔬菜产业调控影响因素。

第五章为利用事件分析法对国内蔬菜产业调控政策效果展开实证研究。以蔬菜市场为例，选取借鉴金融学与社会学研究领域中经典的事件分析法，通过与目标分析法相结合，从生产环节、流通环节和其他环节三个维度展开对蔬菜产业全产业链调控政策对市场价格的影响效果评估。

第六章为基于差分模型的典型案例研究。利用差分模型，选取蔬菜产业调控产业政策对市场价格具有影响的典型年份，从政策出台背景、政策解读及政策效果等方面评估产业调控政策效果。

第七章为国际蔬菜产业调控政策评述与借鉴。本章从蔬菜产业基本情况、政策背景与发展历程、政策概览及效果评价四个方面系统梳理并总结、对比了美国、日本及欧盟等国家或地区先进的蔬菜产业调控经验，并得出了有益启示。

第八章为研究结论与优化蔬菜产业调控的政策选择。本章对全文进行了系统的总结，并从内涵界定、国内外实际经验及启示三个维度解读了当前主流的两大蔬菜市场化调控手段——调控目录制度和蔬菜价格保险制度，并提出修正国内现行蔬菜产业调控政策科学且可行的对策。

### 四 拟解决的关键问题

（一）对21世纪以来的蔬菜产业调控政策对价格的影响效果展开评估。首先，系统地梳理与定性评价了国内蔬菜产业调控政策，将21世纪以来中央政府实施的调控政策分为针对生产环节的政策、针对流通环节的政策和针对其他环节的政策三类，并借鉴金融学与社会学研究领域中经典的事件分析法，分门别类地考察我国蔬菜产业调控政策对市场价格的影响，并对导向的正负作用、影响程度及持续时间进行深度剖析。其次，从蔬菜产业政策对市场价格的影响入手，基于双重差分模型选取三个典型年份的政策案例，并分别从政策背景分析、政策解读及政策效果的评述三个层面对典型年份的案例展开论述。

（二）系统梳理、总结与评价国内外先进的蔬菜市场调控政策经验。一方面，拟从蔬菜产业的基本情况、调控政策背景与发展历程、政策概览、效果评价四个方面对美国、欧盟及日本等先进国家和地区的蔬菜产业调控政策进行系统的梳理、总结、对比与评价；另一方面，拟吸收借鉴美国和日本的果蔬调控目录制度和上海的蔬菜价格保险制度等国内外先进的果蔬市场化调控手段，以期为国内蔬菜产业由行政手段向市场化手段转变的过程能有所借鉴。

（三）提出修正我国现行蔬菜产业调控政策的科学且可行建议。在对国内外蔬菜产业调控政策梳理、总结及评价的基础上，结合对国内蔬菜产业调控政策效果的定量评估结果，最终旨在重新设计出一套科学、可行、符合国情的蔬菜类产品调控政策，以期为政府决策提供参考依据。

# 第五节　可能的创新与不足

## 一　可能的创新

（一）在研究方法上具有一定的新意。本书引入了社会学、金融学领域应用较多的研究方法——事件分析法和基于差分模型的典型案例研究，展开 21 世纪以来国内蔬菜产业调控政策对市场价格影响的效果评价，试图给出一种新的评估鲜活农产品调控政策效果的方法和思路，以期为中国蔬菜产业良性运营与相关政策的制定提供理论依据与决策支持。

（二）在研究视角上，构建了涵盖蔬菜全产业链的调控政策发展研究与效果评价体系。当前国内外学者有关蔬菜产业调控政策及其效果的研究，相对较为零散，以往研究基本选取产业链的某一个环节或某一个品种，对政策效果进行考量。本书结合已有研究，将全产业链诸多环节纳入同一分析框架，从生产环节、流通环节和其他环节等多重视角对蔬菜调控政策发展逻辑以及对市场价格的影响效果展开定量研究，分门别类地将我国蔬菜产业政策与市场价格作用效果直接挂钩，试图构建一套全产业链条的蔬菜调控政策发展与效果评价完整逻辑体系。

## 二　主要的不足与展望

虽然本书具备一定的创新性，然而在某些方面依旧存在不足，在后续研究中有待作进一步的完善与改进。可能的不足主要涵盖以下两个方面：

（一）文末提出的蔬菜调控政策设计有待进一步的验证。若想明确国内蔬菜产业宏观调控政策选择，则在借鉴国内外蔬菜宏观调控政策成功经验，总结、评价国内现行政策的基础上，必须要注重政策体系的可行性和科学性，否则极易提出与国情不符的建议。为得出明确可行的蔬菜政策选择，作者试图采取一些措施尽可能地规正，归纳总结了畜禽、粮食等农产品现行的政策，并进行了有效的对比、效仿与吸收；与此同时，也适当地采取了实地调研、专家访谈等手段对所提建议进行反复论证。然而，蔬菜调控政策因涉及较为宏观的制度设计层面，实施与效果鉴定过程均较为复杂，未来的研究中依旧存在改进的空间。

（二）与粮食、畜禽等其他产业相比，本书有关蔬菜产业调控政策效果评价的定量研究有待进一步丰富。事实上，蔬菜属于鲜活农产品的范畴，中央及地方各级政府对其调控政策一般是以规范性的政策文件下发。然而，相对粮食、畜禽产业而言，国家对蔬菜产业的调控支持力度相对较小并且政策的随意性更高。因此，将蔬菜产业的调控政策进行量化评估除了展开事件分析法和基于差分模型的案例研究，探寻另外的一种便捷、高效的蔬菜产业调控政策量化的方法，将是未来研究进一步深化的方向。

# 第二章 理论基础与文献综述

## 第一节 理论基础

### 一 发达市场经济条件下的均衡价格理论

在发达的市场经济条件下，蔬菜和水果均属于市场化程度较高的鲜活农产品，符合鲜活农产品市场运行的基本规律，主要由市场机制决定其供求关系。曹阳、王春超（2009）进一步指出，决定鲜活农产品市场化水平的主导因素之一，就是商品化程度。自改革开放以来，国内鲜活农产品市场化水平大幅提升，大宗农产品的商品化率自此前的几乎为零猛增至60%以上；21世纪以来，果品的商品化率几乎达到90%、菜品的商品化率也在30%以上。国家现代农业中期发展目标明确指出，截至2020年，要确保农产品商品率至少达到85%（蒋和平，2011）。近年来，伴随鲜活农产品电子商务的蓬勃发展，包括蔬菜和水果在内的鲜活农产品商品化率有了进一步提升与扩大的倾向。《全国农产品成本收益资料汇编（2015）》显示，2014年国内四大类主栽蔬菜产品——西红柿、黄瓜、茄子和辣椒的平均商品率高达99.90%；三大类主栽水果产品——苹果、柑和橘的平均商品率高达99.63%（详见表2-1）。综上而言，当前国内鲜活农产品的生产愈发呈现出市场化趋势，蔬菜产销行为愈发渗透出市场化的因素。

表 2 - 1　　　　　2014 年国内部分大宗果蔬类产品的商品化率

| 项目 商品率（%） | 蔬菜 | | | | |
|---|---|---|---|---|---|
| | 西红柿 | 黄瓜 | 茄子 | 菜椒 | 平均 |
| | 99.89 | 99.86 | 99.92 | 99.93 | 99.90 |
| 项目 商品率（%） | 水果 | | | | |
| | 苹果 | 柑 | 桔 | — | 平均 |
| | 99.08 | 99.88 | 99.94 | — | 99.63 |

数据来源：《全国农产品成本收益资料汇编（2015）》。

亚当·斯密（Adam Smith）于 1776 年发表的著作——《国富论》中提出"对某种商品而言，其市场价实际上受支配于自身之供求比例。若市场上商品量超出有效需要，购买者并不全是有效的需要主体，则某些价格构成部分将不得不降至自然率以下；若市场上商品量不足以供给有效需要，有效需要者无法获得全部供给，则某些价格构成部分将不得不提升至自然率之上；若上市的数量不多不少，恰好能够供给有效需要，则商品的市场价将同自然价保持接近或者一致"，奠定了均衡价格理论的原型[①]。"新古典学派"经济学家——阿弗里德·马歇尔（Alfred Marshall）于 1890 年所著《经济学原理》中进一步详细阐释了均衡价格理论，"如果市场处于供求均衡状态，则可将单位时间内生产的产品数量称为均衡产量，其产品售价即为均衡价格"[②]，表明市场经济背景下，某类产品价格一般由供给和需求相互作用、共同决定。从图 2 - 1 可以看出，$(P_E, Q_E)$ 代表商品供给曲线 $S$ 和需求曲线 $D$ 相交之点，市场保持均衡状态，此时，商品价格 $P_E$ 代表供需均衡状态时的价格，$Q_E$ 代表均衡时数量。供给曲线 $S$ 与需求曲线 $D$ 均可表示成商品价格的函数：$Qs = F(P)$；$Q_D = F(P)$。市场供

---

① ［英］亚当·斯密：《国富论》，郭大力等译，译林出版社 2011 年版，第 47 页。

② ［英］阿弗里德·马歇尔：《经济学原理》，廉运杰译，华夏出版社 2011 年版，第 285 页。

需状态的影响因素繁多且时常处于变动状态，其中，市场供给的影响因素涵盖自然条件、生产要素价格、技术水平、政府的政策及生产者价格预期等；影响市场需求的因素则包括消费者偏好、相关品价格、预期及收入状况等。

理论分析表明，在市场经济条件下供求变化成为常态，供求变化又进一步引发均衡状态时商品价格与数量的变动，使得涵盖蔬菜类产品在内的鲜活农产品市场价格波动成为常态。若市场价格发生大幅波动，而依赖市场机制恢复均衡状态面临高昂的成本或无法短期内自动恢复，且致使生产主体与消费主体等相关利益主体福利受损，此时，当局需要出台相应的举措对包括蔬菜在内的农产品市场实施适当的干预。

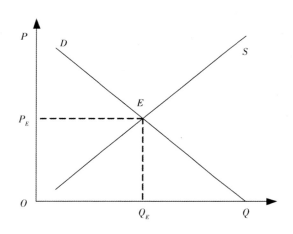

图 2-1 均衡价格理论图解

## 二 市场失灵与公共财政职能理论

### （一）市场失灵理论

亚当·斯密于 1776 年发表的著作——《国富论》一书中，首次阐释了"看不见的手"的逻辑，阐明了一种理想状态，即完全竞争市场环境下市场机制有效。此后长达一个半世纪里（直至阿弗里德·马歇尔时代），这种利用市场机制自发调节经济活动，自由放任、自由竞争思想长久地在西方经济发展史发展过程中占据主导地位。然而，完全竞争市场往往要求具备完全信息、固定的偏好与技术、市场自由竞争、参与者效用最大化等一系列非常严苛的前提假设。故而，现实世界一般处于非完全竞争市场，完全依靠市场体系本身难以实现帕累托效率，产生"市场失灵"现象。1929年的经济危机蔓延到整个西方资本主义世界，引发了经济学家的高度重视，有关市场失灵的问题备受关注。市场失灵即仅凭借市场机制自身难以实现最优社会福利，具体而言，仅仅凭借市场难以达到最优社会资源配置状态；同时市场机制本身也无力改善部分以社会效益为目标的情境（郭小聪，2003）。此外，市场机制本身并不能为农业提供诸如食品安全、土地可持续、应对新环境挑战等多方面的服务。

对农产品市场而言，市场失灵主要表现出以下四大特征：第一，信息不完全。市场环境与产品供需存在复杂性、获取有偿性及信息的不充分性，因而在实际经济运行过程中，农产品领域的市场参与主体获取的信息通常是不对称、不充分的，具备完全信息的状态往往仅仅为理想条件下的情况。第二，公共物品。市场制度对公共物品交换领域而言无效，凭借市场机制自身根本无力解决公共物品有效供给难题。第三，收入分配不公。市场机制较为强调效率，市场竞争主体往往因收入存在差距引发社会分配不公现象，进而制约经济效率的提升，并促成了市场失灵现象。第四，外部性。涵盖正外部性和负外部性两个类别，前者是指经济主体将利益带给了未发生交易的群体，后者则指经济主体对未发生交易的群体强加了成本负担。因存在外部效应，原有农产品市场的价格机制发生扭曲，进而出现超额补偿或无补偿的经济交易活动，难以实现社会经济资源的优化配置，使得市场处于无效状况。

按照经济学一般逻辑，市场存在失灵现象使得政策干预成为必然（市场失灵是政策干预之必要、非充分条件）。政策干预主要是指政府为实现某种特定的调控目标而对包括生产主体、消费主体在内的利益相关群体行为进行经济控制或修正的行为。对鲜活农产品市场而言，因为单一的市场机制无法发挥完美效用，中央及地方各级政府有必要采取一些宏观和微观的举措对市场进行适当的干预。尤其是在全球化的背景下，蔬菜生产、经营和消费主体面对波动剧烈的市场，为营造公平竞争环境、确保蔬菜类产品的正常供给与消费，并维持可持续的农村环境，迫切需要出台相应的蔬菜产业调控政策。

### （二）公共财政职能理论

公共财政立足于弥补市场失灵之缺陷，服务于社会公共服务与公共产品需求，为与市场经济机制相配套的一类财政管理机制。Musgrave R. A.（1959）提出公共财政职能可划分为配置收入、分配资源、经济调控及监督管理等类型。其中，收入分配方面一般运用转移性支出（如社会保障、社会救济及补贴）与调节税收方式实施，政府通过平衡财政收支影响居民收入在社会财富中占比，使得收入分配尽可能公平。配置资源方面涵盖直接分配与间接调控符合全社会需求的资源，首先把一些社会资源汇集为财政收入；其次由政府利用财政支出的方式满足社会对公共服务或物品的需求，通过对公共资金流向的调控举措填补市场机制之不足，达到社会公共资源配置优化之目的。调控经济方面主要是指政府采取特定的财政干预措施或手段，实现稳定物价、提升就业率及促进经济的增长等政策目标。依据不同的经济运行状态，各层级政府一般会通过相机抉择机制出台对应的财政举措。

政府作为市场失灵现象的调节与监管主体，虽然自改革开放以来，对农业领域的财政支持取得了一些成效，在一定程度上助推了农业与农村经济的发展。然而，以往的财政支农在改善农业生产的基本条件与基础设施投资方面的比重略显不足，且各地在财政投入分配与结构方面也存在较大的差异。为确保鲜活农产品生产供给稳定，促进农民增收，有必要进一步重视与强化政府的公共财政职能。

### 三　准公共物品与福利经济学理论

#### （一）准公共物品理论

1954 年美籍学者保罗·萨缪尔森在其所著《公共支出的纯理论》中，系统地对公共物品概念进行了阐释。在他看来，公共物品属于集体消费品，任一成员对该产品的消费均不能够致使他人改变消费，这也就意味着，针对消费领域，公共物品具备非竞争性与非排他性。西方经济学界认为，公共物品按照非竞争性与非排他性程度的不同，又能进一步划分为准公共物品与纯公共物品。

其中，准公共物品在消费过程中具备不完全非竞争性及非排他性特征，为处于私人产品与纯公共品两者中间的产品。蔬菜类产品具备准公共物品属性，重点体现为以下几大特点：一是某些生产技术条件（如基础设施建设、农业科研技术、自然资源禀赋等）是单个蔬菜生产主体或生产区域无力独自承担的，须将其置于公共物品领域并由公共部门协调提供；二是部分用作食物援助和储备的蔬菜类产品，在某种程度上具备公共安全意义上的公共物品属性；三是蔬菜类产品作为城乡居民食物摄取中的重要组成部分，蔬菜类产品内含的质量安全特征决定了其在某种程度上具备公共卫生性质，若蔬菜质量安全水平得以提升与改善势必会带来明显的社会效益。

对于包括水果与蔬菜在内的准公共物品而言，因其具备非排他性与竞争性，单纯依靠市场机制的运行难以避免"公共悲剧"的产生，市场机制既无力限制消费主体的进入，也无力促使理性经济人主动维护该种准公共品。于完全市场机制作用下，若水果与蔬菜高产将有可能引发"果贱伤农"与"菜贱伤农"悲剧；若水果和蔬菜产量过低则会引发"果贵伤民"与"菜贵伤民"的恶果，严重时甚至有可能威胁到国家的农业安全。对蔬菜类产品而言，最好的状态就是尽量避免产量的大幅波动，且尽可能地依据国内外市场供需状态适时、适度地增加产量。对农民而言，从事蔬菜生产势必会牺牲从事其他经济活动的比较优势，直接影响年度收入；若原本从事蔬菜生产的劳动力大规模地转移至其他经济领域，则无法保障一国农业安全。因此，为确保包括蔬菜在内的准公共物品领域资源优化配置、确保国家的农业安全与适当的产品储备，政府有必要在一定程度上采取行政法规等手段或措施对蔬菜产销行为加以规制。

## （二）福利经济学理论

作为经济学科重要的分支，福利经济学主要阐述了应该如何提升社会福利，其核心论点为发展、公平及效率。"福利经济学之父"——英国著名学者阿瑟·塞西尔·庇古提出了社会资源最优配置学说，提出单纯凭借市场体系无力实现资源最优配置而引致"市场失灵"时，政府有必要实施经济措施与手段进行恰当干预与纠正。在他看来，收入应当均等化，更为强调弱势群体的福利保护，并主张政府实施相应的福利措施与累进税收等手段。

对蔬菜类市场而言，其产品价格异常波动往往会带来生产主体、消费主体及社会公众的福利损失，符合福利经济学的一般原理。以蔬菜类产品补贴政策为例，如图 2-2 所示，假设原来的菜品市场价格是 $P_1$，供给量为 $Q_1$，若市场价格下跌至 $P_2$（$P_2 < P_1$），那么生产主体会蒙受损失（损失额即图 2-2 中阴影部分——$SS$）。若生产主体未获得菜价相关调控政策的支持，则对下一年的预期价格就是下跌后的价格 $P_2$，市场供给量将从 $Q_1$ 下降至 $Q_2$，供给数量尚且达不到消费主体的需求，无疑会进一步推动产品价格从 $P_2$ 上涨到 $P_3$（$P_3 > P_1$），此时为生产主体及消费群体均带来了负面影响。这就要求政府尽快实施菜价调控政策，促使市场价格维持在初始的 $P_1$ 水平。反之，当菜价上涨时，政府则需要采取相应的支持措施（如为生产主体提供财政补贴等）促进蔬菜产品供应量的增加，引发供给曲线向右移动，最终在较低的价格水平上达到供求平衡状态。这样既保障消费主体能受到低价实惠，又可以使生产主体蒙受的损失有所补偿。

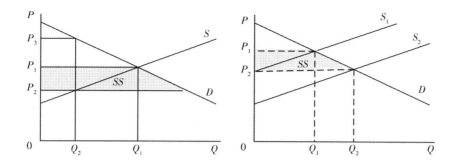

**图 2 - 2 蔬菜价格异常波动对补贴政策的影响**

## 四 农业的弱质性与城乡反差协调理论

### (一)农业的弱质性理论

在完全市场经济背景下,与非农产业相比,农业生产处于相对劣势地位。与此同时,鲜活农产品一般不耐贮藏,处于产销链的末端,其供给弹性大、需求价格弹性小,且在不利的自然条件影响下,其弱质性愈发明显。农业弱质性损害自身发展的同时,也会引发农产品供给与价格的波动、降低了农民的收入,进而对国民经济其他部门造成一系列严重的影响(郑大豪,1995)。

当今国内诸多现状加剧了农业弱质性程度,并表现出以下四大特性:第一,鲜活农产品于基本的产业属性方面存在天然劣势。包括水果和蔬菜在内的鲜活农产品产销过程中不可避免地受自然属性(产品季节性较强、不耐储存)、生产属性(生产周期较长、供给调整滞后于市场)、消费属性(相对而言需求价格弹性较小)及交换属性(运输较为困难且损耗率大)的制约。第二,相对其他产业而言,蔬菜领域的农技革新与推广进程较为缓慢。对包括水果和蔬菜在内的鲜活农产品而言,新品种培育与推广周期较长、技术革新步伐缓慢、推广难度较高;与此同时,蔬菜产品对地形、土壤、温度、湿度、气候等诸多外界条件要求较高,其生产往往具备较强的地域特征,且蔬菜属劳动密集型产品,其生产需要大量劳动力,又进一步增进了技术革新难度。第三,鲜活农产品投资回报率不高且资源报酬逐年递减。一方面,包括水果和蔬菜在内的鲜活农产品生产效率较低、生产周期普遍偏长,通常用于鲜活农产品生产的等量资金投资回报率要低于社会平均利润率;另一方面,鲜活农产品生产在很大程度上受到土地资源的制约,常年种植蔬菜势必会破坏土壤的肥力,使得蔬菜产业生产报酬呈现逐年递减的态势。第四,蔬菜类产品产销过程面临市场、自然及社会三重风险。水果和蔬菜的生产要受到自然选择的制约,往往只能被动承受自然界的干旱、风雪、冰雹、病虫害等风险因素侵袭;单一的蔬菜生产主体往往是市场价格的被动接受方,面临蔬菜市场价格波动,抵御市场风险能力相对较差;且相对其他产业而言,农户从事蔬菜生产比较效益较低,伴随城镇化步伐的加速、农用耕地数量日渐缩减,原本就稀缺的农业资源极易反向流出。

因农业存在天然的弱质性,即便市场化程度较高的国家或地区,也无一例外地对包括蔬菜在内的鲜活农产品领域实施一定程度的保护与政策干预。中国作为全球第一大蔬菜生产国,为确保蔬菜产业的顺产顺销,也有必要采取相应的措施进行适当干预。

**(二) 城乡反差协调理论**

作为典型发展中国家,中国二元经济特征尤为明显。就非农生产部门而言,相关从业人员在全社会总就业人员中所占的比例相对较低,然而,非农部门的产出占社会总产出之中的比例却较高,具备十分高效的劳动生产率;而就传统的农业生产部门而言,虽然相关从业人员在社会总就业人员中占据了较大的比重,然而,其产出在社会总产出之中的比重却十分微小,劳动生产率较为低下。自新中国成立以来,为确保工业化与城镇化迅速前行,农业付出重大牺牲。事实上,受计划经济体制约束的二元结构带来了严重的城乡差距。伴随城镇化、工业化进程的加快,农业被远远地甩在后面,城乡反差日益加剧引发了一系列无法调和的、威胁社会稳定的尖锐矛盾。

发展经济学认为,工业反哺农业为经济发展之必然规律。按照工业与农业之间相互关系的演变逻辑,发展经济学将经济发展过程界定为三个时期：（1）经济发展初期阶段，侧重于农业哺育工业。这一时期，农业占据社会经济之主导地位，而工业则刚刚起步，其原始资金积累往往源自农业领域的供给。为推动工业化水平提升，政府一般对农业施以挤压政策。（2）经济发展中期阶段，工业、农业均以自养为主。这一时期，工业化处于中期阶段，工业基本具备自身的资金积累与发展能力，无须过多依靠农业领域的资金要素供给，使得农业与工业齐头并进。在此阶段，政府一般对工业和农业采取均衡发展的方针，尽可能地防范农业剩余向工业领域外流。（3）经济发展高级阶段，工业逐步反哺农业。此时，基本已为工业化后期，工业与农业之间的关系发生了逆向转变。为弥补前期因工业发展而给农业部门带来的严重利益损失，工业部门开始着手将工业化初期索取的农业剩余乘数返还至农业。

《中国工业发展报告（2014）》表明，目前在经济"新常态"背景下，我国正在迈向工业化后期阶段。"五化同步"背景下，城市支持农村、工业反哺农业时代正在悄然到来。国际经验同样表明，一国经济进入高速发展阶段以后，利用工业助推农业现代化水平成为必然趋势。为改善农民的弱势地位，缩减城乡之间的差距，确保国民经济能够协调发展，维护国家社会的稳定，中央及各级政府有必要出台相应的措施支持农业与农村的发展，增加农业领域的支持力度，提升乡村生活条件，逐渐缩小城乡二元反差程度。

## 第二节　文献综述

迅速发展的蔬菜产业已经成为中国农业、农村经济发展的支柱产业，如何确保蔬菜类产品的市场价格维稳已经成为民众最为关注的问题（张于喆、王俊沣，2014）。尤其是，21世纪以来国内蔬菜类产品市场价格先后呈现出不同幅度的剧烈波动，引发了学术界与政府的高度重视（罗超平、王钊，2013）。来自国内外的现实压力与大众舆论，迫使中央及地方各级政府频频采取行政干预手段来稳定蔬菜类产品的供应。从国际经验看，世界上多数国家都根据国情对蔬菜产业实行了不同程度和不同方式的调控或监管，对调控政策的效果也存在很大争议。如美国对蔬菜类产品的调控多源于各种一般性的、非谷类作物专有的项目，欧盟政府在共同农业政策指导下对蔬菜类产品采取干预与市场融合并存方式，日本政府针对蔬菜类产品长短期价格波动分别给予调控。国内外大量学者探索了蔬菜类产品价格与政府调控之间的关系，并将调控政策形式总结为行政的、法律的及经济的三类手段，本书试图对国内外有关蔬菜产品价格调控政策的相关研究进行归纳总结。

### 一　国外有关蔬菜产业调控政策的研究进展

国外学者对政府宏观调控与农产品价格之间关系的探究尚不多见，有关农业调控政策分析大多侧重于发达国家后工业化阶段农业支持的调整及调控支持政策评估方面。综合国外学者对欧盟共同农业政策、美国农业法案及其他地区农业支持政策的已有分析，可以发现：国际市场较为发达国家的农业政策基本都历经从黄箱政策向绿箱政策的变革。其中，美国农业调整表现出黄箱政策支持总量逐年降低，绿箱政策补贴总量日渐上扬态势，2008 年美国农业法案进一步增加了政策支持水平，使支持总额位居高位；日本政府近年来主要修改了农田基础设施建设、农业信贷、涉农保险、市场价格及农业现代化设施等方面的调控政策，使黄箱政策支持方式逐步转向绿箱政策；欧盟共同农业政策在 2003 年改革中也进行了较大调整，目前其农业调控机制也由黄箱政策为主转向以绿箱政策为主。

国外针对农业支持政策的相关研究，能够为国内蔬菜产业调控政策研究提供经验借鉴。然而，国外学者已有研究往往侧重于简单探讨农业政策的影响效果，鲜少运用理论与实证模型进行研究，且已有研究主要针对农产品一揽子调控政策，划分至蔬菜领域的支持政策研究并不多见。为数不多针对蔬菜产业调控政策效果的研究可以进一步细分为从经济效应视角和营养健康学视角的考察。

### （一）从经济效应视角出发对蔬菜产业调控政策效果的考察

国外部分学者主要采取定性与定量研究相结合的方法对各国实

施的蔬菜产业补贴政策、贸易政策等具体政策措施及政策改革的经济效果做出了评价。按调控政策类别不同可以分为以下几类：

第一，对蔬菜生产环节相关调控政策展开经济效益研究。如Rickard B. J. & Sumner D. A.（2011）利用仿真模型对 2001 年、2008 年欧盟加工蔬菜类产品调控政策重大调整前后的三大政策制度效果进行评估，结果表明，相对以往的政策而言，2001 年欧盟补贴政策的出台使得西红柿产量增幅 9.1%，2008 年欧盟补贴政策的调整使得西红柿产量继续增幅 3.8%。2001—2007 年政策的实施给欧盟生产主体带来了更多利益的同时，使得加工商和消费者福利受损，进而对全球加工西红柿市场造成了最大程度的扭曲。综合来看，2001 年的政策改革效果主要是重新分配欧盟内部收益，而2008 年的改革则减少了对全球加工蔬菜市场的扭曲。Balagtas J. V. & Krissoff BDID（2014）等学者利用 1987 年和 1997 年美国 48 个州、3031 个县、102 种作物相关的数据，基于双重差分模型（DID）评估了 20 世纪 90 年代美国农场法案中的园艺面积限制政策对果蔬生产的作用效果。研究证实了园艺面积受限政策的启动使得全美果蔬生产面积下降，且对美国南部果蔬专业产区影响更大。在他们看来，园艺面积受限政策的取消将可能为促进美国果蔬生产带来不可磨灭的重要贡献。Marcu N. & Meghisan G. M.（2015）评估了欧盟的共同农业政策对罗马尼亚果蔬生产的效果，发现：2007—2014 年，欧盟的共同农业政策无论是支柱一还是支柱二均未使这个国家扇形生产缺陷问题得到改善，当前果蔬生产仍然以传统的季节性或短期性供给的小型农场为主；与此同时，设施蔬菜规模不断缩减也使得罗马尼亚更加依赖外部进口。研究结果表明，对罗马尼亚蔬菜和水果产业而言，欧盟共同农业政策实际的政策举措与政策制定者的初衷之间在某种程度上存在非一致性，建议 2014—2020 年欧盟共同农业政策应该尽可能地避免负向效应，以更好地适应当地果蔬生产实际情况。

第二，对蔬菜产业流通环节政策的经济效果展开评价。如 Cioffi A. & dell'Aquila C.（2004）对乌拉圭回合谈判之后的欧盟新鲜蔬菜贸易政策经济效应展开评价，分析后认为，新的蔬菜进口机制在支持欧盟内部生产主体及确保首选国家的贸易流动方面发挥了重要的作用；然而，固定出口补贴新体系却并未改善合格产品的出口情况。Lima – Filho DdO & de S de Oliveira LD（2012）采用多重个案研究法对巴西大坎普地区超市水果和蔬菜的收购政策展开研究，发现当地大型超市的蔬菜类产品主要依靠外地生产商供给；中小型超市的蔬菜供给则以本地生产商为主。进一步的研究表明，本地生产商供给的产品新鲜程度更高且具有低成本优势，然而，数量和品种达不到大型超市的需求。Aysoy C. & Kirli D. H.（2015）基于准试验的办法对土耳其 2012 年年初蔬菜产业政策改革效应展开研究（这一改革重点表现在三个方面：第一，去掉蔬菜产业非正式的中介组织；第二，降低生产者进入批发市场的成本；第三，鼓励生产者与零售商直接合作），证实了减少蔬菜和水果产业的流通环节将会显著降低产品价格的结论。

第三，对蔬菜消费环节相关的调控政策展开效果评价。如 Worsley A. & Thomson L. 等（2011）为更清晰地明确澳大利亚民众对蔬菜产业调控政策的选择意向，对维多利亚 511 名受访者实施调研，结果表明，蔬菜类产品原产地标签、增加生产、补贴、禁令与税收及宣传推广等政策获得了强有力的民众支持。Kyureghian G. & Nayga R. M.（2013）利用混合效应模型分析了国家级零售食品供应信息与消费者收入水平对消费主体蔬菜购买量的影响情况，研究后认为超市、零售网点的分布密度及消费主体收入水平之间存在一定程度的相互作用，若想促进城乡居民的蔬菜消费，相应政策制定有必要综合考虑多重维度的因素，独立的蔬菜消费政策效果并不明显。

综合来看，国外学者有关蔬菜产业调控政策经济效应方面的研究，具备以下两个基本特点：第一，国外学者的研究大多以具体某一国家或地区针对蔬菜产业实施的某一具体环节的调控政策为主，尚未从全产业链视角对蔬菜产业调控政策实施综合评价；第二，因各个国家或地区面临的政治经济背景不同，出台的蔬菜产业调控政策也不尽相同，故而，国外学者对蔬菜产业调控政策经济效应方面的研究就显得较为零散，既缺乏一个将生产、流通及消费诸多环节纳入同一分析框架的逻辑；又因各国调控政策出发点不同，学界有关政策对市场价格影响的研究也较为少见。

**（二）从营养健康学视角出发对蔬菜产业调控政策效果的考察**

营养健康问题一直以来都是全球各界关注的热点，其中，以美国为主的发达国家或地区较为关注城乡居民的肥胖问题；而以非洲为主的一些地区则重点关注公共营养改善问题。蔬菜类产品因符合人们营养成分获取与保持健康饮食的需求，其产业调控政策引发了一批营养学家们的研究兴趣。

其中，一部分学者从公共营养健康学角度出发，将各国促进蔬菜类产品消费的一系列调控政策与居民健康直接挂钩，肯定了促进蔬菜产品消费的宣传、引导政策对公众健康的正向效应。如 Pollard C. M. & Nicolson C. （2008、2009）利用一个国家公共卫生伙伴关系框架内的案例研究对西澳大利亚促进蔬菜供给与消费的干预政策展开健康效应评价；Veerman J. L. & Barendregt J. J. （2006）评估了欧盟撤销对果蔬类产品的支持政策对荷兰居民潜在健康福利的影响效果。通过假定近年来相同生产数量的果蔬被撤回市场，来评估欧盟政策改革的最大效应。研究结果表明：欧盟共同农业政策改革后，荷兰居民对蔬菜和水果的消费量将会提升 $1.12\% \sim 2.73\%$ ，且增进果蔬类产品的消费将大大降低城乡居民罹患癌症或心脑血管疾病的风险，由此给消费主体带来潜在的健康福利，其中，男性寿命可能延长 $2.2 \sim 5.9$ 天；女性寿命可能延长 $1.5 \sim 4.2$ 天。de Sa J. & Lock K. （2008）进一步探讨了欧盟政府 2008 年启动的学校果蔬营养计划政策对改善学生群体健康水平的效果，通过科学实验的方法，系统回顾了学校果蔬营养计划实施前后对学生群体果蔬消费量与营养情况的作用效果，得出：欧盟学校果蔬营养计划显著增加了学生群体对果蔬类产品的消费数量，且政策效果往往会持续较长的时间；与此同时，学校果蔬营养计划在促进青少年均衡饮食、降低体重等方面也具有重要的作用。Hood C. & Martinez - Donate A.

（2012）从促进健康饮食消费视角出发，对美国促进果蔬类产品消费的调控政策进行了系统回顾与效果评价。2009 年美国联邦食品援助项目对 WIC 计划（针对妇女、婴儿及儿童的特殊附加营养项目）做了修正，将果蔬类产品纳入 WIC 计划范畴，Zenk S. N. & Powell L. M.（2014）对修正后的 WIC 政策作用于果蔬价格展开了效果研究，证实了修正后的 WIC 政策会在一定程度上降低果蔬类产品的价格，且参与 WIC 项目的消费者购买能力会因社区果蔬供应商不同而有所差异。

另外一部分关注公共营养健康的学者，则将有可能改善公众健康水平的蔬菜产业调控政策与不利于公众健康的其他产品的调控政策进行了效果比较。学者们基本肯定了农业补贴政策对公共营养水平改善具有不可磨灭的重要意义（Gardner B. L.，1975；Gelbach J. & J. Klick，2007；Miao Z. & J. Beghin，2010；Marcu N. & Meghisan G. M.，2015），并进一步地将农业补贴政策分成了两类：一是对"不健康"的食品进行征税，以抑制公共不健康消费；二是补贴包括蔬菜类产品在内的"健康"食品，以促进公共健康消费。Okrent A. M. & Alston J. M.（2012）在此基础上，引入了平衡位移模型针对上述两大类调控政策改善公众健康福利的效果进行了评价与对比，研究结果表明，就改善居民营养健康水平而言，对蔬菜类产品实施生产补贴或零售补贴并不是改善居民健康状况的最优政策，不及直接增收卡路里税收的效果好。Dallongeville J. & Mouzon O.（2012）从经济效应和健康效应两个层面出发，分别采用蔬菜消费量的预测值、死亡率下降情况对低收入消费群体蔬菜抵用券政策的实施效果展开了定量评价，研究证实了抵用券政策比基于税收减少的非抵用券政策更有效，且这种政策的有效性仅发生于受众为低收入群体时。

综合而言，以美国为主的发达国家或地区对公众营养与健康情况的高度关注，使得学术界涌现了一批从营养健康学视角出发考察蔬菜产业调控政策效果的文献研究，且学术界基本得出共识，即促进蔬菜产品消费的宣传引导政策对公众健康具备正向效应；基于此，部分学者进一步深入研究对比了可能改善健康水平的蔬菜产业调控政策与不利于健康的政策。

## 二　国内蔬菜产业调控政策的相关研究

### （一）国内学者关于蔬菜市场价格波动的研究

1. 蔬菜市场价格形成与波动原因解析

综合学者已有的研究，传统的蔬菜市场价格形成与理性波动影响因素可以归纳为三类：供给因素、需求因素及其他因素。具体来看，影响供给层面的因素涵盖：蔬菜产量、蔬菜进口量、市场价格预期、生产成本与流通成本、补贴水平、成灾面积、经济增长率；影响需求方面的因素包括蔬菜需求量、蔬菜出口量、消费者收入水平、替代品价格；其他方面的因素包括宏观调控政策、市场经济体制等（周振亚、李建平等，2012；陈璋、刘恩猛等，2013；宋长鸣、徐娟等，2014；李崇光、肖小勇等，2015）。

此外，近年来蔬菜类产品正呈现出大幅下跌与快速上涨式的非理性价格波动，使得生产主体与消费主体福利大受损失。卞靖、常翔（2013）进一步指出，蔬菜市场价格的非理性波动主要源于以下四大因素：一是极端气候灾害日益频发；二是蔬菜类产品的运输半径持续扩大；三是流通成本迅速上涨；四是金融化属性较强的小宗产品存在新闻效应与杠杆效应。

2. 蔬菜市场价格波动与传导特征分析

为客观科学地认知与把握蔬菜市场价格波动的规律和趋势，国内学者基于不同方法、不同视角对蔬菜市场价格波动与传导特征展开研究。在市场价格波动特征方面，宋长鸣、李崇光（2012）基于 ARCH 类和 X – 12 – ARIMA 模型，识别出菜品市场价格具备季节性波动与短期波动特性，且波动幅度呈现缩小态势；王钊、姜松（2013）利用面板数据模型研究了空间菜价变动，指出国内蔬菜价格变动表现为典型的空间依赖性特征，地区菜价受到来自相邻省域的价格推动作用较强。

在市场价格传导特征方面，可将国内蔬菜市场价格传导总结为三种模式：一是产业链层面的价格传导。主要指蔬菜市场价格在生产、流通及消费等环节之间存在纵向传导机制，例如，宋长鸣、徐娟等（2013）基于VAR与VECH模型展开菜价波动产业链不同环节之间的纵向传导机制分析。二是空间层面的价格传导。如赵翠萍（2012）选取1997—2011年月度价格数据，基于VAR模型证实了蔬菜类产品价格在城市和乡村两个市场之间存在一定的关联效应，两大价格序列之间呈现出相似的波动态势，且前者对后者存在较强的单向传导效应，为城乡蔬菜价格波动的"信息源"。三是品种层面的价格传导。代表性研究是肖小勇（2015）基于VAR – BEKK – GARCH（1，1）模型证实了大白菜、菜椒、黄瓜、西红柿之间存在价格均值溢出与波动溢出效应。

3. 蔬菜市场价格变动产生的社会影响与应对策略分析

学界已有研究基本肯定了蔬菜市场价格变动在保障生产者福利、消费者福利、其他利益相关主体福利及推动CPI走势等方面产生影响。其中，仅有部分学者运用实证模型展开价格变动对生产者决策行为的影响分析，例如，2006年李锁平、王利农基于年度价格数据展开OLS回归，宋雨河、武拉平（2014）基于山东省西红柿和黄瓜等果类蔬菜种植户的实地调研数据展开Nerlove模型回归，得出了一致的结论：生产者种植决策行为于某种程度上受到果类菜品前期价格行情的影响作用，然而这种作用具有一定的滞后性，前期市场价格一般并不会立刻引起生产者当期生产决策的调整。针对蔬菜市场价格波动，建议政府适当进行种植户生产行为引导，为其提供更多有用且可靠的市场价格信息。孙小丽、姜雅莉（2012）等人则集中考察菜品价格变动对消费主体福利带来的影响，按照收入状况将城镇居民界定为低收入层次、中等收入层次及高收入层次三组，选取1995年至2010年月度数据，基于价格变动长、短期，用Minot福利效应模型展开菜品价格变动对消费者福利水平影响的实证分析，得出从长期来看，蔬菜价格变动与消费者福利水平呈负向变动关系的结论，证实了蔬菜价格的稳定对确保消费者福利（尤其是低收入水平群体）的重要性。

综合来看，有关蔬菜市场价格波动对社会福利影响的研究大多处于理论分析和经验主义阶段，运用实证模型展开蔬菜市场价格变动对社会福利水平影响的文献较为有限。部分学者在此基础上，进一步给出了稳定蔬菜市场价格的建议，如邱述兵、于维洋（2011）指出，在土地等要素资源有限的情况下，伴随城镇化步伐的加速，未来蔬菜类产品价格将呈现出不可逆转的上涨态势，建议政府要强化公益性基础设施建设、健全蔬菜分类优惠机制、提升"农超对接"效率。欧阳泉（2013）探索了"农超对接"模式下蔬菜类产品价格调控机制，建议构建政府、合作组织与超市"三方联动"救助和监测预警机制、建设冷藏加工配送中心、完善蔬菜价格调节基金、健全利益分配与监督机制等。

### （二）国内学者对农业调控政策效果的研究

国内学者的研究重点侧重农业调控政策的论述和实施效果分析，重点从政策设计和模拟实验两方面分析农业补贴和调控支持政策绩效。

其中，政策设计重点是遵循WTO《农业协定》的规定和全球的农业补贴实践，研究各项农业支持政策出台效果与可行性。其中，钱克明（2003）从政策与制度双重层面出发，研究国内农业调控政策效率及结构，认为国内绿箱支持政策存在效率低下及结构扭曲难题。李成贵（2004）以粮食领域的调控政策为研究对象，对比了中国与欧美国家农业调控支持政策，分析后指出中美农业支持金额差距较大且调控方式有所不同，美国以绿箱政策支持为主、中国则偏向黄箱政策支持，建议中国政府应该将直接补贴、价格支持和生产补贴等多种方式结合，建立完整的农业调控政策体系。王孝松、谢申祥（2012）指出，中央及地方各级政府出台相应的财政调控能够有效平抑因国际价格波动而带来的国内农产品价格上涨难题。程国强、朱满德（2012）认为现阶段国内构建以价格支持作基础、直接补贴作主体的政策支持框架，必须进一步创新农业支持体系，为此，他们提出健全当前农业调控机制、探索构建重点产品市场价格的维稳体系、探求关于重点环节与关键产品的专项扶持举措、做好农产品差价补贴试点工作等建议。

模拟实验则主要是基于理论或实证分析评价并检验农业支持政策的效果。其中，王姣、肖海峰（2007）为研究农业政策的出台是否有助于实现促进生产主体增收与保障农业安全的目标，基于PMP（实证规划模型）技术证实了国内良种补贴、农机具购置补贴及农业税减免政策在农户增收与粮食增产两方面均起到了正向促进作用。蔡跃洲（2007）在一般均衡理论的基础上，基于CGE模型展开国内财政支农的政策效应研究，通过政策变动前后均衡模型的模拟值与基准值之间的对比，评判调控政策实施引发的社会经济效应。研究结果显示，短期内，2006年以来涉农领域的财政支持政策对拉低城乡收入差距、增加生产者收入、促进国民经济平稳运营方面具有显著的正向促进效果；长期而言，财政支农政策效果十分有限。

小结：从上述文献研究中可以发现，政府的部分宏观调控举措在某种程度上对社会经济发展起着正向促进作用。然而，学者关于农业调控政策的分析主要侧重于调控政策具体内容的概述及针对某一问题的对策建议等方面，大多数国内的学者对政府实施的一系列价格支持举措持反对意见，认为未来农业支持机制有必要纳入直接补贴政策；只有少数学者倡导国内现行调控机制需继续发挥价格支持作用，稳妥推进农业直接补贴力度的提升。他们尚未梳理与归纳出农业支持政策究竟在不同经济发展阶段是如何进行调整的通行规律，且国内有关政策效果的研究大多集中于农业整体或者以粮食、畜禽为主的大宗农产品。

### （三）国内学者对蔬菜产业调控政策的研究

1. 国内外蔬菜产业调控政策介绍与经验借鉴

以陈永福、白红为代表的部分学者则将研究视角集中于对美国、日本、欧盟、俄罗斯、韩国、新加坡及中国台湾等国内外先进国家和地区的蔬菜产业调控政策梳理、评价及国际比较借鉴。如赵瑞莹、周衍平（2010）详细梳理并分析了欧盟蔬菜类产品市场政策及效果，指出相对粮食和猪肉市场而言，欧盟政府对蔬菜产业的调控政策支持力度较小，现行调控政策主要涵盖两个类别：一是成员国内部的市场政策，包括生产者组织基金与产品项目支付；二是对外贸易体系，包括进口关税与特别关税及出口的补贴政策。在此基础上，建议中国蔬菜产业借鉴欧盟市场的经验，尽快推广与完善生产者基金与鼓励出口政策。日本政府为破解蔬菜市场价格波动难题，自1966年起正式启动了对蔬菜市场的调控，陈永福、马国英（2012）、国家发展改革委价格司（2013）系统梳理了日本政府调控菜价的政策措施与长短期调控的具体机制，科学地评价与分析了政策的作用效果，建议国内蔬菜市场要吸收借鉴日本菜价调控长效机制与应急预案制度。白红、张永强（2012）梳理了美国政府在提升蔬菜产业竞争力方面采用的调控措施，并建议国内蔬菜产业的调控有必要借鉴美国做法，做到政策制定涵盖蔬菜全产业链不同环节的所有主体、厘清立法与行政措施之间的关系及出台综合性政策等。高群（2012）对欧盟、美国和俄罗斯等地的国际菜价调控机制进行对比分析时，发现三地的调控机制虽然有所差异，然而均遵循"调节为主、计划为辅"的逻辑思路。杨光兵、刘亚（2013）对日本、韩国、新加坡、美国等部分国家蔬菜类产品的价格宏观调控政策进行研究；杜娟、赵俊强等（2013）将中国台湾地区蔬菜价格调控措施归纳为创新交易方式、提升扶持水平、完善应急机制、健全运销体系及制定法律法规五类，并总结了中国台湾地区在运销体系、应急机制等方面稳定菜价的经验，进而阐述了确保国内蔬菜价格稳定的相关政策建议。

综合来看，学者对国内外先进的蔬菜产业调控政策研究，均以描述性分析和定性评价为主，研究脉络基本一致，主要目的就是总结国内外先进经验与不足，以期为国内蔬菜产业调控机制的完善献计献策。

2. 蔬菜产业调控政策效果的评价

21世纪以来，频繁的蔬菜产业调控政策引起了广泛讨论，学者针对中央及地方各级政府出台的蔬菜产业调控政策及其实施效果的文献研究，主要分成定性与定量考察两大类：

一是对蔬菜产业调控政策效果的定性评价。部分学者在已有的经验事实基础上对中央及地方各级政府现行的蔬菜类产品调控政策效果作出了定性评价。如马晓春（2011）认为2010年中央及地方各级政府相继实施的蔬菜产业调控政策对稳定菜品价格效果并不明显，其中，针对消费主体"买贵"的政策，治标不治本；针对生产主体"卖难"的政策，标本兼不治。穆月英（2012）认为国内现行蔬菜产业生产环节相关的调控政策存在一些问题，如补贴政策条款有待细化，政策严密性与可操作性有待增强；部分财政支持以项目形式实施，缺乏政策体系的连贯性；调控对象确定、标准制定以及资金来源有待完善；缺乏蔬菜生产调控政策的配套措施等。在借鉴国外的经验并结合国情的基础上，提出了政府应确立政策支持的主要菜品、设立菜品市场基金及建设蔬菜基地等具体对策。唐步龙于2012年指出国内现行蔬菜质量安全政策存在较为严重的失灵现象，具体表现为监管部门多、承担责任少，监管法规多、执行效果差、信息不完备、治理成本高于收益等特征，并提出要促进蔬菜产业规模化生产、建立健全菜品质量安全责任追溯机制、规范政府行为的政策建议。孟凡艳、孙芳等（2013）为探寻维稳蔬菜类产品市场价格的有效政策，以河北省张家口市蔬菜产业为研究对象，探析蔬菜产业流通环节政策之一——"农超对接"模式效果，发现其面临覆盖率低、品种单一、经营管理水平低等诸多问题。涂圣伟、蓝海涛（2013）认为国内现行的蔬菜产业调控缺乏系统性政策，并且因为调控内容有一定的漏洞，致使各级政府具体实践过程中对鲜活农产品价格维稳的政策功效不甚理想。毛学峰、曾寅初（2014）提出蔬菜产业调控政策出台前首先要科学厘清政府与市场边界，对蔬菜产业而言，中央政府可以在某些特定条件下给予必要的政策干预；地方各级政府或相关的职能部门只有在严重依赖于蔬菜产业时，才应当重视产品市场价格波动问题。伴随市场经济的日臻成熟，为避免扭曲市场信号，中央政府没有必要对包括蔬菜在内的鲜活农产品领域展开过多的价格干预。齐皓天、高群（2015）系统地梳理了国内蔬菜产业调控政策的演变历程，并选取政策性保险、生产领域、经营领域三个维度，对中央与地方政府菜品调控政策举措、成效与不足进行系统梳理与总结，倡导要避免针对菜品市场价格展开直接政策干预、设置产业调控长效运营体系的新理念。李恒松、张瑞明等（2015）按调控政策类别系统梳理了上海市蔬菜惠农政策，肯定了蔬菜产业政策在稳定产品周年生产、提升抗风险能力及产品质量安全等方面的效果，并指出蔬菜产业政策当前存在的弊端与解决建议。

二是对蔬菜产业调控政策效果的定量评价。值得一提的三篇定量研究分别是：宋长鸣、徐娟等（2013）为论证与蔬菜产业相关的调控政策是否有效降低了菜品价格波动幅度，对五类蔬菜价格利用 ARCH 和 GARCH 模型进行模拟，结果表明政府出台的与蔬菜产业有关的具体措施显著地降低了蔬菜价格波动的幅度，从而证明了政策调控的有效性，但该文只是分析了产业调控政策对蔬菜价格波动幅度的影响程度，并不涉及调控政策对蔬菜市场价格的正负导向作用，也没有按调控政策的分类给予深入研究。另外两篇文献均是针对蔬菜产业调控政策中与生产环节紧密相关的蔬菜质量安全政策开展研究，其中，代云云（2013）对山东、江苏、广东、辽宁四大蔬菜主产区种植户调研数据进行分析后认为，外界制约因素中政府监管作用最强，政府检查频率与奖惩度等因素在种植户蔬菜质量安全控制活动方面具备显著影响。王常伟、顾海英（2013）利用江苏省蔬菜种植户调查数据，通过建立 damage - abatement 生产函数与计量模型，分析了蔬菜种植户农药用量选择影响因素，研究发现政策干预措施中的蔬菜售前药残检测能够有效规范农户施用农药行为，而生产监管与政策宣传等政府介入措施并未有效抑制菜农超量施用农药行为，在此基础上提出，在政策补贴的基础上要加强终端农残检测，强化政府介入的针对性与执行力等建议。

### 三　文献简评

综上所述，国内外多聚焦于粮食、畜禽等大宗农产品价格波动与调控的研究，且往往集中于对大宗农产品产业调控政策某一方面或者某一具体问题展开分析，认识相对较为零散。学术界专门针对蔬菜产业调控政策进行系统研究的经典文献并不多，相关研究主要集中在蔬菜产业调控政策内容的介绍、执行情况评价等方面；且国内外学者有关蔬菜类产品调控政策的研究主要基于定性分析，定量地考察调控政策效果的文献略显不足。有关蔬菜产品价格与政府调控的关系研究中，鲜有学者对国内外蔬菜类产品价格调控政策的运行机制进行研究，也未从产业链视角对蔬菜产业调控政策进行分门别类的总结与效果评估。从调控政策目的看，可将蔬菜产业调控政策总结为两大类：防止蔬菜产品价格过度上涨的政策和防止蔬菜产品价格过度下跌的政策。从国内现行蔬菜产业调控政策内容与形式看，可进一步归纳为法律手段、行政手段及经济手段三种，其中，经济手段主要是指：货币政策、补贴政策、产品储备及价格支持等政策。

21世纪以来，国内蔬菜产业开始向专业化、市场化方向迈进，产品市场价格极易受到外界环境的干扰，国内蔬菜产业调控政策也是近年来才得到重视。现有文献大多肯定了国家宏观调控蔬菜市场的必要性，但对某些调控政策的有效性提出了质疑；对于如何完善现有的调控政策以定性的描述居多，为数不多的实证研究蔬菜产业调控政策的文献也多采用时间序列数据或截面数据对少数几类品种或几个区域展开分析。且只是分析了调控政策对市场价格波动幅度的影响程度，并不涉及政策对蔬菜类产品市场价格的正负导向作用，也没有按调控政策的分类从生产环节、流通环节及其他环节等多重视角对蔬菜类产品调控政策给予深入研究，分门别类地将我国蔬菜产业调控政策与市场价格作用效果直接挂钩的研究更是少见。

事实上，现有的文献研究大多肯定了一个国家或地区宏观调控蔬菜类产品价格的必要性，但质疑了某些政策的有效性。而对于如何完善现有的蔬菜产业宏观调控政策以定性的描述居多，且缺乏相应的依据。有鉴于此，本书将利用事件分析法和基于差分模型的案例研究科学评估国内现行蔬菜类产品生产环节、流通环节及其他环节调控政策的效果，并在国内外成功经验的基础上提出构建高效的蔬菜类产品价格调控政策的建议。

# 第三节　理论分析框架

本节旨在国内外文献回顾的基础上，构建蔬菜类产品调控政策效果评估的理论分析框架。后续研究涉及的重点内容涵盖如下几个方面：

第一，系统梳理与定性评价国内蔬菜类产品调控政策，总结其主要内容、演变历程及影响因素。（1）依据调控政策执行主体和产业链所处环节不同，分别从中央和地方政府两个维度，生产环节、流通环节及其他环节三个方面科学解析 21 世纪以来中央层面的蔬菜产业调控政策，系统阐述调控政策的实施背景、政策的具体内容及相关措施，并对调控政策实施效果展开定性的评价。（2）按照政策侧重点的不同，系统回顾新中国成立以来国内蔬菜产业调控政策的演变历程，将其划分为不同的发展阶段。并从政策制定与政策执行两个维度，分别阐述了蔬菜产业调控政策的影响因素。

第二，展开国际蔬菜产业调控政策的评述与借鉴。（1）从蔬菜产业基本情况、调控政策背景与发展历程、政策概览、效果评价四个维度对美国、欧盟及日本等农产品市场化程度较高国家蔬菜产业先进的调控政策进行系统梳理、总结，并评价这些国家和地区蔬菜产业调控政策的运行效果。（2）将国际蔬菜产业调控政策与中国的政策进行对比，从而探寻、归纳出对国内蔬菜产业良性运营具有借鉴性意义的重要启示。

第三，对蔬菜产业现行的调控政策效果展开定量评估。（1）基于事件分析法展开国内月度蔬菜产业调控政策对市场价格影响的实证分析。首先，借鉴金融学与社会学研究领域中经典的事件分析法，通过与目标分析法结合，将蔬菜产业的调控政策分为与生产环节相关的政策、与流通环节相关的政策和与其他环节相关的政策三类，分别展开调控政策对我国蔬菜市场价格的影响研究，用并不直接受蔬菜产业政策影响的肉类及其制品价格作对比研究，重点考察蔬菜产业调控政策对产品价格影响机制的正负导向作用及持续时间，并按政策类别的不同对 21 世纪以来历次蔬菜产业调控政策干预措施的外生性进行检验。（2）基于差分模型展开年度产业调控政策对蔬菜市场价格影响的案例分析。利用差分模型，测算蔬菜市场价格真实走势与假设未启动调控政策条件下的菜价模拟值之间的差额，将差额绝对值较大的年份纳入案例库。从政策背景、作用效果及政策解读等维度展开分析，综合评估蔬菜产业调控体系的有效性。

第四，蔬菜产业宏观调控政策选择。借鉴美国、欧盟及日本等先进的蔬菜产业调控政策经验以及国内外蔬菜产业先进的市场化手段——上海市的蔬菜价格保险制度和美、日等国的调控目录制度，旨在重新设计出一套科学、可行、符合国情的蔬菜类产品政策调控机制，以期为中国政府构建高效的蔬菜产业调控政策决策提供参考依据，同时方便蔬菜生产主体、流通主体及消费主体等产业链条各个环节的利益主体对蔬菜产业政策运行状况有更为清晰的认识。

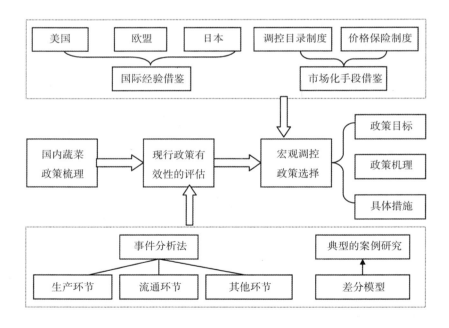

**图 2 - 3　蔬菜调控政策效果评估的理论分析框架**

# 第三章 中国蔬菜产业调控政策概况

## 第一节 国内蔬菜产业运行基本概况

### 一 蔬菜产销基本概况

中国为全球最大的菜品生产国与消费国，人均蔬菜产品占有量超出全球均值两倍以上（刘芳、王琛，2011）；与此同时，蔬菜也是国内仅次于粮食作物之后的第二大农作物（徐家鹏、李崇光，2010）。国家统计局数据表明，2014 年全国蔬菜类产品播种面积为2232 万公顷，产量高达 7.49 亿吨。蔬菜产业作为典型的劳动密集型产业，曾一度因国内劳动力价格低廉，充分利用价格差获取了国际竞争优势（肖长惜、马成武，2006）。且发展外向型创汇蔬菜在助推国民经济发展的同时，在调整农业结构、促进农户增收、完善就业渠道及提升农业竞争力等方面也具有显著功效（程国强，2004）。自 20 世纪 90 年代以来，国内蔬菜类产品出口量日益增多，对外输出产品日趋多元化，涵盖了鲜冷蔬菜、简单加工蔬菜、深加工蔬菜及干蔬菜等众多品类，蔬菜产品输出至全球上百个国家与地区（张伟明，2002）。2014 年，国内菜品出口贸易量高达 976 万吨，出口创汇高达 125 亿美元，是毋庸置疑的世界第一大蔬菜对外输出国。同年，中央一号文件倡导迅速启动农业"走出去"战略；次年，中央一号文件中首次针对合理统筹国际国内两大市场两类资源提出了明确要求，如"积极支持优势农产品出口""大力发展涉农领域全球竞争优势明显的企业集团""创新农业对外合作模式"等，为延伸境外菜品市场、增进蔬菜产业国际竞争力规划了宏伟蓝图。此外，国家已从战略高度编制了"一带一路"路线，辐射带动了欧洲、南亚、西亚、北非、中亚及东盟多地，为蔬菜产业实施"走出去"战略开辟了通道与关口。

如表3-1所示，大陆地区蔬菜类产品以出口导向型为主，出口总量在进出口贸易总量中的比例高达97.78%。主要出口产品包括新鲜或冷冻菜品、加工保藏菜品及干蔬菜，三者在出口总量中占比依次为65.63%、29.94%及4.39%。就进出口量而言，位居前十位的输出地依次是日本、中国香港、韩国、俄罗斯、马来西亚、越南、印度尼西亚、美国、泰国和德国；排名靠前的进口来源国为美国、日本、意大利、泰国、马来西亚等。

表3-1　　中国大陆地区蔬菜类产品的进出口情况（2014年）

单位：万吨、亿美元

| 结构 | 出口 | | | 进口 | | |
|---|---|---|---|---|---|---|
| | 出口量 | 出口额 | 具体品类 | 进口量 | 进口额 | 具体品类 |
| 鲜冷菜 | 640.5 | 48.2 | 洋葱、胡萝卜、萝卜、蒜头、马铃薯、卷心菜、黄瓜等 | 2.1 | 0.3 | 马铃薯、甜玉米 |
| 加工保藏菜 | 292.2 | 47.3 | 小白蘑菇（羊蘑菇）、竹笋、番茄酱等罐头制品 | 17.5 | 2.3 | 番茄酱罐头 |
| 干菜 | 42.8 | 27.4 | 干木耳、干香菇等 | 0.9 | 0.6 | 未磨胡椒 |
| 其他 | 0.5 | 2.1 | — | 1.7 | 1.9 | — |
| 合计 | 976 | 125 | — | 22.2 | 5.1 | — |

数据来源于：《中国农产品贸易发展报告（2015）》。

学术界针对中国蔬菜产业整体竞争力也展开了相应的研究，其中一部分学者（如王立鹤，2002；陈永福、魏荣，2005；汤勇、黄军等，2006；李海鹏、张俊飚等，2007；凌华、王凯，2010）选取国内资源成本法、出口渗透率、国际市场占有率、贸易竞争力指数等指标测算中国蔬菜出口的比较优势与竞争优劣势；另一部分学者则将研究视角转向食品安全与绿色贸易壁垒、技术贸易壁垒等因素对蔬菜类产品出口贸易的影响分析（傅泽田、刘雪等，2006；章棋、李晓钟等，2013；王瑛、许可，2014）。然而，近年来蔬菜进口额增长速度超越了出口增长幅度，2009年鲜冷蔬菜和各类加工蔬菜进口量首次超过了出口量，2013年这种贸易逆差还在加剧；且劳动密集型农产品出口遭遇贸易限制的事件也层出不穷（谭力文、余望梅，2010；庄丽娟、郑旭芸等，2015）。那么新形势下，伴随内地劳动力价格上涨，中国大陆地区这种长期的蔬菜出口比较优势是否能够继续存在，不同品类蔬菜的出口潜力是否一致？2001年加入世界贸易组织及2008年全球金融危机等事件后，各类蔬菜产品的出口市场结构产生了哪些新的变化？这些都是值得考察的新问题。基于此，本节以大陆地区鲜冷及各类简单加工蔬菜为例，测算分品类蔬菜的出口比较优势并考察出口市场结构的变动情况，旨在未来蔬菜产业国际贸易中做到有的放矢，为拓展大陆蔬菜对外输出空间建言献策。

## 二 蔬菜产业比较优势与出口市场结构

### （一）蔬菜产业出口基本情况及市场结构演变历程

1. 蔬菜产业出口基本情况

本节以中国大陆地区为例，研究蔬菜出口贸易问题。因2013年鲜冷菜及各类简单加工蔬菜占到大陆蔬菜出口总量的94.66%、出口总额的87.40%，故选取鲜冷菜和简单加工蔬菜作为研究对象具有典型的代表性。借鉴已有学者的研究并参考海关协调编码制度（HS1992），将鲜冷菜和简单加工蔬菜产品涵盖的07类产品14个4位品目编码分成鲜冷蔬菜、冷冻蔬菜、暂时保藏蔬菜、干菜及其他根茎类蔬菜五个大类。其中，鲜冷蔬菜由9个品目HS编码组成，分别为：0701—新鲜或冷藏的马铃薯、0702—新鲜或冷藏的番茄、0703—新鲜或冷藏的葱属类蔬菜、0704—新鲜或冷藏的卷心菜、菜花、甘蓝及类似的芥菜等、0705—新鲜或冷藏的莴苣类蔬菜、0706—新鲜或冷藏的胡萝卜、萝卜、甜菜根、块根芹等根茎蔬菜、0707—新鲜或冷藏的黄瓜、0708—新鲜或冷藏的豆类、0709—新鲜或冷藏的其他蔬菜；冷冻蔬菜主要指 HS 编码中的 0710；暂时保藏蔬菜为 HS 编码中的 0711；干菜涵盖 HS 编码中的 0712—未经过进一步加工的干蔬菜和 0713—脱荚的干豆；其他根茎类蔬菜是指 HS 编码中的 0714—新鲜或干的兰科植物块茎、竹芋、木薯、甘薯、菊芋及其他含有高淀粉或菊粉的类似根茎。下文涉及的各类蔬菜产品历年进出口数据（包括图表中的数据），均来源于联合国商品贸易统计数据库（http：//comtrade. un. org）和联合国粮农组织统计数据库（http：//faostat. fao. org）。鉴于数据的可获得性，研究区间统一选取 1992—2013 年。

自 20 世纪 90 年代以来，五大品类蔬菜的出口数量与金额分别以 4.85% 和 10.05% 的比例逐年增长，2013 年出口量、出口创汇分别高达 736.42 万吨、78.71 亿美元。图 3-1 显示，鲜冷蔬菜出口量保持直线上升趋势，年均增幅高达 11.51%，出口量由 1992 年的51.16 万吨猛增至 2013 年的 504.16 万吨，占蔬菜产品出口总量的份额由 18.77% 跃然上涨至 68.46%，成为中国大陆地区第一大出口菜品；干菜产品在 1992 年曾经是第一大蔬菜出口品类，然而，此后的 20 多年里出口量并未出现明显的波动，使得其在蔬菜出口总量中的份额由 37.96% 下降至 15.92%，转为中国大陆第二大蔬菜出口品类；冷冻蔬菜出口势头良好，出口量由 7.61 万吨增至83.22 万吨，年均增幅约 12.07%，占蔬菜出口总量的份额由最初的 2.79% 上升至 11.30%，成为仅次于鲜冷蔬菜和干菜之后的中国大陆第三大蔬菜出口品类。

暂时保藏蔬菜出口量及在蔬菜出口总量中的份额均呈现先上升后下降的趋势，然而，20 多年里出口排名却较为稳定，始终是第四大出口品类。其他根茎类蔬菜出口优势大幅下滑，2013 年出口量仅为曾经的 1/7，在中国大陆蔬菜出口中的地位由第二跌落至最末位，占蔬菜出口总量的份额由最初的 34.16% 下降至 1.83%。

年份

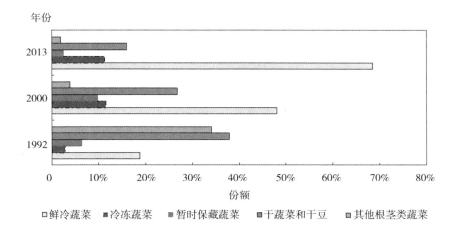

份额

□鲜冷蔬菜　■冷冻蔬菜　▨暂时保藏蔬菜　▨干蔬菜和干豆　▨其他根茎类蔬菜

**图 3 - 1　各类别蔬菜占中国大陆地区鲜冷及简单加工蔬菜出口
总比重的变动情况**

2. 各类别蔬菜出口市场结构演变

（1）鲜冷蔬菜。从总体来看，1992—2000 年，中国大陆地区鲜冷蔬菜产品出口市场较为集中，主要分布于中国香港、新加坡、俄罗斯及日本 4 个地区，历年从大陆进口鲜冷蔬菜数量占大陆总出口数量的比重均超过 60%。21 世纪以来，各地从大陆引进鲜冷蔬菜产品的数量开始呈现出较大的差异，大陆鲜冷蔬菜出口市场整体的集中度有所降低。从变化趋势来看，大陆鲜冷蔬菜出口市场始终高度集中于香港，虽然近年来香港占中国大陆总出口数量的比重有所下调，但因具备便捷的区位优势和消费者偏好优势，且两地生产的蔬菜品种具备相似性，始终是历来中国大陆地区最大的鲜冷蔬菜出口目的地；日本从中国大陆地区进口鲜冷蔬菜的比重稳定在 10% 左右，也依旧是中国大陆地区鲜冷蔬菜主要出口目的地之一。俄罗斯在中国大陆地区鲜冷蔬菜出口市场中所占的份额日益下降，尤其是 2002—2010 年东盟贸易区对华包括蔬菜类产品在内的 500 多种农产品降税及强劲的需求拉动带来了显著的贸易创收效益，2010 年中国对外商谈的第一个自由贸易区——CAFTA 正式建成后，依托地缘优势、双边深化合作，全球前五的中国大陆鲜冷蔬菜产品出口市场头衔已被马来西亚、越南、印度尼西亚等新晋东盟国家替代。

表 3 - 2　　　　　中国大陆地区鲜冷蔬菜出口市场结构

（1992—2013 年）　　　　　　　单位:%

| 年份 | 中国香港 | 新加坡 | 俄罗斯 | 日本 | 越南 | 马来西亚 | 印度尼西亚 | 合计 |
|------|---------|--------|--------|------|------|---------|-----------|------|
| 1992 | 55.8 | 11.7 | 9.45 | 6.67 | 0.4 | 1.09 | 3.13 | 88.24 |
| 2000 | 27.19 | 5.66 | 7.2 | 21.13 | 1.97 | 4.45 | 7.02 | 74.62 |
| 2010 | 14.18 | 1.49 | 9.04 | 10.53 | 10.33 | 11.03 | 9.33 | 65.93 |
| 2011 | 13.21 | 1.67 | 9.58 | 9.83 | 10.17 | 10.65 | 10.2 | 65.31 |
| 2012 | 17.28 | 1.82 | 6.87 | 10.81 | 10.79 | 9.71 | 9.98 | 67.26 |
| 2013 | 16.61 | 1.5 | 7.76 | 9.67 | 10.6 | 11.15 | 9.36 | 66.65 |

　　（2）冷冻蔬菜。如表 3 - 3 所示，中国大陆地区冷冻蔬菜出口市场相对较为集中，主要为日本、韩国和美国 3 个国家。1992—2013 年，大陆地区对上述三个国家出口数量占冷冻蔬菜出口总量的比重均在 60% 以上，部分年份甚至达到 89%。然而，不同时间节点内，大陆地区对三个国家出口份额有所差异。从变化趋势来看，日本始终是中国大陆地区最重要的合作伙伴，日本进口冷冻蔬菜产品占中国大陆地区对外出口比重先后呈现稳步上升与一路下滑的态势，1997 年以后，受人民币升值与亚洲金融危机等因素的制约，日本对华进口冷冻蔬菜类产品受到首轮抑制；2002 年以后伴随日本蔬菜检测检疫标准提高，日本进口冷冻蔬菜占大陆地区对外出口比重再次缩水，从最高点的 79.41% 逐渐跌落至目前的 32.06%。与日本相反，自 1992 年中韩两国建交以来，中国大陆地区将冷冻蔬菜出口目标由单一的日本转向韩国，韩国对华进口冷冻蔬菜的势头一路上昂，占中国大陆地区冷冻蔬菜对外出口比重由最

初的 0.09% 迅速提升至 2012 年的 33.63%；2013 年因美韩 FTA 协定造成部分冷冻蔬菜对韩出口被美国挤占，出口市场占比降至 29.32%，却依旧是仅次于日本的中国大陆地区第二大冷冻蔬菜出口目的地。美国也是中国大陆地区对外输出冷冻蔬菜主要目的国之一，占中国大陆地区冷冻蔬菜对外出口比重始终维持在 10% 左右，在全球进口排名也始终居于前三。此外，德国、英国、澳大利亚等国在中国大陆地区冷冻蔬菜出口市场中所占份额较小，且变化趋势不明显。

表 3-3　**中国大陆地区冷冻蔬菜出口市场结构（1992—2013 年）**　　单位:%

| 年份 | 日本 | 韩国 | 美国 | 德国 | 英国 | 澳大利亚 | 合计 |
|------|------|------|------|------|------|---------|------|
| 1992 | 70.18 | 0.09 | 11.37 | 4.98 | 1.12 | 0.28 | 88.02 |
| 2000 | 77.16 | 3.87 | 3.72 | 3.67 | 1.00 | 0.46 | 89.88 |
| 2010 | 23.43 | 29.45 | 13.13 | 3.34 | 4.32 | 2.96 | 76.63 |
| 2011 | 25.01 | 29.64 | 12.15 | 3.35 | 4.46 | 3.23 | 77.84 |
| 2012 | 29.02 | 33.63 | 10.99 | 2.16 | 3.04 | 2.84 | 81.68 |
| 2013 | 32.06 | 29.32 | 10.98 | 2.16 | 3.53 | 2.37 | 80.42 |

（3）暂时保藏蔬菜。自 20 世纪 90 年代以来，大陆对外输出暂时保藏蔬菜高度集中于亚洲，占大陆对外输出暂时保藏蔬菜份额的比重始终维持在 70% 以上。其中，日本始终是最大的暂时保藏蔬菜出口目的地，历年来在大陆对外输出暂时保藏蔬菜中所占的份额平均值高达 61.78%；中韩建交引致中国大陆对韩输出暂时保藏蔬菜的空前繁荣，市场份额由 1992 年的 1.42% 猛增至 2013 年的 35.80%，成为中国大陆地区第二大暂时保藏蔬菜出口国；其他亚洲地区从中国大陆地区进口暂时保藏蔬菜的比重基本维持在 5% 左右。此外，意大利、德国、巴西等其他出口市场所占份额较小，且历年间的变化幅度不甚明显，详见表 3-4。

表3-4　中国大陆地区暂时保藏蔬菜出口市场结构（1992—2013年）

单位:%

| 年份 | 日本 | 韩国 | 其他亚洲地区 | 意大利 | 德国 | 巴西 | 合计 |
|---|---|---|---|---|---|---|---|
| 1992 | 73.36 | 1.42 | 0.19 | 1.87 | 3.16 | 0 | 80.00 |
| 2000 | 63.26 | 14.23 | 3.70 | 3.90 | 1.74 | 0.35 | 87.18 |
| 2010 | 49.47 | 26.27 | 4.33 | 5.82 | 1.39 | 1.59 | 88.87 |
| 2011 | 43.89 | 34.28 | 3.65 | 5.51 | 1.41 | 2.08 | 90.82 |
| 2012 | 44.93 | 35.10 | 4.78 | 3.92 | 0.92 | 1.90 | 91.55 |
| 2013 | 41.53 | 35.80 | 5.58 | 4.78 | 1.10 | 3.95 | 92.74 |

（4）干蔬菜和干豆。如表3-5所示，1992年中国大陆地区干蔬菜和干豆出口市场集中于日本、意大利、埃及、中国香港等地区。其中，日本始终是中国大陆地区干蔬菜和干豆主要出口目的国之一；意大利和埃及主要从中国大陆地区进口干豆产品，近年来中国大陆地区对其输出规模萎缩，2013年意大利在中国大陆地区对外出口干豆比重由最初的20.80%下滑至5.71%，埃及则从12.41%降至不足0.01%；中国香港主要从大陆地区进口未经进一步加工的干蔬菜类产品，1992年占大陆地区出口干蔬菜总量的24.15%，2013年下调至6.53%。目前，中国大陆地区干蔬菜及干豆对外贸易已被日本，包括巴西、委内瑞拉在内的南美国家及美国等地占领。尤其是巴西，从中国大陆地区进口干豆的势头凶猛，已经在中国大陆地区干豆出口市场中占据主导地位。

表3-5　　干蔬菜和干豆出口市场结构（1992—2013年）　　单位:%

| 年份 | 日本 | 意大利 | 埃及 | 中国香港 | 巴西 | 委内瑞拉 | 印度 | 美国 | 合计 |
|---|---|---|---|---|---|---|---|---|---|
| 1992 | 11.02 | 19.52 | 11.61 | 8.29 | — | — | 1.52 | 0.66 | 52.62 |
| 2000 | 19.01 | 4.26 | 8.09 | 1.27 | 0.29 | 0.49 | 2.67 | 4.81 | 40.89 |

续表

| 年份 | 日本 | 意大利 | 埃及 | 中国香港 | 巴西 | 委内瑞拉 | 印度 | 美国 | 合计 |
|------|------|--------|------|----------|------|----------|------|------|------|
| 2010 | 8.62 | 3.4 | 0.25 | 0.92 | 5.79 | 5.02 | 6.33 | 8.34 | 38.67 |
| 2011 | 8.8 | 3.8 | 0.81 | 1.04 | 4.48 | 2.69 | 4.3 | 9.14 | 35.06 |
| 2012 | 9.59 | 3.47 | 0.09 | 1.2 | 13.35 | 7.23 | 5.05 | 7.74 | 47.72 |
| 2013 | 8.04 | 4.24 | 0.14 | 2.2 | 19.78 | 4.93 | 4.71 | 7.46 | 51.5 |

（5）其他根茎类蔬菜。中国大陆地区对外出口其他根茎类蔬菜相对较为分散，且不同年份对各个国家出口的比重波动较大。其中，1992 年根茎类蔬菜出口目的地曾集中于意大利、比利时、德国、法国、荷兰等地，然而这一状态并未维持许久。自 1995 年大陆地区将根茎类蔬菜出口市场由意大利转移至日本以来，日本从大陆地区进口根茎类蔬菜的比重始终在 40% 以上，成为大陆地区根茎类蔬菜最大的输出国。2010 年以来，马来西亚、美国、中国香港、阿联酋等地仅次于日本成为新晋的大陆地区根茎类蔬菜产品主要供应地，详见表 3 - 6。

表 3 - 6　　**其他根茎类蔬菜出口市场结构（1992—2013 年）**　　单位:%

| 年份 | 意大利 | 比利时 | 法国 | 日本 | 马来西亚 | 美国 | 中国香港 | 阿联酋 | 合计 |
|------|--------|--------|------|------|----------|------|----------|--------|------|
| 1992 | 34.03 | 22.17 | 7.89 | 2.17 | 0.07 | 0.30 | 4.29 | — | 70.92 |
| 2000 | 0.07 | 0.03 | 0.02 | 71.60 | 1.94 | 7.83 | 6.03 | — | 87.52 |
| 2010 | 0.15 | 0.25 | 0.31 | 39.84 | 16.83 | 15.58 | 5.07 | 3.44 | 81.47 |
| 2011 | 0.23 | 0.21 | 0.22 | 44.72 | 14.51 | 12.76 | 5.44 | 4.45 | 82.54 |
| 2012 | 0.20 | 0.17 | 0.09 | 41.42 | 12.58 | 9.53 | 10.54 | 5.82 | 80.35 |
| 2013 | 0.17 | 0.13 | 0.09 | 41.22 | 15.24 | 12.21 | 6.55 | 4.59 | 80.20 |

## （二）大陆地区各类蔬菜比较优势及出口市场结构测评

### 1. 贸易竞争力指数（Trade Competitiveness）

贸易竞争力指数（简称 TC 指数），是测度一国出口某种产品比较优势的经典指标之一，用公式（3 - 1）表示为：

$$TC = （EX - IM） / （EX + IM） \times 100\%，TC \in [ -1，1 ]$$

$$（3 - 1）$$

即一国某种产品净出口额在国际贸易总额中的比重。其中，$TC > 0$ 代表一国某种产品具备比较优势；$TC$ 越逼近 $100\%$，意味着产品净出口相对规模越大、国际竞争力越强；$TC = 0$ 说明竞争力处于全球平均水平；$TC < 0$ 代表一国某种产品在国际竞争中处于劣势；$TC$ 愈趋于 $-100\%$，则意味着净进口相对规模愈大、国际竞争力愈薄弱。具体而言，$0 < TC < 50\%$、$50\% \leqslant TC < 80\%$ 及 $TC \geqslant 80\%$ 分别代表较弱的、较强的及很强的比较优势；$TC < -80\%$、$-80\% \leqslant TC < -50\%$ 及 $-50\% \leqslant TC < 0$ 依次代表着产品出口具备很大的、较大的及较小的比较劣势。

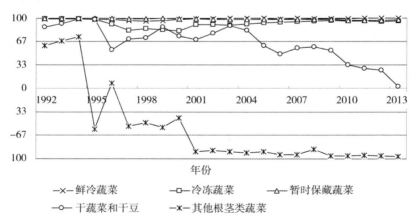

图 3 - 2　1992—2013 年中国大陆地区蔬菜产业比较优势

从蔬菜产业整体发展情况来看，我国是全球第一大蔬菜生产国，生产的蔬菜除了供给国内需求之外，大量出口国际市场，蔬菜产业整体具备较强的比较优势。从图 3 - 2 分品类情况来看，1992—2013 年我国鲜冷蔬菜、冷冻蔬菜和暂时保藏蔬菜的 TC 指数较为稳定，历年均值分别高达 99.27%、93.33% 及 98.65%。干菜及其他根茎类蔬菜的 TC 指数则呈现波动性下降趋势，其中，前者由最初的 87.31% 降至 2.85%，年均降幅约 17.70%；后者由 60.30% 骤然降至 - 96.42%。可见，在五类蔬菜产品中，鲜冷蔬菜、冷冻蔬菜和暂时保藏蔬菜具备很强的比较优势；干蔬菜和干豆较强的比较优势正在逐年削弱，2010 年之后仅具有比较微弱的比较优势；21 世纪以来，其他根茎类蔬菜已由 20 世纪 90 年代初期的颇具比较优势彻底沦为明显的比较劣势。

2. 结构变化指数（Lawrence Index，LI）

出口市场结构能较好地反映出一个国家某种商品的出口目的地，并指出该国产品出口总量或出口总额在世界各个国家或地区之间分配情况及比例关系。若存在某个或某几个国家（地区）占据了大陆地区出口蔬菜绝大部分份额，则意味着大陆地区蔬菜出口市场结构较为集中；反之，若各个国家在大陆地区出口蔬菜份额中所占的比重都较小，则表明大陆地区蔬菜出口市场结构分散程度较高。魏浩、王露西等人于 2011 年提出了用于衡量一国某种商品不同时期出口市场结构在各个国家或地区变动的指标——Lawrence Index，其计算公式如（3 - 2）所示：

$$LI_t = \frac{1}{2} \sum_{t=1}^{n} | s_{it} - s_{i,t-1} |, \quad s_{it} = \frac{x_{it}}{\sum x_{it}}, \quad LI_t \in [0, 1] \qquad (3-2)$$

其中，$i$ 代表出口目的国（或地区），$t$ 代表时期，$x_{it}$ 是 $i$ 国对出口国的进口量，$n$ 指的是出口目的国（或地区）的个数。$LI$ 值愈大，意味着产品的出口市场结构波动幅度愈大。

如图 3 - 3 所示，1992—2010 年鲜冷蔬菜的 $LI$ 值整体上呈现下降趋势，出口市场结构变动幅度较小；2011 年以来，伴随中国—东盟自由贸易区零关税的夯实，越南、马来西亚、印度尼西亚等新增出口对象国一路崛起，带来了较大的出口市场变动。冷冻蔬菜出口主要集中于日本、韩国、美国等地，1992—2013年指数值变动较小，出口市场结构较为稳定。暂时保藏蔬菜仅在2012年、2013年 *LI* 指数值上升至0.47和0.51，出口市场发生了较大幅度的改变；其余时间段的出口目的地高度集中于亚洲，*LI* 指数值基本稳定在0.1左右，出口市场结构较为稳定。干菜 *LI* 指数值呈现先上升后下降的趋势，出口市场的变动幅度由大变小，1998年以来市场结构趋于稳定。其他根茎类蔬菜出口结构在1995年之前曾出现短暂的剧烈波动现象，随后的两年里变动幅度迅速下调，1997—2013年基本围绕在0.1上下波动，出口市场较为稳定。

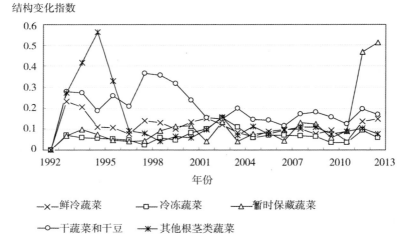

**图3-3 1992—2013年中国大陆地区蔬菜分产品结构变化指数**

3. 分散度指数（Dispersion Index，DI）

分散度指数是用于测算市场多元化战略实施程度的重要指标之一，可以较为精确地描述一国出口市场结构的分散状况。其指标值为赫芬达尔指数（Herfindahl - Hirschman Index，HHI）的倒数，具体的计算公式如式（3-3）所示：

$$DI = \frac{1}{HHI} = \frac{1}{\sum_{i=1}^{n} s_{it}^2} = \frac{1}{\sum_{i=1}^{n} (x_{it} / \sum x_{it})^2}, \quad DI \in [1, +\infty] \quad (3-3)$$

如果 $DI$ 值等于1，则说明一国某种产品仅有一个出口目的国；伴随该国某种产品出口市场向某个或某几个出口目的国集中以及出口目的国个数的缩减，$HHI$ 指数将不断变大，导致 $DI$ 值缩减；反之，若各出口目的国所占市场份额趋向相等或者出口目的国个数增多，$HHI$ 指数将逐渐变小，$DI$ 值将相应地增大。

对于鲜冷蔬菜而言，1992—2013年出口多元化程度日渐提高，出口目的国或地区由最初的49个增至最高年份的193个，且伴随对东盟自由贸易区出口规模的扩张，曾经较为集中的出口局面得以改善，分散度指数也由最初的2.92逐步提升并稳定至10左右。冷冻蔬菜分散度指数整体上呈现先上升后下降的趋势，出口市场由高度集中的日本逐步转向日、韩、美等多个市场均匀分散，市场多样化水平提升；然而，2008年美国次贷危机爆发以来，大陆地区对美输出冷冻蔬菜受到阻碍，冷冻蔬菜出口市场向日、韩集中的趋势明显。暂时保藏蔬菜出口市场分散度指数表现出波动性上升态势，这得益于主要进口区域——亚洲，其内部各国家与地区对大陆地区出口暂时保藏蔬菜的均摊与扩散。干蔬菜和干豆分散度指数经历了先上升后下降的波动历程。2011年以前，伴随中国大陆地区对巴西等南美等新晋国家出口规模的扩大及对既有主要供给地——日本、意大利、埃及等地输出份额的缩减，出口市场结构得以相应的改善；2012年以后伴随巴西、委内瑞拉等南美国家进口份额的不断扩大，干蔬菜和干豆的出口日渐集中趋势再一次显现。其他根茎类蔬菜总体上呈现出先下降后反弹的趋势，1992—2000年日本占中国大陆地区出口总份额的比重由2.7%增加至71.60%，出口集中趋势愈发明显；此后，过度集中的趋势得以改善，2013年日本占中国大陆地区出口的份额已降至41.22%，其他根茎类蔬菜出口风险降低。

分散度指数

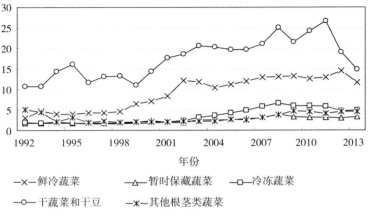

图 3 - 4　1992—2013 **年中国大陆地区蔬菜分产品分散度指数**

4. 收益性结构指数（Beneficiary Index，BI）

Bender S. 于 2001 年提出收益性结构指数的概念，用于测算一国出口商品市场结构的改变是否提高了该国的出口收益，可以用于反映某时期该国出口市场结构的优化或恶化程度。收益性结构指数用公式表示如下：

$$BI_t = \sum_{i=1}^{n} \left[ \frac{x_{it}}{\sum x_{it}} \times \left( \frac{x_{it}/x_{i,t-1}}{\sum x_{it}/\sum x_{i,t-1}} - 1 \right) \times \left( \frac{X_{it}/X_{i,t-1}}{\sum X_{it}/\sum X_{i,t-1}} - 1 \right) \right]$$

$$（3 - 4）$$

公式（3 - 4）中的 $x_{it}$、$x_{i,t-1}$ 分别代表 $i$ 国在 $t$ 和 $t-1$ 期对出口国的进口量，$X_{it}$、$X_{i,t-1}$ 分别代表 $i$ 国在 $t$ 和 $t-1$ 期总的进口量。其中，$BI > 0$ 代表一国的出口市场结构存在优化的趋势，且 $BI$ 值愈大意味着该国的出口市场结构优化程度愈大；$BI < 0$ 则表明一国的出口市场结构正在恶化，且 $BI$ 值愈小，该国的出口市场结构恶化程度愈明显。

对鲜冷蔬菜而言，除了 1997 年、1999 年等少数几个年份之外，收益性结构指数均大于 0，较为特殊的是 2010 年，由于巴西从中国大陆地区进口鲜冷蔬菜的份额由 0 激增至 2.3%，使得该年中国大陆地区出口鲜冷蔬菜的收益性结构指数高达 3864.73。综合来看，1992—2013 年鲜冷蔬菜收益性结构指数均值为 175.63，这意味着中国大陆地区鲜冷蔬菜的出口市场结构趋于改善。

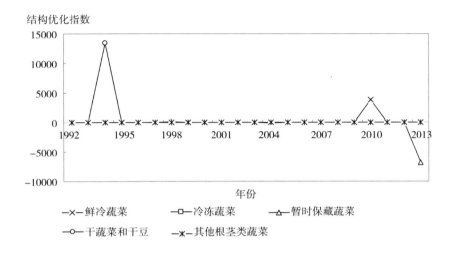

**图 3-5　1992—2013 年中国大陆地区蔬菜分产品收益性结构指数**

冷冻蔬菜仅在 2001 年出现了较小的负值，其余年份均为正值，这表明中国大陆地区冷冻蔬菜出口更集中于进口潜力较高的国家或地区，并且从具体数值来看，各个年份的收益性结构指数相差不大，说明出口市场结构得以改善且结构优化过程较为稳定。

对暂时保藏蔬菜而言，1992—2011 年多数年份的收益性结构指数大于 0，与世界暂时保藏蔬菜供需变化情况基本一致，出口市场结构得到了相应的改善；然而，2012 年和 2013 年收益性结构指数下降至 0 以下，2013 年低至 -6844.38，出口市场结构开始恶化。

1992—2013 年，干蔬菜和干豆的收益性结构指数在 16 个年份中均大于 0，出口市场的变动情况基本与全球干蔬菜和干豆供需变化情况相一致；然而，从具体数值来看，不同年份的结构优化水平差距明显，如 1994 年由于印度尼西亚在中国大陆地区干蔬菜和干豆出口市场中所占份额由 3.75% 激增至 10.33%，导致该年收益性结构指数高达 13411.79。这意味着大陆地区干蔬菜和干豆的出口市场结构整体上得到了改善，但优化过程依旧存在较大程度的不稳定性。

其他根茎类蔬菜的收益性结构指数除 2011 年数据为 -9.17 之外，绝大多数年份都围绕 0 值上下波动，出口市场结构并未出现明显的优化或恶化趋势。

### （三）研究小结

本节选取了 1992—2013 年中国大陆地区蔬菜产业历年对外贸易数据，在描述大陆地区蔬菜类产品出口现状及市场结构演变历程的基础上，首先选取 TC 指数分别对鲜冷蔬菜、冷冻蔬菜、暂时保藏蔬菜、干蔬菜与干豆及其他根茎类五大品类出口比较优势进行测评，其次利用 LI 指数、DI 指数及 BI 指数三大指标考察各类蔬菜产品出口市场结构变动情况。研究结果显示：（1）就比较优势而言，20 世纪 90 年代初期大陆地区出口五大类蔬菜均具备一定的比较优势，此后的 20 多年里各类蔬菜的比较优势发生了显著的变化。其中，鲜冷蔬菜、冷冻蔬菜和暂时保藏蔬菜始终存在较为强劲的比较优势；而干蔬菜和干豆的比较优势存在下降态势，目前仅存在较弱的比较优势；21 世纪以来，其他根茎类蔬菜的比较劣势正在凸显。（2）就出口市场结构变动而言，鲜冷蔬菜在 2011 年以后出现了较大的变动，在此之前基本保持稳定状态；冷冻蔬菜和暂时保藏蔬菜的产品出口市场结构基本保持稳定状态；干蔬菜和干豆、其他根茎类蔬菜出口市场结构分别在 1998 年、1997 年以后才趋于稳定，此前两者的变动幅度均较大。（3）从分散度指数来看，鲜冷蔬菜和暂时保藏蔬菜的出口多元化程度日渐提高，曾经较为集中的出口局面得以改善；冷冻蔬菜、干蔬菜和干豆出口市场分散度指数均经历了先上升后下降的波动历程；其他根茎类蔬菜总体上则表现出先下降后反弹的趋势。（4）从市场结构优化程度来看，大陆地区鲜冷、冷冻蔬菜的出口市场结构均趋于改善，且后者的结构优化过程更为稳定；暂时保藏蔬菜出口市场结构在 1992—2011 年得到了改善，但 2012 年、2013 年开始恶化；干蔬菜和干豆的出口市场结构整体上得到了改善，但优化过程依旧存在较大程度的不稳定性；其他根茎类蔬菜的出口市场结构并未出现明显的优化或恶化趋势。

总体而言，中国大陆地区蔬菜类产品出口前景还是较为乐观的。未来，要根据各类蔬菜比较优势及出口市场结构的变动情况，从战略性的高度对蔬菜行业出口市场做出调整，防止过于依赖某个或某些品类蔬菜的出口，积极开拓新的贸易增长点。尤其是要注重以下两点：一是分品类、有重点地开展蔬菜对外出口贸易。要充分利用鲜冷、冷冻及暂时保藏蔬菜强有力的比较优势，重点发展这三大类蔬菜的对外贸易；稳定与保持干蔬菜和干豆出口现状；其他根茎类蔬菜的发展重点在于保障内需。二是适度扩大对新型蔬菜进口市场的输出规模。自由贸易区兴建及"一带一路"的政策正在成为新的外向型农产品贸易助推器，除了要继续强化与亚洲及其他周边国家的贸易往来，更要针对近两年鲜冷、暂时保藏蔬菜呈现出新的多元化结构变动态势，适度扩大对马来西亚、越南、印度尼西亚等东盟地区鲜冷蔬菜的输出及对意大利、德国、巴西等国暂时保藏蔬菜的输出。

# 第二节　中央财政支持蔬菜产业良性运营的主要措施

21 世纪以来国内菜品市场价格波动不定、"卖难"与"买贵"现象交替出现，一些省市"菜篮子"市长负责制弱化、菜品流通设施化水平不高、产销组织化水平及菜品自给率较低等问题日益突出，引发了党中央、国务院高度关注。尤其是 2010 年洪涝灾害频发、国内菜价持续高位运行，为保证蔬菜类产品正常的生产和流通，确保市场价格的稳定及产品正常的供给，满足广大消费者日益增长的蔬菜需求，国家加大了对蔬菜产业的扶持水平，启动了蔬菜产业专项生产补贴和综合性收入补贴机制，实施农产品"绿色通道"政策，与此同时撤销农业税收。为抑制菜价进一步波动，2010 年中央一号文件指出要启动新一轮"菜篮子"工程，强化蔬菜产业标准化生产。

同年，国务院连续印发《关于统筹推进新一轮"菜篮子"工程建设的意见》《关于进一步促进蔬菜生产，保障市场供应和价格基本稳定的通知》及《关于稳定消费价格总水平保障群众基本生活的通知》三大重要性文件，再次强调蔬菜类产品市长负责制的重要性。为持续提高全国蔬菜类产品均衡供应能力，2011 年中央印发《关于完善价格政策，促进蔬菜生产流通的通知》，指出各地区要优化菜价调节基金制度，其中，要求基金中用于蔬菜类产品生产环节与流通环节的比重不可低于总量的 30%。2012 年年初，国家发展和改革委员会、农业部及商务部等多部门联合发布《全国蔬菜产业发展规划（2011—2020）》，重新制定了菜品生产区域布局规划，设定产业六大优势区，分别为长江流域冬春菜、西南和华南冬春菜、云贵高原夏秋菜、北部高纬度夏秋菜、黄土高原夏秋菜及环渤海和黄淮海设施菜，提出着重培育蔬菜产业重点县（市、区）共 580 个。同年，中央出台《扶持"菜篮子"产品生产项目实施指导意见》，进一步推进全国蔬菜类产品生产基地能力建设与应急供应保障能力（相关信息来源于中国蔬菜网：http://www.vegnet.com.cn/）。

从实践经验来看，蔬菜产业调控政策主要是由中央及地方各相关部门以规范性文件的形式颁布。蔬菜产业价格调控政策按照实施主体与产业链所处环节的不同，可以划分为不同的类别。其中，以调控政策实施主体为划分依据，可以将蔬菜产业调控政策分为两个类别：中央层面的调控政策与地方层面的调控政策。中央层面的调控政策涉及的部门主要有国务院、农业部、商务部、国家计委、国家经贸委、财政部、交通部、卫生部、国家质检总局、国家工商总局、国家税务总局、国家发展和改革委员会及国家食品药品监督管理总局等；地方各级政府主要是基于中央层面调控方针政策，并结合当地蔬菜产销客观实际而相应地由地方各级部门出台相关规章制度。遵循产业链所处环节，可将蔬菜产业调控政策界定为三类：针对蔬菜生产环节的财政支持政策、针对蔬菜流通环节的调控政策及与其他环节相关的调控政策。

## 一　与蔬菜产业生产环节相关的调控政策

为促进蔬菜生产、确保蔬菜类产品正常供给，进入 21 世纪以来，中央政府针对蔬菜产业生产环节出台了一系列的政策规范性文件。如附表 1 所示，按照调控政策侧重点的不同，可以进一步划分为六个类别：

（一）"菜篮子"产品标准化生产与保障菜品供给政策。近年来，国务院、农业部、商务部及国家发展和改革委员会等权威机构接连颁发了多项政策文件，旨在恢复、扩大蔬菜生产，提高各地蔬菜自给率，确保蔬菜类产品市场供给稳定与维持区域性、季节性均衡。

（二）强化质量安全政策。十多年来，国务院、农业部、商务部、食药监局等部门密集出台了一系列强化蔬菜产业质量安全的调控举措，加大对蔬菜生产过程中农药、化肥等产品投入的监管与核查力度、实施病虫害绿色防控、完善产品质量标识与产地可追溯制度、积极推进有机食品的发展，旨在从源头上把关包括蔬菜在内的产品质量安全。

（三）科技研发与推广政策。21 世纪以来，由国务院、农业部及国家计委等部门启动了蔬菜产业科技研发及推广政策，通过不断革新蔬菜产业种苗繁育体系与栽培技术、蔬菜高产配套应用技术、蔬菜类产品储藏保鲜技术及加工科技，以期更好地保障与促进蔬菜生产流通。

（四）"标准园"创建。为促进蔬菜类产品良性运行，重点打造一批现代化的安全、优质、高效、高产、生态的蔬菜产业园区，2009 年，农业部正式开展园艺作物"标准园"创建项目，倡导各地积极推广蔬菜标准化生产、推行高效优质技术；为确保"标准园"创建活动稳妥进行，2012 年，在文件《关于推进农业项目资金倾斜支持国家现代农业示范区建设的通知》中，农业部再次重申强调了蔬菜"标准园"建设重要性。

（五）农业保险或其他金融支持政策。国务院、农业部、国家发展和改革委员会为了推动蔬菜产业的金融支持水平和现代化水平，也启动了一些与蔬菜类产品相关的政策性保险或金融扶持项目。鼓励包括中国邮政储蓄银行在内的金融机构针对贷款额度、利率、展期、续贷、项目宽限期及担保方式创新等诸多方面为促进蔬菜产业良性运营予以支持。

（六）其他政策。除了上述五项重要的调控政策之外，为更好地规范与确保蔬菜产业生产环节的正常运营，以农业部为主的权威机构也出台了其他的调控政策，如菜品生产信息监测预警规范、菜品生产环节价格调查等。

## 二　与蔬菜产业流通环节相关的调控政策

21世纪以来，中央政府启动了促进蔬菜产业流通的一系列宏观调控政策。如附表2所示，按照调控政策内容的不同，可以概括为以下几大类别：

（一）扶持蔬菜批零市场政策与创新流通模式。一是进一步优化与完善蔬菜产业传统的流通渠道。由国务院、农业部、商务部、财政部等部门启动了蔬菜产业批零市场的扶持政策，旨在促进传统的流通渠道——蔬菜批零市场的建设与管理。二是鼓励"农超对接"。如降低了"农超对接"的门槛，鼓励超市与从事蔬菜产销的专业合作组织长期对接，若超市通过专业合作组织购进免税产品，按13%的扣除比例实施增值税进项税抵扣，且明确规定禁止超市收取专业合作组织的进场费、摊位费、条码费及赞助费，禁止任意拖欠货款行为；鼓励专业合作组织配置冷藏运输工具、冷藏保鲜设施和检验检测设备，支持同类专业合作组织于自愿的基础上相互合作；鼓励批发市场、超市等流通主体同包括合作组织、酒店、学校在内的终端客户开展持久合作，鼓励专业合作组织或涉农龙头企业开展社区蔬菜直供直销。三是中央政府积极倡导蔬菜产业探索新的流通模式。为提升蔬菜产业流通效率、实现产业规模化运营，中央各级部门鼓励电子商务、便民菜店、平价商店、连锁经营及特种菜品拍卖机制等流通新业态的产生与发展。

（二）强化冷链物流设施建设。为了确保蔬菜类产品的运输与销售工作，尽可能地降低由时间与空间差引致的产品损耗，包括国务院、国家发展和改革委员会及商务部在内的中央各级部门实施了强化菜品冷链设施建设的调控举措，并着力优化产地预冷、产品加工、冷链运输、装卸、仓储、加工配送等菜品冷链物流设施建设。

（三）蔬菜产业流通追溯机制与市场信息平台构建政策。重点做好以下三个方面的工作：一是确保蔬菜类产品流通过程中的质量安全，进一步建立健全食品加工与流通安全工作制度；二是控制涉农领域水电价格，降低蔬菜产业流通费用；三是构建监管信息能共享、来源能追溯、责任能追究、去向能查证的产品流通追溯机制。

（四）重要菜品储备政策。近年来，为了确保城乡居民正常消费果蔬类产品，国务院、农业部、财政部、国家发展和改革委员会及商务部等部门启动了重要菜品收储机制，优化储备品种和区域结构、适当扩大蔬菜类产品的储备规模，以期进一步完善中央与地方重要商品储备制度。

（五）推进蔬菜加工与完善进出口的政策。为迎合全球市场新形势，提升菜品附加值、增强产业竞争力，21世纪以来，包括农业部、商务部、财政部在内的中央政府着力推进蔬菜类产品加工行业的发展，同时，为促进蔬菜出口，建立健全行业标准、行业组织及商品协会。

（六）税收优惠政策。21世纪以来，中央政府针对蔬菜产业流通领域的税收优惠机制涵盖免收流通环节增值税的政策和企业所得税优惠政策。其中，免收增值税制度主要是指，2012年国家对能用于副食的木本蔬菜和草本蔬菜，经挑拣、清洗、晾晒、切分、脱水、包装、冷藏及冷冻等加工工序，其流通环节不予征纳增值税，罐头类的蔬菜产品则不在上述范围。

（七）"绿色通道"政策。为了改进鲜活农产品运输方式，提升流通绩效，《关于进一步推进"绿色通道"试点工作的意见》决定自2002年起开启"绿色通道"试点政策，《关于进一步完善和落实鲜活农产品运输绿色通道政策的通知》规定自2010年开始在全国范围内正式启动该政策，涵盖全部收费公路（包括收费的隧道与独立桥梁），免收整车合法装载运输的 11 类 66 种新鲜蔬菜的通行费用。

### 三　与蔬菜产业其他环节相关的调控政策

对比生产环节和流通环节的调控政策，21 世纪以来中央政府启动的与蔬菜产业其他环节相关的调控政策相对较为杂乱、政策的随意性也较强。如附表 3 所示，较为常见的调控政策有基础设施建设与基本农田保护政策、应急调控政策、稳定消费价格政策及产业发展规划等。其中，基础设施建设与基本农田保护政策主要是充分发挥政府对蔬菜产业的基础性、公益性职能，此类政策的持续期与影响时间往往较长；应急调控政策主要是指当蔬菜产业遭遇旱涝、冰雹、雨雪、病虫害等自然灾害侵袭的背景下，政府相关部门启动的临时性应对策略，旨在确保包括蔬菜类产品在内的生活必需品正常供给；稳定消费价格政策旨在降低消费主体福利损失，确保城乡居民正常消费；蔬菜产业发展规划旨在构建产业未来发展"蓝图"、科学引领产业良性运营，是由政府相关部门针对蔬菜产业布局、种植结构、基地建设、市场体系建设等方面制定的中长期发展规划。

## 第三节　我国地方政府财政支持蔬菜产销
## 经营活动的政策措施

中国蔬菜产业近年来呈现出价格的大幅度上涨态势也引发了广泛关注。各省市积极响应中央精神，对稳定蔬菜类产品价格也给予了大力支持，进一步强化"菜篮子"建设，积极推进蔬菜产业发展。各地政府部门稳妥跟进，领导干部做出重要批示，要求相关部门采取有效措施，切实抓好蔬菜产业工作。

全国多数地区稳步推进"菜篮子"产品市长负责制。在各省农业厅牵头下，由各地发展改革委员会、商务厅、财政厅等省级相关部门和部分县市人民政府、财政委、交通运输委、规划国土委等部门和负责人共同参与，展开深入调研后认真研究出台适合本地蔬菜产业发展的扶持措施，并下发至各级有关部门落实，有关部门则按照职责分工，各司其职、各负其责。其中，陕西、甘肃、辽宁、广东、重庆、吉林等省市已将"菜篮子"建设纳入省、市、州、县各级政府领导的年度绩效评估，对菜品质量达标率、菜价异常波动、菜地保有量及大宗菜品自给率等核心指标科学量化，建立了"菜篮子"市州县负责制绩效评估机制，增强政府责任感，力求蔬菜市场供应稳定并确保菜品质量安全，力促产业实现健康持续运营。

此外，各地严格践行"绿色通道"政策。目前"绿色通道"横贯大陆地区 31 个省、自治区及直辖市，各省农业与交通运输管理机构严格执行农产品"绿色通道"政策，进一步规范涉及菜品的范畴，并破解因混入其他作物或者轻度超载引发的整车全程缴费困境。同时，部分省份为搭建更为快捷、顺畅、低成本的蔬菜流通网络，增设了新的绿色通道，如陕西开通"陕渝专线""省绿通道"等多条绿色通道。

**一　对菜品生产环节的扶持政策**

（一）产业专项扶持资金。地方政府大多利用以奖代补、补助、贴息、担保等诸多形式，强化资金扶持力度。具体涵盖以下几种模式：一是设施蔬菜专项扶持资金。例如，2015 年日光温室设施蔬菜生产全国第一大省——辽宁，省级财政在 2008—2015 年每年拨款 8 亿元专项资金用于扶持设施蔬菜发展。二是示范县/标准园专项扶持资金。例如，2010 年河北省省级财政对 15 个蔬菜生产大县给予 1500 万元/县的专项扶持资金，示范县各集中支持 10 个村分别建设 1000 亩的蔬菜标准园区。三是基础设施建设资金。为发展蔬菜生产，部分省市设置专项基金用于基础设施建设，如近年来，广东省政府每年投入 20 亿元资金建设现代标准农田，改善生产条件、优化种植结构。四是地方特色菜品与品牌培育专项扶持资金。如"十二五"期间，湖北省政府每年通过以奖代补形式重点支持蔬菜产业优势资源——高山蔬菜、水生蔬菜和食用菌的发展；广东省梅州市对取得国家级名优农产品和省级名优农产品的蔬菜生产商各提供 30 万元和 5 万元政策资金奖励；重庆市政府对获得国家级与市级以上名优农产品称号的厂商各提供 50 万元与 5 万元的政策资金支持。五是菜地最低保有量、占补均衡与补偿政策，设立新菜地开发基金。2010 年以来，各个大中城市严格落实"就近供应为主、优势区域协调"这项农业部部长指令，着重培育设施菜品，提升菜品供应能力。如广东省广州市政府，自 2010 年起设置专项基金用于新菜地的土地改良、设备购置、基础工程建设及老菜地的挖掘改造，并将菜地征收标准调整为 1 万元/亩。

（二）科技研发与推广体系建设。各省农业厅、农科院所、高校等机构积极牵头建设省级蔬菜技术研发组，同时完善各市、县蔬菜技术推广体系，强化基层农业技术推广机制构建，培育农技推广示范镇，发展农民技术员队伍，旨在切实将农技服务带至田间地头。具体涵盖以下几种模式：一是省级基层技术推广体系。例如，为提升农户设施蔬菜种植技术，广西省自 2009 年起，每年组织 3 万名以上农技人员进村入户开展"手把手""面对面"的现场教学，并分批组织农技人员及农民至以色列、中国台湾等国家或地区学习蔬菜肥水技术。二是蔬菜专业化种苗体系建设。大多数省份积极选用优质品种，采用集约化育苗技术。例如，为提高良种供应能力，福建省政府 2010 年从省内外多渠道购买 55 万公斤生育期短的大宗蔬菜种子，并无偿发放给蔬菜生产者；2011 年又在大中城市及蔬菜主产区建设 22 个共计 1300 亩的集约化育苗基地，生产优良种苗 6 亿株/年，省级财政给予 2000 万元资金支持。三是标准化生产体系建设。近年来，各省市积极完善生产基础设施建设，提高抵御自然风险的水平。同时，重点推广高效、节能、节水、节肥、无公害生产技术，如水肥一体化、"灯、板、网"防虫、秸秆生物反应堆及高效低残留农药等。

（三）试行蔬菜生产保险制度。为提高蔬菜产业抵抗市场风险的能力，部分省市开始积极探索蔬菜政策性和商业性保险机制，甚至对涉农龙头企业、蔬菜生产大户及合作组织进行贷款贴息补助。

如上海市自 2011 年起，率先推出了蔬菜种植保险、蔬菜设施保险及绿叶菜价格指数保险等多项险种，市级财政为生产主体提供 50% 的保费补贴，实际年支出额约 800 万元，各区县政府自行确定保费补贴比例，剩余部分由生产主体承担，若蔬菜类产品销售价格低于生产成本，农业保险公司将对生产主体给予差价补偿。

（四）强化质量安全。2010 年以来，按照中央的部署和要求，各地政府积极建立生产者责任制、产品准出制度与追溯体系、产品质量信誉制度，同时严抓产品质量安全整治工作，着力保障各地蔬菜产品质量。如云南省元谋县为蔬菜生产基地统一安装了杀虫灯、粘虫板，推广有机肥与生物农药，并要求生产主体做好田间档案记录，自源头确保蔬菜品质；陕西省则加快了绿色菜品、有机菜品及无公害菜品的基地认证进程。

（五）生产应急系统建设。各地协调气象部门积极落实灾情预测预报工作，通过网络、短信、电视等媒介及时向生产主体传递可能出现的雨雪、大风、强降温等灾害性天气信息，及时组织专业技术人员深入一线指导农户采取防范措施。同时，有条件的省市将灾害性天气的预防、控制及补救等措施编印成册。例如，为提高灾情反应能力，尽可能避免或较少损失，浙江省宁波市近年来编写了倒春寒、冻害、雪灾、台风及干旱等 10 种异常气候的应急措施预案，明确了灾害的危害性及灾前、灾时和灾后的应对措施，并及时将预案下发至各级农技人员、蔬菜生产大户手中。

## 二　对菜品流通环节的支持政策

（一）扶持蔬菜类产品批零市场建设。一是加快大型蔬菜批零市场升级改造。目前，多数省份已意识到批发市场作为蔬菜类产品的集散地，具有强大的价格形成功能，加强分选、包装、仓储、物流、检验检测、信息网络及全程可追溯系统等配套设施建设。2011 年，上海市率先建设了国内蔬菜流通信息的全程可追溯系统，市级财政动用 400 万元资金对 5 家大型批发市场和 100 家标准化蔬菜零售市场进行生产—批发—零售各环节流通信息全程可追溯项目试点，获得了消费者的一致认可。二是探索蔬菜直销市场建设。如开展蔬菜直供直销模式，自商务部 2011 年试点以来，全国已有多个大中城市于周末启动社区蔬菜直供直销；开展"农超对接"模式，近年来，大多省份积极构建"农超对接"平台，鼓励超市及其他龙头企业建立基地或参与基地合作。三是蔬菜外销平台建设。创办特色优势蔬菜外销窗口，积极探求批发主渠道与其他省市生产基地之间的异地扶持与对接。2009—2015 年，宁夏回族自治区在包括京、广、津、沪在内的国内大中城市和国外部分城市批量建设特色优势蔬菜外销窗口，涵盖特产专营店、企业直销店、销售专区及农产品综合展馆等多种形式，由外埠蔬菜销售窗口销出的菜品数量超出全区总量的三分之二。四是培育从事蔬菜流通的合作组织与涉农龙头企业。各省市积极出台各项措施，建立与完善种植主体、专业合作组织及涉农龙头企业利益均衡化市场运营机制，一方面，大力扶持合作社与涉农龙头企业形成优势品牌；另一方面，各地形成优势菜品向优势企业和专业合作社集中、优势企业和专业合作社向优势产业区域集聚的新格局。如云南省蔬菜产业采用"基地接农户、龙头牵基地、市场带龙头"经营方式，促进生产者和龙头企业之间搭建稳定的利益衔接体系。上海市政府则对年蔬菜销售额达到 1000 万元和 2000 万元的龙头企业和专业合作社分别给予 10 万元和 15 万元的销售奖励。

（二）搭建蔬菜市场信息平台。部分省份加强蔬菜市场监测，力争第一时间掌握菜价异常波动的苗头性、趋势性迹象，由农业、商务、物价及统计部门定期组织发布蔬菜市场供求情况、价格变化、天气影响，坚决核实和打击伪造、传播不实菜价信息与炒作的不法分子。如为提高蔬菜销售的透明度与市场应急反应能力，作为蔬菜产销大省，山东省在 53 家农业部定点批发市场建立了蔬菜市场信息平台，预测市场价格走势；陕西省政府对 4 家大型蔬菜批发市场的重要蔬菜品种实行日报监测；云南省昆明市政府自 2010 年起，公开 4 家大型蔬菜批发市场和 148 个农贸市场的 20 个重要品种的价格，保障蔬菜产业流通环节顺畅。江苏省政府为稳定菜品价格，定期监测 13 家省辖市集贸市场、10 家大型批发市场及 20 个蔬菜重点县的大宗菜品，发布蔬菜生产与市场需求信息，加强信息预警。

（三）重要菜品储备政策。为保障蔬菜类产品应急供应，各地各级政府都着力做好大白菜、萝卜等重要菜品收储工作，并依据市场行情，适时组织产品投放。如上海市印发了《确保重要农产品最低保有量工作意见》，规定菜品生产面积最低保有量为 30 万亩/年，以保障特殊时期城镇居民蔬菜的应急供应；甘肃省政府则要求各地根据季节变化与消费需求，建立重要耐储存菜品 5—7 天消费量的动态库存，同时制定了确保中低收入人群菜品消费救济对策。

# 第四节　各级财政支持体系的成效与不足

## 一　各级财政支持体系的成效

近年来，从中央至地方各级政府为保障蔬菜市场正常供应与价格稳定出台了一系列相应的政策措施，均尽量避免对蔬菜价格进行直接的行政干预，实践中获得了良好成效，我国蔬菜生产快速发展、质量安全有所提升。商务部数据显示，2011 年 2 月蔬菜价格开始逐步回落，全国 139 家大型农副产品批发市场日监测数据显示，3 月蔬菜批发价格降至 3.76 元/公斤，比月初降幅 4.1%。与此同时，国家放缓蔬菜进口增速，出口恢复快速增长，蔬菜产品稳居农产品贸易额之首，进口量、出口量与贸易顺差分别为 16.7 万吨、973.4 万吨及 114.2 亿美元，比上年依次增长 11.5%、15.3% 和 17.6%（数据来源于：中国经济作物网 http://www.natesc.gov.cn）。同年，农业部数据显示，各地菜品农药残检达标比例基本超出 95%，同时经清洗、分级、包装及预冷工序进行初加工处理的菜品数量逐年提升。此外，市场流通体系不断完善，全国各地约 70% 的蔬菜经批发市场销售，80% 的菜品经农贸市场零售，大中城市 15% 的居民经超市采购菜品。2014 年国内蔬菜种植面积高达 2140.48 万公顷，在主要农作物生产面积中所占的份额从 2010 年的 11.83% 提升至 12.94%；蔬菜产出达到 76005.48

万吨，超出 2010 年 16.75%（数据来源于国家统计局网站，ht-tp：//data. stats. gov. cn）。

为有效缓解淡季蔬菜供求矛盾，近年来，各省市政府也相当注重扶持地方特色菜品与品牌培育，全国蔬菜形成了区域协调发展的新格局，各地品种互补、错开上市期，逐步形成了长江流域冬春菜、云贵高原夏秋菜、黄土高原夏秋菜、华南与西南热区冬春菜、黄淮海与环渤海设施菜及北部高纬度夏秋菜六大优势蔬菜产区，更好地确保了全国蔬菜类产品的均衡供给。此外，我国蔬菜产业科技水平有所提升。设施蔬菜发展势头良好，2014 年我国设施蔬菜种植面积已达 5700 余万亩，日光温室蔬菜高效节能效果居世界领先水平，无土栽培及病虫害防治技术亦进步明显。各地已选育优良品种 3000 多个，蔬菜自育品种超过 85%，通过集约化育苗技术，年产蔬菜商品苗超过 800 亿株。

## 二 各级财政支持体系的不足

相对于蔬菜价格和农资价格的上涨幅度，我国现行的菜价调控政策还存在改进空间，各级政府虽然采取了一定措施给予产业扶持，甚至拨款至专项基金，但单个小农户资金自筹能力依旧较差，现行资金缺口依旧较大。国内现行蔬菜产业调控政策依旧存在可进一步优化的空间：

（一）中央政府及相应的涉农机构对蔬菜产业的扶持水平还存在提升的空间，政策扶持区域性差异较弱也在某种程度上弱化了国内菜价整体调控机制的成效。具体表现为：中央政府有限的支农财政重点扶持粮食、棉花、油料、糖料等大宗农产品的生产，对果蔬类产品的生产扶持力度较小；政策的公益性、基础性功能有待进一步完善，蔬菜产销支持体系的配套措施和市场信息服务平台不完善，对生产主体合理预期的引导不足；政策条款有待细化，调控对象、调控方式、调控手段、调控力度及补贴资金来源等在严密性和可操作性方面有待进一步增强；除了个别蔬菜产业典型销售市场之外，其余批零市场散布不均，政府产业政策对批零市场扶持的抓手不强；部分蔬菜产业政策以支持标准园艺创建项目或临时性应急政策的形式出台，使得调控政策的连贯性与持续性有待进一步提升；伴随城镇化步伐的加速，部分省市征地现象严重，专业核心菜地由近郊变远郊、由熟地变生地，且新增菜地运距增大提升了运输成本，部分城市蔬菜自给率下降。

（二）省域间蔬菜产业调控初衷、方式及水平差距较大。1988年中央政府启动了"菜篮子"产品市长负责制，至今这一制度已经持续了20多年。不同区域在蔬菜产业政策实践过程中，呈现出显著差异。例如，为提升生产主体种植蔬菜的积极性，确保蔬菜产销均衡与产品质量安全，近年来上海市政府动用了大量的财政资金，出台了包括促进产品供给、综合补贴及保险项目在内的多种形式强农、惠农、支农政策，并于2011年率先启动了首家蔬菜价格保险试点——绿叶蔬菜综合成本价格保险，成为全国大力支持蔬菜产销经营活动的典范。然而，其他省市的情况却不尽相同，"菜篮子"产品市长负责制这一机制在部分省市实践过程中已经逐渐被弱化，部分省市出现菜价频繁震荡、流通设施化水平不足、组织化水平过低等难题，使得2010年中央不得不再次重申强化蔬菜类产品市长负责制的重要性。

事实上，笔者在实地调研过程中，也深深感受到了各地蔬菜产业政策落实过程中的确存在强烈差异。即使是启动同一类型的调控政策，因各地蔬菜产业发展阶段与所处社会环境的不同，也有可能完全不同。以科技研发和推广政策为例，位于中国东部发达地区的山东省和处于祖国西北的甘肃省，两地的政策取向就差异较大。2013—2015年，笔者从全国蔬菜之乡——山东省寿光市和甘肃省蔬菜种植示范县——榆中县和武山县分别抽取了48户和57户蔬菜种植户进行持续三年的追踪调研，结果显示：山东省寿光市菜农普遍认为，提高蔬菜种植收益的主要途径是提高蔬菜产量，而提高产量则主要依靠"多施肥、多打药"。因此，当地科技与推广部门近年来不断引导菜农科学用药、科学施肥，培养其科学种菜的意识，试图将提升蔬菜种植收益的途径由依靠产量向依靠质量转变，以期打造寿光蔬菜的质量品牌；而对甘肃榆中县和武山县的调研结果则显示，蔬菜种植户90%以上自行培育种苗，此举表面上降低了生产成本，实则不然，自行培育种苗的背后隐含着巨大的风险，不仅不利于品种更新换代、抵御新型病虫害的能力差，并且生产者还要经受未知产量波动的风险。因此，近年来当地的农技推广部门重点关注与落实的是对蔬菜标准化生产技术的培训。

## 第五节　本章小结

本章对蔬菜产业调控政策实施主体、主要措施及具体调控手段进行了系统的梳理与总结。解决"菜篮子"产品问题，仅靠中央政府的财政投入和各项支持措施是远远不够的，当前蔬菜产业正形成"中央引导、地方各级政府积极跟进"的双重支持格局；与此同时，社会资本作为政府支持政策之补充，在确保蔬菜产业运营方面同样发挥着重要功效。

本章在总结了国内蔬菜产业运营基本概况的基础上，首先，将中央政府对蔬菜产业的调控措施归纳为三个大类，分别为：涵盖"标准园"创建、"菜篮子"产品标准化生产与保障菜品供给、生产监测预警、强化质量安全、农业保险与其他金融支持、科技研发与推广等政策在内的针对蔬菜产业生产环节的调控政策；涵盖"绿色通道"政策、价格调节基金制度、税收优惠政策、扶持蔬菜产业批零市场建设、创新蔬菜流通模式、强化冷链物流设施建设、构建流通追溯体系与市场信息平台等措施在内的针对蔬菜产业流通环节的调控政策；涵盖基础设施建设、基本农田保护政策、应急调控政策、稳定消费价格政策在内的与蔬菜产业其他环节相关的调控政策。

其次，本章从生产环节和流通环节双重维度解析了地方各级政府支持蔬菜产业良性运营的政策举措。为确保蔬菜产业的良性运营，地方各级政府也积极响应中央精神，对稳定蔬菜类产品的价格也给予了大力支持，相继出台了一系列的地方性政策法规稳妥推进

"菜篮子"工程的发展。

最后，定性评估蔬菜产业调控政策效果。为保障蔬菜类产品市场正常供应与价格稳定，改革开放以来，中央与地方各级政府相继出台了一系列的调控政策，使得国内蔬菜生产快速发展、质量安全有所提升。然而，实践中依旧有着可进一步优化的空间。如产业调控政策扶持水平仍然存在提升的可行性；中央层面的政策区域性差异较弱在一定程度上弱化了国内菜价整体调控机制的成效；当前不同省域之间的补贴标准存在较大差距等。

# 第四章　中国蔬菜产业调控政策
# 发展与影响因素分析

## 第一节　国内蔬菜产业调控政策演变历程

如表4-1所示，按照时间演变顺序和政策着重点的不同，可以将新中国成立以来的蔬菜产业调控政策划分为八个阶段，依次为：

（1）1949—1955年，新中国成立初期的菜品自由购销阶段。

1949年新中国成立之初，城乡人口数量不多、对蔬菜类产品的需求有限，菜品供需基本处于平衡状态。大、中城市的菜品流通过程基本表现为"蔬菜种植主体—消费主体"和"蔬菜种植主体—商贩—消费主体"两种模式；小城市的菜品流通则主要基于集贸市场展开。

在此阶段，包括蔬菜类产品在内的鲜活农产品流通机制基本沿袭新中国成立之前的模式，主要以市场机制调节下的自由购销为主，产品价格随行就市。相对而言，蔬菜类产品市场行情表现出较为明显的波动。为了平抑菜品价格，国家开始在批发环节逐步提升经营蔬菜类产品的国合商业数量。但是，整体而言，新中国成立初期国内菜品流通领域的经营主体依然为蔬菜种植户与个体商贩。

（2）1956—1978年，由国家统一制定菜品价格。

在改革开放之前的计划经济时代，蔬菜类产品的价格几乎完全由国家确定，因此菜农的生产决策并不会因为菜品价格的变动而有所改变。在产业链条极短的计划经济时代下，蔬菜类产品价格在生产主体与消费主体之间通常以"点对点"的形式对接，菜品的流通成本十分低廉，基本不存在中间环节的利益盘剥现象。国家制定统一的菜价初衷就是从源头上切除产销中间环节利益链条，尽可能地确保与维护蔬菜生产主体和消费主体的福利。

表4-1　中国蔬菜产业调控政策的发展历程（1978年以来）

| "菜篮子"工程实施前后 | 时间 | 举措与目标 |
|---|---|---|
| "菜篮子"工程启动前（1949—1987年） | 1949—1955年 | 菜品自由购销阶段 |
| | 1956—1978年 | 完全由国家统一制定菜品价格 |
| | 1979—1984年 | 调整不合理的菜价体系 |
| | 1985—1987年 | 放开菜价管制的权限 |
| "菜篮子"工程启动后（1988年以来） | 1988—1994年（启动"菜篮子"工程） | 出台蔬菜"市长负责制"，从根本上破解蔬菜类产品长期供给短缺难题，确保新鲜菜品持续供给 |
| | 1995—1999年（新一轮"菜篮子"工程） | 着力健全流通体系，保障蔬菜供需均衡 |
| | 2000—2009年（提升"菜篮子"质量新阶段） | 深化改革、不断放开蔬菜类产品的价格管制权限，生态环境协调发展、百姓生活质量明显提升 |
| | 2010年至今（力推新一轮"菜篮子"工程） | 实现蔬菜类产品生产、销售及质量全面提升 |

1956年，中央正式启动了蔬菜类产品的计划生产、统购包销机制，取消了菜农原有的自产自销模式并封锁了城乡农产品贸易市场。1958年，中央明确了国营商业对蔬菜类产品的绝对经营权，并针对从事蔬菜类产品经营活动的私营主体进行社会主义改造；同年，《关于进一步加强蔬菜生产和供应工作的指示》重申强调了统购包销机制的重要性。1962年起，中央微调了蔬菜类产品完全由

国家统一定价的机制，允许小部分菜品价格随行就市，并且准许生产主体自行出售计划外的菜品；然而，这种微调机制仅存在了不到四年，"文化大革命"期间菜品统购包销机制再次回位。

综合而言，由国家统一确定蔬菜类产品价格的统购包销机制在特定的时代背景下，的确在保障菜品供给、确保蔬菜类产品价格稳定等方面发挥了一定的功效，1978 年，国内菜品的生产面积约 333.1 万公顷。这一阶段，按照蔬菜产业链所处环节不同，统购包销机制也表现出不同的特征：在蔬菜产业生产环节，由政府在特定产地进行指令性生产，有计划地操控蔬菜种植品种与播种面积；在蔬菜产业销售环节，则由指定的国营蔬菜公司实施垄断式销售，政府给予相应的补贴扶持。然而，统购包销机制也为蔬菜产业运营带来了较为明显的弊端，例如，部分城市菜品购销价格倒挂、国家财政承担巨大负担、菜农生产积极性有所降低、城乡居民消费水平得不到保障等。

（3）1978—1984 年，国家开始调整不合理的菜价体系。

面对以往蔬菜产业统购包销机制弊端的显现，自 1978 年改革开放以来，中央政府及相关职能部门开始着手深化农村经济体制改革，逐步优化包括蔬菜类产品在内的鲜活农产品流通体系，启动了一系列关于蔬菜产业价格稳定的宏观调控举措。1979 年，中央试行"小活、大管"的蔬菜产业流通"双轨制"，即对市场份额较小的精品蔬菜（占比约 20%—30%）放开价格管制，实行产品自由流通机制；而对市场份额较大的大宗蔬菜（占比约 70%—80%）依旧实施以往的统购包销机制。与此同时，政府重新启动了蔬菜集贸市场，部分菜品开始实施多渠道流通下的价格机制。1984 年，政府规定统购包销计划之外的菜品准许私人开展短途贩运活动。

1978—1984 年，为确保城乡居民生活基本稳定，政策偏向对不合理价格体系的调整，相应地提升了一些菜品价格，并且增进政策补贴的力度。在此区间内，国营商业垄断菜品流通的局面有所缓解，私人运营活动开始获得认可。政府在这一阶段的调控举措有效地搞活了蔬菜生产经营，有效地提升了菜品的质量与花色，并确保了菜品价格的基本稳定。短短六年间，蔬菜生产已经自改革开放之初期的333.1万公顷增至1984年的432万公顷。然而，这一阶段因为蔬菜产业"两大市场""两种价格"体制并存，使得"优质蔬菜自行出售、劣等蔬菜卖给政府"现象层出不穷，导致从事蔬菜经营活动的国营商业连年亏损，政府面临巨大的财政压力。

（4）1985—1987年，中央政府逐步放开菜价管制的权限。

伴随城市经济体制改革步伐的进一步推进，中央政府自1985年开始渐渐放开了对蔬菜类产品价格管制的权限。同年，中央一号文件《关于进一步活跃农村经济的十项政策》中明文指出"需渐进式废除工矿区及大、中城市菜品统购机制，实行蔬菜类产品的交易自由、依质议价及随行就市"，正式取消了新中国成立以来包括蔬菜类产品在内的鲜活农产品统购统派机制。1985年的变革标志着我国蔬菜产业调控政策正在由政府管制下的计划经济价格机制逐步向市场供求主导的价格机制过渡。

1985年年底，包括广州、西安、重庆、长沙、石家庄、武汉在内的大、中城市相继取消了鲜活蔬菜派购机制，蔬菜类产品价格已经基本全面放开，各地开始实施多渠道经营模式下的蔬菜自由购销体系。这一阶段中央政府展开农副产品价格体系改革，菜品种植主体的生产积极性得到较好提升，菜品供给量有所增多、品种得到进一步丰富。国家统计数据显示，国内蔬菜生产面积自1984年的432万公顷提升至1987年的557.23万公顷。

（5）1988—1994年，正式启动了"菜篮子"工程与蔬菜"市长负责制"。

1988年，为破解包括蔬菜在内的农产品供应偏紧、价格涨幅较大之困境，农业部正式启动"菜篮子"工程项目，与此同时蔬菜产业"市长负责制"应运而生，至今仍在持续（闵树琴，1997）。

1989年，中央和地方政府着手建立了一批蔬菜类产品生产基地；1994年，中央开始强化与完善蔬菜批发市场建设，"菜篮子"工程由单一的生产基地建设迈向了市场体系建设和基地建设齐头并进的新阶段。在此区间内，蔬菜产业流通经营模式得以提升，农产品集贸市场、批发市场及其他零售模式得到蓬勃发展，蔬菜类产品市场行情由国家指令性定价转向国家指导性定价。在这一阶段，蔬菜产业调控政策的主要任务是从根本上破解国内副食品供应长期短缺的难题，确保城乡居民一年四季都能吃上新鲜蔬菜类产品。

综合来看，1988—1994 年一系列"菜篮子"调控举措的成效颇丰，蔬菜类产品连续增进，蔬菜产业以年均增幅约 6.74% 的比例扩大生产，生产面积自 1988 年的 603.19 万公顷持续增长至 1994 年的 892.1 万公顷，人均蔬菜占有量超出全球平均水平，27 个省市初步构建了地方性农产品储备机制。截至 1994 年年底，鲜活农产品批发市场数量已经超过两千家，经由集贸市场和批发市场流通的蔬菜比例不相上下，蔬菜产业初步实现了大流通、大市场的愿景，菜品供给基本能够迎合城乡居民日益提升的消费需求，只是这一阶段菜品质量有待进一步提升。

（6）1995—1999 年，开启新一轮"菜篮子"工程阶段。

1995 年，新一轮"菜篮子"工程正式启动，这一阶段，政策着力健全鲜活农产品市场流通体系，并稳步提升行业的规模化、多产化和设施化水平。城乡积极响应政策的号召，开始着手共建"菜篮子"项目、探索革新菜品流通模式、不断强化基地建设、稳步提升产品质量。与此同时，23 个农产品中心批发市场被选为农业部首批定点单位，并开启了主产地及大、中城市蔬菜批发价格信息联网机制。次年，正式启动了包括广州、西安、武汉、沈阳在内的农产品批发市场首批试点项目。截至 1997 年 12 月，包括蔬菜类产品在内的农产品批发市场已达 4000 个，成为衔接蔬菜生产基地与终端零售市场的核心纽带。蔬菜播种面积和产量分别由 1995 年的951.5 万公顷、25726.71 万吨提升至 1999 年的 1334.69 万公顷和40513.52 万吨，年均增幅依次为 8.83% 和 12.02%。截至 1999 年12 月，已经基本实现了包括蔬菜类产品在内的"菜篮子"产品供需均衡、丰年有余的愿景。

（7）2000—2009 年，优化产品布局、确保菜品质量安全新阶段。

21 世纪以来，蔬菜类产品已经成为仅次于粮食作物的第二大类作物，蔬菜产业也正式开启了由量变转向质变的新进程。这一阶段调控政策三项重点任务分别是：确保生产主体收入、改良蔬菜产业结构及提升菜品质量。这一阶段，依托农业现代化的平台，政府着力深化改革、不断放开"菜篮子"产品管制，取得了生态环境协调发展、百姓生活质量明显提升的显著效果。2001年，由农业部牵头的"无公害食品行动计划"正式运作，旨在确保蔬菜、水果等鲜活农产品产销全过程质量安全、可靠。次年，由商务部、中宣部、卫生部等 13 部门共同启动的农产品"绿色通道、绿色市场及绿色消费"项目（简称"三绿"项目），也取得了阶段性成果，蔬菜类产品质量安全检疫检测系统得到了进一步强化。

于此区间内，除了 2006 年蔬菜产业的生产面积和产量双双下滑，其余年份均保持上扬的趋势，2009 年国内蔬菜生产面积达到1838.98 万公顷，总产高达 61823.81 万吨，依次是 21 世纪之初生产面积与总产的 1.21 倍、1.39 倍。

（8）2010 年至今，市场化机制与行政举措双管齐下调控蔬菜产业。

近年来，包括蔬菜类产品在内的鲜活农产品价格普遍上涨，部分地区蔬菜"市长负责制"弱化，产业调控政策落实不到位，大、中城市产品供给不足、产销组织化层次不高、流通配套设施落后、种植主体"卖难"与消费主体"买难"现象日益突出，严重影响了城乡消费主体的正常生活，同时引发了中央及地方各级政府的广泛关注。2010 年以来，面对蔬菜类产品价格的剧烈震荡，中央各部门不得不将调控价格的举措转向市场化机制与行政举措双管齐下。同年，中央开始实施新一轮"菜篮子"工程，这一阶段，力争用五年时间，促进蔬菜生产、销售及质量水准全面提升（卜靖，2013）。

同年，国务院连续三次发文《关于统筹推进新一轮"菜篮子"工程建设的意见》《关于进一步促进蔬菜生产，保障市场供应和价格基本稳定的通知》以及《关于稳定价格总水平保障群众基本生活的通知》，重申强化蔬菜"市长负责制"。要求各地综合评估蔬菜产销环节各项指标的达标情况，将蔬菜类产品价格行情、菜品自给率与质量达标率、菜地保有量等多项指标进行量化并纳入蔬菜"市长负责制"的考核机制。

2000—2015 年，为平抑蔬菜市场价格呈现出的新波动态势，中宣部、农业部、商务部、国家工商总局、科技部、国家经贸委、财政部、交通部、公安部、国家质检总局、国家计委、国家发展和改革委员会、国家税务总局、卫生部、国家食品药监局等部密集启动了多项政策调控举措，针对蔬菜产业生产环节、流通环节及其他环节相应地采取了不同的调控方式，出台了一系列宏观政策规范性文件，详见后文中附表 1、附表 2 及附表 3。

# 第二节　国内蔬菜产业调控政策影响因素分析

如图 4 - 1 所示，可以从两个维度对国内蔬菜产业调控政策影响因素进行考察，分别是：影响调控政策制定的因素与影响调控政策执行的因素。

## 一　影响蔬菜产业调控政策制定的因素
### （一）国家宏观政策整体的改革取向是影响蔬菜产业调控政策出台的基础

一个国家根据经济发展水准及所处的阶段确立的宏观发展战略与经济体制，直接决定了包括蔬菜产业在内的农业政策启动基本方向。

蔬菜产业调控政策是一个国家或地区农业政策中的子类，并进一步归属于一个国家或地区产业政策的子类，符合产业政策的一般特征，其指导原则、基本内容及侧重点直接与国家宏观经济发展战

略吻合，是国家整体经济战略之下的产物。因此，包括蔬菜产业调控政策在内的所有农业政策的出台均应该符合一国社会经济发展实际，与经济发展阶段相契合。根据中央和地方、农业和城市及农业和工业之间存在的差异化利益取向，新中国成立以来各个时期对于蔬菜产业的调控举措也不尽相同。

此外，蔬菜产业调控政策的启动也需要与国家经济体制基本模式保持一致性，即一国或地区的资源配置方式、所有制关系、政治环境及经济决策结构在一定程度上影响了蔬菜产业调控政策的制定，并进一步地作用于产业竞争力。在不同的经济体制背景下，存在不同的信息来源、信息类型、信息可信度及信息渠道，利益相关主体的冲突与抗衡方式会存在一定的差异，政府实施干预的程度与调控手段也不尽相同。作为蔬菜产业调控政策的支撑骨架，经济体制模式基本决定了匹配的蔬菜产业调控政策实现机制。

**（二）菜品的供需均衡关系是决定是否启动蔬菜产业调控政策的直接诱因**

蔬菜类产品的短期供需均衡关系与长期供需均衡趋势是中央及地方各级政府或执政党派制定产业调控政策最直接的影响因素。如果蔬菜类产品的产量与市场需求量相差不大、菜品价格适中，则可以通过"看不见的手"的机制确保产业良性运营；如果蔬菜类产品的产量与市场需求量之间的差额超出可接受的范畴，需要政府采取增加或减少储备、平衡进出口贸易等干预方式，规范菜品产销经营活动、有效确保产业安全。按照蔬菜产业调控政策动机不同，可以进一步将菜品供需失衡情况划分为以下三个类别：

第一，消费出现波动。

为确保城乡居民对蔬菜类产品的正常消费，政府相关部门往往会实施两项重要的调控举措：一是建立健全重要菜品收储机制。即政府相关部门或执政党派依托涉农龙头企业、农民专业合作组织等机构进行重要菜品的蔬菜收储工作。即于产品市场价格处于低位之时，政府组织企业实施菜品储备；在蔬菜市场价格处于高位时，由政府将前期储备的菜品进行准确、快速的投放。二是强化菜品冷链运输与储存机制。主要目的在于保障蔬菜类产品的新鲜程度，并降低产品流通损耗，确保产品正常流向消费者。

第二，生产供给出现波动。

在人口数量逐年增长、菜地数量不断下降、种菜成本日益上涨的大背景下，如何稳固与提升蔬菜种植主体生产的积极性、从源头上确保蔬菜类产品供给是调控政策启动的重要出发点。确保菜品有效供给的第一要务是从源头上稳固蔬菜类产品的播种面积与产量。例如，21世纪以来中央及地方各级政府出台了一系列稳固与提升蔬菜播种面积的举措，启动了基本农田保护、标准化生产及"标准园"创建等政策；为了提升蔬菜类产品单产水平，研发与推广工厂化育苗与无毒种苗快速繁殖技术、高产配套应用科技；为确保蔬菜生产主体的比较收益、提升菜农生产积极性，启动了税收优惠政策、农业补贴及金融支持政策等。确保菜品有效供给的第二要务是确保蔬菜类产品的收获面积。例如，为了预防与应对因自然灾害、病虫害等因素引致的菜品减产现象，将蔬菜纳入农业保险的范畴，倡导各省市"名、优、特"蔬菜就地启动保险项目试点，并倡导地方政府启动各项金融扶持项目，降低菜农生产风险。确保菜品有效供给的第三要务是缓解区域性与季节性供给失衡现象。例如，为了确保蔬菜类产品实现区域性和季节性的均衡供应，21世纪以来，政策不断调整优化蔬菜区域生产布局，扶持"南菜北运"的发展，并大力支持北方城市和绿洲农业区种植设施反季节蔬菜。

第三，产品价格出现波动。

蔬菜市场价格是衔接生产主体和消费主体的纽带，菜价是否出现波动是蔬菜市场供需均衡状态的直接表征。在蔬菜产业实际运营过程中，菜品市场价格过高引发城乡居民"买难"、菜品市场价格过低引发种植主体"卖难"的现象时常交替发生，产生了严重的社会总福利损失。为有效保障蔬菜产业利益链条各环节相关主体的福利，控制菜品价格在合理的波动范围之内，中央及地方各级政府出台了一系列的蔬菜产业调控政策。例如，从指导菜农理性生产与市民理性消费的视角出发，政府逐步构建与完善菜价预测预警与市场信息共享机制；从减少中间流通环节、降低流通成本的视角出发，政府出台了规范蔬菜批零市场、创新流通模式等政策。

**（三）确保蔬菜类产品质量安全是影响蔬菜产业调控政策出台的重要因素之一**

蔬菜类产品与百姓日常饮食息息相关，是城乡消费主体生活必需品。产品质量安全问题涉及蔬菜生产、流通、加工等产业链条的各个环节，是关乎国计民生的大事，受到社会各界的广泛关注。确保蔬菜类产品质量安全单纯依靠市场机制很难实现，在城乡居民缺乏额外的时间与精力对菜品的质量安全进行鉴别的情况下，极容易引发劣势蔬菜产销经营主体恶意扰乱市场的行为，并进一步引致产业链条利益相关主体福利受损。为弥补"市场失灵"弊端，需要政府相关部门或执政党派适时、适当地启动相应的调控机制进行质量安全监管。

进入 21 世纪以来，为了确保蔬菜类产品质量安全，中央及地方各级政府也启动了一系列调控举措。例如，针对蔬菜生产领域，进一步地健全农药使用管理机制与菜品农药残留检测机制、实现测土配方施肥的全覆盖、推动病虫害绿色防控机制；在菜品流通领域，严格落实菜品市场准入制度、建立与完善菜品"由田间至餐桌"全程品质标识制度与可追溯机制。

**（四）解决蔬菜市场的公共物品问题也是影响蔬菜产业调控政策出台的重要因素之一**

蔬菜市场存在公共物品问题，蔬菜产销经营过程中涉及的基础设施、价格信号、监管机制等问题均隶属公共物品的范畴。单纯地依靠市场机制难以解决蔬菜产业利益链条相关主体共同关注与面对的部分公共问题，往往需要政府相关部门或执政党派切实履行自身职责，针对蔬菜产业提供某种基础性、公益性及服务性的举措。例如，强化基础设施建设、制定蔬菜产业发展规划、完善市场信息平台建设、进行流通体制改革、确保公平有序的市场竞争环境等。

**（五）其他因素——紧急情况下的短期应急政策和优化产业结构、提升产业竞争力的长期调控政策**

除了上述四种影响调控政策出台的因素之外，对蔬菜产业而言，还有两类比较特殊的调控对策。第一类是紧急情况下启动的短期应急调控政策。在蔬菜产业遭遇雨雪、冰雹、旱涝等自然灾害或病虫害侵袭以及菜品遭遇季节性供需失衡的情况下，为确保菜品正常供给，并实现蔬菜产销利益相关主体福利损失最小化，中央及地方各级政府或执政党派往往会启动应急调控政策。这类调控政策启动时机视现实情况而定，政策持续期往往较短。第二类是优化产业结构、提升行业竞争力的长期调控机制。蔬菜产业结构、比较优势及国际市场竞争力也在一定程度上影响着蔬菜产业调控政策制定，这类调控政策启动时机同样视社会现实情况而定，持续期往往较长。就客观现实来看，国内蔬菜产业调控政策体系面临不断革新与调整，"打补丁"式的调控政策较多，这种长期性调控框架相对较为紊乱。

## 二 影响蔬菜产业调控政策执行的因素

蔬菜产业调控政策是为了确保蔬菜产业良性运行，而由政府相关部门或执政党派出台的一系列经济、法律、行政干预手段与措施。政策实施过程中通常会经受多重复杂因素影响，具体而言：

**（一）与蔬菜产业相关的政策规范性文件与客观实际联系的紧密度是影响蔬菜产业调控政策执行的首要因素**

蔬菜产业调控政策的制定与决策过程往往经受复杂市场信息的干扰。只有消除障碍信息，启动符合蔬菜产业经济运行规律、促进蔬菜产业良性运营的合理化政策才有可能达到良好的政策预期。为了尽可能地剥离有效信息、避免主观意志的干扰、提高政策的制定效率、做出准确的行业判断，政策决策主体往往会在蔬菜领域相关专家或学者的建议之上启动某一项或多项调控举措。然而，事实上蔬菜领域专家或学者也有可能经受市场信息不完全的困扰，进而引发调控政策与市场需求不完全对等的现象。

如果中央及地方各级政府针对蔬菜产业启动的政策规范性文件，在正式出台之前，未实施广泛的民意调查、未全面征求产业利益链条相关主体及社会各界的意见，即政策目标与基本内容偏离现实，则调控政策执行过程中极易同客观实际相脱节。一旦与客观实际脱节，往往会弱化蔬菜产业调控举措的科学性或可行性。

（二）组织、系统及相关人员的配合度是制约蔬菜产业调控政策执行的又一重要因素

事实上，针对蔬菜产业的调控政策在执行过程往往经受多重制约。一方面，政策制定部门或执政党派的权威性、整合资源的水准、与执行系统的匹配度等因素是制约政策执行效果的重要因素。若执行政策的组织、系统在某种程度上受到机构或体制的影响，则会导致调控政策执行不利。另一方面，相关组织或人员的配合程度将在一定水平上影响蔬菜产业调控政策的落实效果。如果执行政策的相关主体存在思想障碍，极易引发调控政策执行不自觉、不主动的现象。例如，国内蔬菜产业调控政策的制定与执行涉及中央政府与地方政府两级系统，若前者对后者执行政策过程缺乏有效的监管机制与激励体系，则后者在动态演变与利益博弈过程中配合协调程度就会有所降低，极易产生非实质性的执行策略而走表面化、形式化的路子，并进一步地弱化了调控政策的执行效果。

（三）充分的保障条件与成熟的时机也是确保蔬菜产业调控政策顺利执行的必要推动因素

蔬菜产业调控政策能否顺利推行，往往也会受到客观环境的制约。充分的保障条件与恰当的时机是确保蔬菜产业调控政策顺利执行的必要推动因素。只有与经济发展阶段相吻合，并且拥有政策执行相应的配套措施与良好的政策运营体系，才能确保蔬菜产业调控政策能够良性运营。否则，即便蔬菜产业调控政策制定的初衷是好的，政策动机与效果也未必能够达到统一。

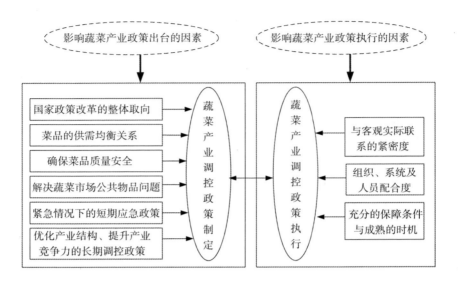

图 4-1　蔬菜产业调控政策影响因素基本框架

# 第三节　本章小结

本章针对中国蔬菜市场调控政策演变历程与特点进行了系统的回顾与梳理，并整合了蔬菜产业调控政策制定与执行的影响因素框架。

首先，对蔬菜类产品调控机制历史演变过程进行系统回顾，并将新中国成立以来的蔬菜产业调控政策划分为八大阶段，依次为：新中国成立之初的菜品自由购销阶段（1949—1955 年），国家统一制定菜品价格（1956—1978 年），调整不合理菜价体系（1978—1984 年），放开菜价管制权限（1984 年以后），"菜篮子"产品连续增进阶段（1988—1994 年），新一轮"菜篮子"工程阶段（1995—1999 年），优化产品布局、提升"菜篮子"质量新阶段（2000—2009 年）及统筹新一轮"菜篮子工程"阶段（2010 年至今）。

其次，对蔬菜产业政策制定与执行制约因素进行了系统总结。其中，蔬菜产业调控政策制定主要涵盖如下几个常见影响因素：首先，国家政策整体的改革取向是影响蔬菜产业调控政策出台的基础；其次，菜品供需均衡关系是决定是否启动蔬菜产业调控政策的直接诱因；最后，确保蔬菜类产品质量安全和解决蔬菜市场的公共物品问题也是影响蔬菜产业调控政策出台的重要因素。此外，蔬菜产业调控机制也涵盖紧急情况下的短期应急调控与优化产业结构、提升行业竞争力的长期调控机制两种特殊情况。而确保蔬菜产业调控政策顺利执行的推动因素则可以归纳为三个方面：一是蔬菜产业相关政策规范性文件同客观现实之间的联系紧密度；二是组织、系统及相关人员的配合度；三是充分的保障条件与成熟的时机。

# 第五章 基于事件分析法的国内蔬菜价格调控政策效应分析

蔬菜产业作为我国农业经济领域中十分重要的一环，如何确保其产品价格稳定受到社会各界的广泛关注。改革开放以来，中央及地方各级政府针对蔬菜产业价格波动相继出台了一系列的宏观调控政策，近年来，面对蔬菜类产品价格的震荡，政府更是频繁采取行政干预来稳定蔬菜市场，确保蔬菜类产品的正常供给。那么，政府针对蔬菜产业实施的一系列调控干预政策真的会对蔬菜市场价格产生影响吗？若产生影响，其导向的正负情况、作用强度及持续时间又是怎样的？

基于上述考虑，本章将以中央政府层面的蔬菜产业调控政策为研究对象，展开蔬菜产业调控政策对市场价格影响的效果评估。利用金融学和社会学研究领域经典的事件分析法与目标定位法结合，遵循产业链划分依据，从生产环节、流通环节和其他环节三个维度分别展开21世纪以来国内蔬菜产业调控政策对市场价格影响的效果评估，并判别影响的作用方向与程度。具体的研究框架如图5-1所示。

进入21世纪以来，中央财政扶持的蔬菜产业支持政策主要包括三大类，分别为：针对蔬菜生产环节的宏观调控政策、针对蔬菜流通环节的调控政策及与其他环节相关的调控政策。其中，我国菜品生产环节相关的财政支持措施包括蔬菜类产品标准化生产政策、强化质量安全、科研推广体系建设、蔬菜标准园艺创建、农业保险与其他形式的金融支持政策等；与蔬菜流通环节相关的调控政策包括扶持蔬菜批零市场建设、蔬菜流通追溯体系与市场信息平台建设、重要菜品储备政策、推进蔬菜加工、完善进出口政策、"绿色通道"政策、税收优惠政策及支持生鲜蔬菜创新流通模式等；与其他环节相关的调控政策主要有基本农田保护、基础设施建设、稳定消费价格及应急调控政策等。从表5－1中可以看出，进入21世纪以来，历次蔬菜产业各环节相关的调控政策从宣布到实施调控措施大约有1个月的时间间隔，且蔬菜产业相关的各项调控政策性文件并没有集中在某一年或每一年的某个特定的月份出台。

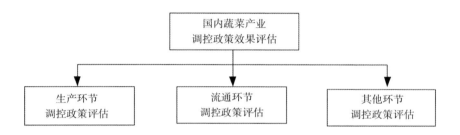

**图5－1 中国蔬菜产业调控政策对市场价格的影响研究框架**

表5－1 　　　　中国蔬菜产业相关政策实施情况趋势表

| 编号 | 生产环节相关政策 | | 编号 | 流通环节相关政策 | | 编号 | 其他环节相关政策 | |
| | 宣布时间 | 实施时间 | | 宣布时间 | 实施时间 | | 宣布时间 | 实施时间 |
|---|---|---|---|---|---|---|---|---|
| 1 | 2003/07/16 | 2003/07/16 | 1 | 2002/08/19 | 2002/08/19 | 1 | 2004/08/28 | 2004/08/28 |
| 2 | 2003/12/31 | 2003/12/31 | 2 | 2003/03/14 | 2003/03/20 | 2 | 2007/12/31 | 2007/12/31 |
| 3 | 2004/03/29 | 2004/04/01 | 3 | 2004/02/27 | 2004/03/02 | 3 | 2008/02/15 | 2008/02/15 |
| 4 | 2004/05/17 | 2004/5/17 | 4 | 2004/06/14 | 2004/06/14 | 4 | 2008/05/13 | 2008/05/13 |
| 5 | 2004/09/01 | 2004/09/01 | 5 | 2005/01/13 | 2005/02/13 | 5 | 2008/06/08 | 2008/06/08 |
| 6 | 2005/03/30 | 2005/03/30 | 6 | 2006/11/28 | 2006/12/12 | 6 | 2009/11/12 | 2009/11/12 |

| 编号 | 生产环节相关政策 | | 编号 | 流通环节相关政策 | | 编号 | 其他环节相关政策 | |
|---|---|---|---|---|---|---|---|---|
| | 宣布时间 | 实施时间 | | 宣布时间 | 实施时间 | | 宣布时间 | 实施时间 |
| 7 | 2006/12/08 | 2006/12/11 | 7 | 2008/01/25 | 2008/01/25 | 7 | 2010/11/19 | 2010/11/19 |
| 8 | 2007/08/02 | 2007/08/03 | 8 | 2008/11/20 | 2008/12/16 | 8 | 2011/09/26 | 2011/09/26 |
| 9 | 2007/11/16 | 2007/11/23 | 9 | 2010/06/01 | 2010/06/01 | 9 | 2012/06/18 | 2012/06/18 |
| 10 | 2008/07/09 | 2008/07/11 | 10 | 2010/06/18 | 2010/06/18 | 10 | 2013/01/28 | 2013/01/28 |
| 11 | 2009/04/27 | 2009/04/27 | 11 | 2011/09/26 | 2011/09/26 | 11 | 2014/09/12 | 2014/09/12 |
| 12 | 2009/10/19 | 2009/10/19 | 12 | 2011/10/09 | 2011/10/09 | — | — | — |
| 13 | 2010/03/09 | 2010/03/09 | 13 | 2011/12/13 | 2011/12/13 | — | — | — |
| 14 | 2010/08/27 | 2010/08/27 | 14 | 2011/12/31 | 2012/01/01 | — | — | — |
| 15 | 2011/05/10 | 2011/05/10 | 15 | 2012/10/26 | 2012/10/26 | — | — | — |
| 16 | 2011/10/01 | 2011/10/01 | 16 | 2012/11/06 | 2012/11/14 | — | — | — |
| 17 | 2011/12/01 | 2011/01/16 | 17 | 2013/01/11 | 2013/01/11 | — | — | — |
| 18 | 2012/01/16 | 2012/01/16 | 18 | 2014/02/27 | 2014/02/27 | — | — | — |
| 19 | 2013/06/26 | 2013/06/26 | 19 | 2014/06/09 | 2014/06/09 | — | — | — |
| 20 | 2014/01/07 | 2014/01/07 | 20 | 2014/07/22 | 2014/07/22 | — | — | — |
| 21 | 2014/03/04 | 2014/03/04 | — | — | — | — | — | — |
| 22 | 2014/04/20 | 2014/04/20 | — | — | — | — | — | — |
| 23 | 2014/09/22 | 2014/09/22 | | | | | | |
| 24 | 2014/10/31 | 2014/10/31 | | | | | | |

注：后文选用的事件分析法主要基于月度数据，如果同一个月份中启动了多次同一类型政策，则只选取一个事件作代表。

# 第一节　实证模型介绍

## 一　事件分析法的基本原理

事件分析法（Event Study）始于 1933 年 James Dolley 对普通股分拆及其相关程序的研究。1969 年，国外学者 Ball & Brown 及 Famaetal 等人在对股票市场展开研究的过程中正式提出事件分析法的具体流程，其中，Ball 的研究重点关注股票市场的信息内容，Famaetal 则集中关注剥离同期股利增加因素后的价格效应。随后众多学者对事件分析法作了进一步完善与推广。其中，Mitchell Mark L. & Jeffry M. N.（1994）将其应用于证券欺诈领域，McWilliams A. & Siegel D.（1997）及 Warren B. F. & S. Dalkir Staples（2001）则将事件分析法进一步应用在管理学领域。最初该方法主要应用于金融领域，基本原理主要为依据研究目标选取一类特定事件，分析事件前后股票市场收益率变动情况，并进一步阐释该类事件对股市行情和收益率的作用，主要被应用于检验事件发生前后价格变化或者价格对披露信息的反应程度。

对于包括蔬菜类产品在内的鲜活农产品调控政策而言，政府相关部门往往关注某一重要调控政策或紧急性调控政策的实施会给农业生产造成哪些影响，鲜活农产品的生产主体、消费主体则更为关注调控政策的启动对产品市场价格产生什么样的影响。按照事件发生对农产品价格影响模式的不同，可将事件分成四种模式：一是从某一时刻起出现突发性事件，其影响效应较为持续；二是某特定事件对研究对象的影响力度存在较长滞后性，将长期持续；三是突发事件仅对研究对象有着暂时作用，持续时间非常短暂；四是逐渐启动式事件，对因变量产生的影响伴随时间的推移而逐渐增加，至峰值再慢慢减缓直至消失。用模型依次表示为：

$$X_{t1} = \omega S_i^T \tag{5-1}$$

$$X_{t2} = \left[ \omega B^b / (1 - \delta_1 B - \delta_2 B^2 - \cdots - \delta_r B^r) \right] S_t^T \tag{5-2}$$

$$X_{t3} = \left[\omega B^b / (1 - \delta B)\right] P_t^T \tag{5-3}$$

$$X_{t4} = \left[\omega / (1 - \delta_1 B - \delta_2 B^2 - \cdots - \delta_r B^r)\right] S_t^T \tag{5-4}$$

式中，未知参数 $\omega$ 代表事件的影响程度；$B$ 是后移算子，$b$ 代表滞后期；$\delta$ 表示事件持续时期。$\delta \in [0, 1]$，其中，$\delta = 1$ 意味着事件存在长期影响，$\delta = 0$ 则说明事件仅有一个时期的影响。

经典的事件分析法侧重于事后分析，旨在解析事件的发生对时间序列是否存在显著的影响及测算其影响程度。通常由六大步骤组成：一是界定具体事件，明确事件窗口与估计区间；二是基于数据的可得性，选取恰当的指标；三是对正常或异常的收益值进行测算；四是进行正常收益的参数估计；五是进行先验假设的检验；六是分析和比对研究结果，提炼结论。

其中，正常收益是指没有出现突发事件的预期收益，常见测算方法涵盖市场模型、因素模型、均值调整收益模型、固定均值收益模型及市场调整收益模型等。异常收益主要指有事件出现之时，事件窗口预期收益同实际收益两者之间的差值。

以市场模型为例，单个样本正常收益 $R_{it}$ 可用如下公式表示：

$$R_{it} = \alpha_i + \beta_i R_{mt} + \varepsilon_{it},$$

$$
\begin{cases}
\hat{\beta}_i = \sum_{t=T+T_0}^{T_1} (R_{it} - \hat{\mu}_i)(R_{mt} - \hat{\mu}_m) \bigg/ \sum_{t=1+T_0}^{T_1} (R_{mt} - \hat{\mu}_m)^2 \\
\hat{\alpha} = \hat{\mu} - \hat{\beta} \times \hat{\mu}_m \\
\hat{\mu}_i = (1/L_1) \times \sum_{t=1+T_0}^{T_1} R_{it} \\
\hat{\mu}_m = (1/L_1) \times \sum_{t=1+T_0}^{T_1} R_{mt}
\end{cases} \tag{5-5}
$$

在公式（5-5）中，$\alpha_i$ 和 $\beta_i$ 代表市场模型的基本参数，$\varepsilon_{it}$ 为零均值扰动项，$E(\varepsilon_{it}) = 0$，$Var(\varepsilon_{it}) = \sigma_{\varepsilon_{it}}^2$。

单个样本的异常收益 $AR_{it}$ 可以表示为公式（5-6）的形式：

$$AR_{it} = R_{it} - E(R_{it} | X_t) = R_{it} - \overset{\wedge}{\alpha_i} - \overset{\wedge}{\beta_i} \times R_{mt} = \varepsilon_{it},$$

$$s.t. \begin{cases} AR_{it} \sim N(0, \sqrt{\sum \varepsilon_i^2 / (n-2)} \\ t \in (T_1, T_2) \end{cases} \tag{5-6}$$

异常收益的累积函数 $CAR_{it}$ 用公式表示为：

$$CAR_{it} = \sum AR_{it}, CAR_{it} \sim N(0, \sqrt{[(T_2 - T_1 + 1) \sum \varepsilon_i^2] / (n-2)} \tag{5-7}$$

异常收益预期标准差之比累积函数 $SCAR_{it}$ 可以依次用如下公式表示：

$$SCAR_{it} = \sum (AR_{it} / \sigma_t) \tag{5-8}$$

式（5-8）中，$R_{it}$ 代表事件窗口的真实收益；$E(R_{it} | X_t)$ 代表事件窗口的预期收益或者正常收益；$X_t$ 为信息集合。异常收益 $AR_{it}$ 也常用 $\varepsilon_{it}$ 表征。

在正常收益参数已知情况下，异常收益方差 $\sigma_{\varepsilon_{it}}^2$ 可以用公式表示为：

$$\sigma_{\varepsilon_{it}}^2 = Var(R_{it} - \alpha_i - \beta_i R_{mt}) = Var(R_{it}) - \beta_i^2 Var(R_{mt}) = (1 - R_i^2) Var(R_{it}) \tag{5-9}$$

公式（5-9）中，$R_{it}$ 为市场模型的回归值 $R^2$，$R_t^2 \in (0, 1)$。

相对其他模型而言，市场模型能够降低异常收益的方差，且除了对系统自身的风险加以考量之外，也引入了一些非市场因素，可能得到更为精准的推断结果。

基于此，利用标准横截面统计量 $T_{bmp,i}$ 或 $T_{cs,i}$ 对假设进行检验，详见公式（5-10）和公式（5-11）：

$$T_{bmp,i} = \frac{\dfrac{1}{n} \sum_{j=1}^{n} \dfrac{AR_{ij}}{\sigma_{ij}}}{\sqrt{\dfrac{1}{n(n-1)} \sum_{j=1}^{n} \left( \dfrac{AR_{ij}}{\sigma_{ij}} - \dfrac{1}{n} \sum_{k=1}^{n} \dfrac{AR_{ik}}{\sigma_{ik}} \right)^2}} \tag{5-10}$$

$$T_{cs,i} = \frac{\dfrac{1}{n} \sum_{j=1}^{n} CAR_{ij}}{\sqrt{\dfrac{1}{n(n-1)} \sum_{j=1}^{n} \left( CAR_{ij} - \dfrac{1}{n} \sum_{k=1}^{n} CAR_{ik} \right)^2}} \tag{5-11}$$

　　因具备研究理论严谨、逻辑架构清晰、适用性相对较强、计算过程简易便捷等优点，事件分析法已经逐步被学者应用到企业并购绩效评价、外汇市场干预研究、法律责任案件中的损害赔偿研究、反托拉斯问题研究及政府政策评估等诸多领域（郑桂环、汪寿阳，2004；王玲、朱占红，2012）。与此同时，事件分析法因其广泛的适用性，既可用于对单个事件的考察，也可用于对间断发生的同类事件进行考察。同对单个事件影响的考察原理不同，事件分析法在考察间断发生同类事件时，一般基于事件窗口内待考察变量异常变动情况考察事件作用效果。张琼（2010）选取此方法展开1997—2008年国内药市价格调控政策的绩效评估；王玲、朱占红（2011）同样利用此方法，研究2006年以来税收优惠机制对企业创新行为的作用效果。本书借鉴上述两位学者利用事件分析法在考察间断发生的同类事件方面的研究，试图探索事件分析法在国内蔬菜产业调控政策效果评估中的应用。

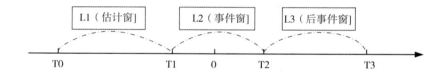

**图 5 - 2　经典的事件分析法图解**

　　基于事件分析法对调控政策展开效果评估的研究步骤主要涵盖以下两大方面：

　　第一，界定事件窗口。对每一个入选事件，依次界定事件之前、事件中及事件之后时间窗口。其中，事件前窗口重点考察蔬菜类产品市场相关价格对实施调控政策这一事件信息泄露的灵敏度（基于此，可展开产业相关调控政策出台的外生性检验①）；事件中

---

　　①　若蔬菜产业调控政策外生于相关价格指数，则对调控政策实施前的若干月份进行比例调整后不会使估计系数表现出显著负向或显著正向，这也就意味着执政党派或相关部门既未在市场行情下跌也未在市场行情上扬之时启动相应的调控政策。

窗口重点衡量在此区间内蔬菜类产品市场所经受的价格冲击；事件后窗口主要考察其后续作用水平以及期限。

第二，明确"异常波动"，并且基于异常波动值来衡量事件发生所带来的影响。对待估变量而言，异常波动值是指该变量真实值和假设没有出现突发事件条件下的期望值之间的差额，其中，期望值一般可以通过实证分析模型估计获取。借鉴吴斌珍、张琼等（2011）的研究，假设未出现该事件的预期值可通过构建以下的回归模型来得到：

$$Y_t = \sum_0^i \alpha_i D_{t-i} + \beta X_t + \varepsilon_t = \alpha_0 D_t + \alpha_1 D_{t-1} + \alpha_2 D_{t-2} + \alpha_3 D_{t-3} + \cdots +$$

$$\alpha_i D_{t-i} + \beta X_t + \varepsilon_t \tag{5-12}$$

公式（5-12）中，因变量 $Y_t$ 是指蔬菜类产品或其替代品相关价格在 $t$ 期的观测值；自变量中 $\sum_0^i \alpha_i D_{t-i}$ 代表 $t-i$ 时期蔬菜产业调控政策对 $t$ 期因变量的影响，其中，$D_t$ 代表政府在第 $t$ 时期启动了调控政策，$i$ 为滞后期数。$X_t$ 表示其他自变量，主要涵盖了年份、月份的固定影响及其他宏观控制变量。通过年份与月份的固定效应，方便消除相关价格指数的季节性变化，且通过控制年份与月份的固定效应及其他宏观指标的线性趋势，利于进一步规避其他对价格行情具有干扰作用的因素影响。上述回归模型最大限度地确保了分析调控政策出台影响时在"保持其他条件不变"的前提下，给出尽可能接近真实值的"假设未出现该事件"各相关价格指数的预期值。式中因变量为时间序列，并且基于散点图发现其呈现出结构性变化，为规避简单线性回归引致的"伪回归"问题，下文研究将在基准模型的基础上添加文献中较为广泛运用的 H-P 滤波分析方法，试图滤除变量非线性变化或趋势的结构性，后续研究会进一步说明。

**二　Hodrick-Prescott Filter 分析的基本原理**

Hodrick-Prescott Filter 分析（简称 H-P 滤波），是经济学领

域常用于对时间序列指标进行趋势分解的一种模型，最早起源于 1980 年美籍学者 Hodrick 和 Prescott 对商业循环问题的研究。H－P 滤波分析以谱分析方法为其理论基础，旨在从时间序列不同频率的成分中剥离出高频成分与低频成分。

假设时间序列 $Y_t = \{Y_1, Y_2, Y_3, \cdots, Y_T\}$ 含有噪声成分与趋势成分。其中，频率较高的中短期波动成分用 $Y_t^C$ 表示，则 $Y_t^C = \{Y_1{}^C, Y_2{}^C, Y_3{}^C, \cdots, Y_T^C\}$；频率较低的长期趋势成分用公式表示为 $Y_t^T = \{Y_1{}^T, Y_2{}^T, Y_3{}^T, \cdots, Y_T^T\}$。基于此，H－P 滤波模型的基本表达形式如公式（5－13）所示：

$$Y_t = Y_t^C + Y_t^T, \quad t = 1, 2, 3, \cdots, T \qquad (5-13)$$

H－P 滤波分析旨在将波动因子与趋势因子从原有时间序列中分离出来。其中，消除噪声 $Y_t^C$ 的算法被定义为求解公式（5－14）中最小化问题：

$$\min S(\lambda) = \min \sum_{t=1}^{T} \{(Y_t - Y_t^T)^2 + \lambda [c(L) Y_t^T]^2\}$$

$$= \min \sum_{t=1}^{T} \{(Y_t - Y_t^T)^2 + \lambda [(L^{-1} - 1) Y_t^T - (1 - L) Y_t^T]^2\}$$

$$= min \{\sum_{t=1}^{T} (Y_t - Y_t^T)^2 + \lambda \sum_{t=1}^{T} [(Y_{t+1}^T - Y_t^T) - (Y_t^T - Y_{t-1}^T)]^2\}$$

$$\qquad (5-14)$$

公式（5－14）中，$\sum_{t=1}^{T} (Y_t - Y_t^T)^2$ 项代表趋势成分 $Y_t^T$ 对原始时间序列 $Y_t$ 的跟踪程度；$\sum_{t=1}^{T} [(Y_{t+1}^T - Y_t^T) - (Y_t^T - Y_{t-1}^T)]^2$ 项则表示趋势成分 $Y_t^T$ 对时间序列 $Y_t$ 之光滑程度。系数 $\lambda$ 为控制了趋势序列光滑程度及对原始时间序列拟合程度之间的权重，一般而言，与最小化问题中的趋势呈反向变动关系。平滑参数 $\lambda$ 为取值越大，估计趋势越光滑；若平滑参数 $\lambda$ 为 $\to \infty$，则估计趋势趋近线性函数；若平滑参数 $\lambda$ 为 $= 0$，则估计趋势等同于序列 $Y_t$。$\lambda$

的最优取值为：

$$\lambda = Var(Y_t^C)/Var(\Delta^2 Y_t^T) = Var(Y_t^C)/Var(Y_t^T - Y_{t-1}^T)^2$$

$$(5-15)$$

按照一般经验，月度时间序列的平滑参数 $\lambda$ 通常取值为 14400；季度时间序列的平滑参数 $\lambda$ 通常取值为 1600；年度时间序列平滑参数 $\lambda$ 通常设置为 100。$c(L)$ 为延迟算子多项式，$\lambda$ 为 $[c(L)Y_t^T]^2$ 项用于调整趋势的变化，且伴随平滑参数 $\lambda$ 值的增加而不断增大。

利用 H－P 滤波求解主要趋势项的过程，即对 $Y_1^T, Y_2^T, Y_3^T, \cdots, Y_T^T$ 求偏导。得到方程组：

$$
\begin{cases}
\dfrac{\partial S}{\partial Y_1^T} = -2(Y_1 - Y_1^T) + 2\lambda(Y_3^T - 2Y_2^T + Y_1^T) = 0 \\[2mm]
\dfrac{\partial S}{\partial Y_2^T} = -2(Y_2 - Y_2^T) + 2\lambda(Y_4^T - 2Y_3^T + Y_2^T) - 4\lambda(Y_3^T - 2Y_2^T + Y_1^T) \\[2mm]
\qquad = 0 \\[2mm]
\dfrac{\partial S}{\partial Y_3^T} = -2(Y_3 - Y_3^T) + 2\lambda(Y_5^T - 2Y_4^T + Y_3^T) - 4\lambda(Y_4^T - 2Y_3^T + Y_2^T) \\[2mm]
\qquad + 2\lambda(Y_3^T - 2Y_2^T + Y_1^T) = 0 \\[2mm]
\dfrac{\partial S}{\partial Y_i^T} = -2(Y_i - Y_i^T) + 2\lambda(Y_{i+2}^T - 2Y_{i+1}^T + Y_i^T) - 4\lambda(Y_{i+1}^T - 2Y_i^T \\[2mm]
\qquad + Y_{i-1}^T) + 2\lambda(Y_i^T - 2Y_{i-1}^T + Y_{i-2}^T) = 0 \\[2mm]
\cdots\cdots \\[2mm]
\dfrac{\partial S}{\partial Y_{T-1}^T} = -2(Y_{T-1} - Y_{T-1}^T) - 4\lambda(Y_T^T - 2Y_{T-1}^T + Y_{T-2}^T) + 2\lambda(Y_{T-1}^T - \\[2mm]
\qquad 2Y_{T-2}^T + Y_{T-3}^T) = 0 \\[2mm]
\dfrac{\partial S}{\partial Y_T^T} = -2(Y_T - Y_T^T) + 2\lambda(Y_T^T - 2Y_{T-1}^T + Y_{T-2}^T) = 0
\end{cases}
$$

$$(5-16)$$

方程组（5－16）用矩阵的形式表示为：

$$(\lambda F + I)^{-1} Y_t^T = Y_t \qquad (5-17)$$

上式可以进一步展开为：

$$
\left[ \lambda \begin{pmatrix}
1 & -2 & 1 & 0 & \cdots & \cdots & \cdots & & 0 \\
-2 & 5 & -4 & 1 & 0 & \cdots & \cdots & & 0 \\
1 & -4 & 6 & -4 & 1 & 0 & \cdots & & 0 \\
0 & 1 & -4 & 6 & -4 & 1 & 0 & \cdots & 0 \\
\cdots & & & & & & & \cdots & \\
0 & \cdots & 0 & 1 & -4 & 6 & 4 & 1 & 0 \\
0 & \cdots & \cdots & 0 & 1 & -4 & 6 & 4 & 1 \\
0 & \cdots & \cdots & & 0 & 1 & -4 & 5 & -2 \\
\cdots & & & & & & 0 & 1 & -2 & 1
\end{pmatrix} + I \right]
\begin{pmatrix}
Y_1^T \\ Y_2^T \\ Y_3^T \\ Y_4^T \\ \cdots \\ Y_{T-3}^T \\ Y_{T-2}^T \\ Y_{T-1}^T \\ Y_T^T
\end{pmatrix}
=
\begin{pmatrix}
Y_1 \\ Y_2 \\ Y_3 \\ Y_4 \\ \cdots \\ Y_{T-3} \\ Y_{T-2} \\ Y_{T-1} \\ Y_T
\end{pmatrix}
\quad (5-18)
$$

# 第二节　数据来源与变量选择

　　基于数据的可得性，本书重点关注产业调控政策启动前后对蔬菜类产品消费者价格指数的影响。因变量为蔬菜类产品月度消费价格指数与除蔬菜外的其他各类商品的消费价格指数。我们认为"除菜品外的其他各类商品的消费者价格指数"不太可能受到蔬菜产业调控政策的影响，恰可用作对本书中方法的检验。由于用于计算除蔬菜外的其他各类商品消费者价格指数的权重不好衡量，下文拟用"肉禽及其制品消费者价格指数"作为"除蔬菜之外的其他商品消费者价格指数"的代表，原因涵盖以下三个方面：第一，肉类及其制品和蔬菜类产品都隶属于鲜活农产品的范畴，且两者都是国家"菜篮子"工程项目重点覆盖的产品，两类产品价格波动规律具有一定程度的相似性。第二，肉类及其制品消费者价格指数是遵循全国居民消费内容对食品类消费价格指数进行分类下的一个重要的子类，用于替代"除蔬菜外的其他商品消费者价格指数"颇具代表性。历年的国家统计局数据也在一定程度上揭示了肉类及其制品价格波动应当是带动居民其他各类消费食品价格波动的主动力之一，就消费额而言，肉类及其制品远超出粮食类、瓜果类、蛋奶类及水产类产品的消费，在全国居民除蔬菜以外的其他各类商品人均现金支出中稳居第一；就消费量而言，肉类及其制品与粮食类和瓜果类产品稳占居民家庭消费量前三位。第三，从可操作性视角而言，与其他指标相比，选取"肉类及其制品价格指数"替代"除蔬菜外的其他商品消费者价格指数"更为便捷。

下文拟用鲜菜类居民消费者价格指数和肉禽及其制品类居民消费者价格指数分别作为各类商品消费者价格指数的代表（上月 = 100），数据来源于国家统计局。样本时间跨度为 2000 年至 2014 年，采样频率为月度数据。为了方便数据横向比较，以 2006 年 1 月作基期将鲜菜类居民消费者价格指数和肉禽及其制品类居民消费者价格指数分别进行调整，分别用 cpiveg2006、cpimea2006 表示。

## 第三节　蔬菜产业调控政策对相关价格影响的模型估计

本节旨在探寻蔬菜产业调控政策与相关市场价格变动之间的因果关系，重点关注蔬菜产业调控政策对蔬菜居民消费价格和肉禽居民消费价格的影响，并不涉及影响机制发生的具体途径。下述分析过程是在 Eviews 8.0 软件平台完成的。将 21 世纪以来的鲜菜类和肉禽及其制品居民消费价格指数均调整为以 2006 年同月为基期。

图 5 - 3 描述了鲜菜类居民消费价格指数（cpiveg 2006）随时间的变化情况与 H - P 滤波趋势。就未滤除趋势项之原值而言，2000—2014 年蔬菜类产品居民消费价格指数表现出波动性上升态势；而 H - P 滤波之后价格指数表现出稳定上升的态势，并呈现出比较显著的季节性变化。

价格指数

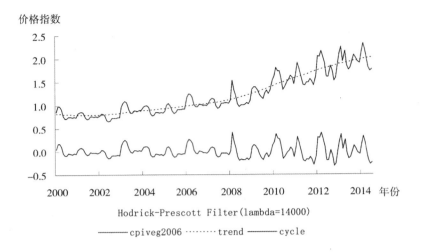

图 5-3 我国历年蔬菜价格指数变化趋势（2000—2014 年）

注：图中的 Hodrick - Prescott Filter（lambda = 14000）是指采用 H－P 滤波方法对数据进行处理，其中平滑参数的取值为 14400；cpiveg 2006 代表以 2006 年 1 月为基期的鲜菜类产品消费价格指数；trend 代表趋势成分；cycle 代表周期成分。

图 5－4 为参照主体——肉类及其制品消费价格指数（cpimea2006）随时间变化的情况与 H－P 滤波趋势。从中也能够明显地看出，与鲜菜类产品居民消费价格指数变动趋势相似，就未滤除趋势项的原值而言，十五年间肉类及其制品消费行情也呈现出价格波动性上升态势；且 H－P 滤波之后的价格指数数据表现出稳定上升的态势、季节性特征同样较为显著。

下文将利用公式（5－12）进行回归后的残差作为"控制其他条件不变"前提下，相应价格指数预期值的最佳近似值。为得出更为真实的预测值，采用两套方案：一是在控制其他宏观变量不变的情况下，利用公式（5－12）直接考察蔬菜产业调控政策对因变量未滤除趋势项的原值影响，获取相应价格指数预期最佳近似值。二是用 H－P 滤波分析法，滤除非线性趋势，即首先利用 H－P 滤波分析法滤除因变量与宏观控制变量的趋势值，然后再利用公式（5－12）分别进行回归后的残差作为"控制其他条件不变"前提下，相应价格指数预期值最优近似值。后者回归方程中各变量为月度数据，采用 $\lambda = 14400$，且经 H－P 滤波后基本都变为了平稳序列，它的一个主要问题在于该方案滤除了一部分因产业调控政策导致的趋势变化，进而低估了产业调控政策的影响。而方案一是在其他条件不变的情况下，直接考察各调控政策对因变量未滤除趋势项波动值的影响，更为接近调控政策的实际效果，但是有可能会高估相应调控政策的影响。

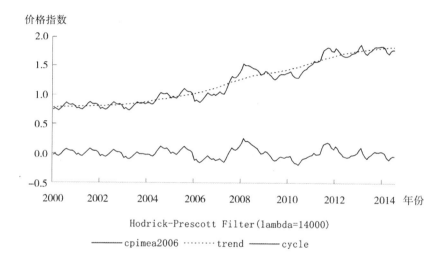

**图5－4　我国历年肉禽及其制品价格指数变化趋势**（2000—2014 年）

注：图中的 Hodrick－Prescott Filter（lambda＝14000）是指利用 H－P 滤波方法处理数据，且平滑参数取值是 14400；cpimea2006 是以 2006 年 1 月为基期肉类及其制品居民消费者价格指数；trend 和 cycle 依次代表趋势成分和周期成分。

为还原鲜菜类居民消费市场和肉禽及其制品消费市场价格行情在 2000 年以后历次蔬菜产业调控政策实施前后的变化趋势，将研究分成下述三个步骤依次展开：

首先，将蔬菜产业调控政策按产销各环节不同分为与生产环节相关的调控政策、与流通环节相关的调控政策以及与其他环节相关的调控政策。其中，与生产环节相关的调控政策，主要包括"菜篮子"产品标准化生产、标准园艺创建、强化质量安全及科研推广体系建设等；与流通环节相关的调控政策主要指扶持蔬菜批零市场建设、创新流通模式、蔬菜流通追溯体系与市场信息平台建设、重要菜品储备政策、强化冷链物流设施建设、推进蔬菜加工政策、降低流通税费及完善进出口政策等；与其他环节相关的政策涵盖稳定消费价格、应急调控政策、基础设施建设等。

其次，定义事件发生与否——即定义产业调控政策 $D_t$ 的取值与设定事件窗口的宽度。若在第 $t$ 期有调控政策发生，则将 $D_t$ 取值为 1；否则，取值为 0。因产业调控政策可能存在滞后效应，为了有效避免低估档期调控政策效果并估计调控政策效果的持续时间，基于 AIC 准则选取滞后期数，进而考察 $t-k$ 期的调控政策对 $t$ 期因变量的影响。其中，滞后阶数 $k$ 的选取主要基于三个标准：一是研究结果表明 5 个月前各项产业政策对因变量的作用并不显著；二是基于 AIC 准则选取因变量滞后阶数大多是 4 期或 5 期；三是当前市面上常见的菜品生长周期平均均在 4—5 个月。为保持各因变量结果之间的可比性，选取相同的滞后期数 5 期，即将时间窗口设定为"±5 个月"。此时，将回归模型进一步扩展为：

$$Y_t = \alpha_0 D_t + \alpha_1 D_{t-1} + \alpha_2 D_{t-2} + \alpha_3 D_{t-3} + \alpha_4 D_{t-4} + \alpha_5 D_{t-5} + \beta X_t + \varepsilon_t$$

$$(5-19)$$

最后，按蔬菜产业调控政策类别的不同，分别得出蔬菜产业调控政策实施前后 5 个月内鲜菜类居民消费价格指数与肉类及其制品消费价格指数回归后残差平均值变化趋势。

## 一 2000 年以后蔬菜生产环节政策效应的模型估计

图 5-5、图 5-6 分别给出了蔬菜产业与生产环节相关的调控政策如何影响了鲜菜类产品消费价格指数和肉禽及其制品消费价格指数的估计结果。

### (一) 调控政策是否显著影响了蔬菜价格

对未滤除趋势项的原值而言，在蔬菜产业与生产环节相关的调控政策实施前 5 个月开始，鲜菜类产品消费价格指数（cpiveg

2006）的"异常波动值"呈现不断下降的趋势；在产业调控政策实施前2个月低于正常水平（小于0），并且在调控政策实施1个月前"异常波动值"降至最低水平；之后开始反弹。一个可能促成反弹的原因是：产业调控政策从出台到实施往往间隔了1个月的时间，因而蔬菜消费价格在调控政策实施前1个月就已经做出了回应，在调控政策实施当月几乎恢复至正常水平，而调控政策出台3个月以后又开始低于正常水平（"异常波动值"小于0），继续遵循调控政策实施前的下降趋势。这表明蔬菜产业与生产环节相关的调控政策提升蔬菜价格的直接有效性往往只持续4个月。

对滤除因变量与宏观控制变量趋势值后的情况而言，在生产环节相关调控政策实施前5个月，蔬菜消费价格指数（HPcpiveg 2006）开始不断下降（"月度异常波动值"小于0），且在调控政策实施1个月前降至最低水平，之后开始反弹，且这一价格上升过程基本维持至调控政策实施后的3个月，此后趋于平稳。

与基准模型相比，H－P滤波后虽然大大地缩减了相应调控政策对蔬菜类产品市场价格的影响程度，但是整体趋势与未滤除趋势项的原值并无太大差异。综合来看，图5－5的结果意味着蔬菜产业与生产环节相关的调控政策具有提升菜品市场价格的作用，且这种提升市场价格的直接有效性一般持续时间为4个月左右（即调控政策实施前1个月至政策实施后3个月）。

**（二）调控政策是否显著影响了肉禽及其制品价格**

采用同样的方法，考察并不直接受到蔬菜产业调控政策影响的肉类及其制品消费价格指数在蔬菜生产环节调控政策实施窗口内"异常波动值"的变化趋势。如图5－6所示，在与蔬菜产业生产环节相关的调控政策实施前后各5个月的区间内，cpimea 2006和HPcpimea 2006的"异常波动值"均表现为围绕0值有小幅度的上下波动，这也就意味着通过基准原值与H－P滤波两种方法得出的结果，并未发现肉类及其制品消费价格指数在蔬菜产业生产环节相关调控政策实施前后变化趋势有显著的差异。即肉类及其制品消费价格指数并不受蔬菜产业生产环节相关政策的影响。

月度异常波动值

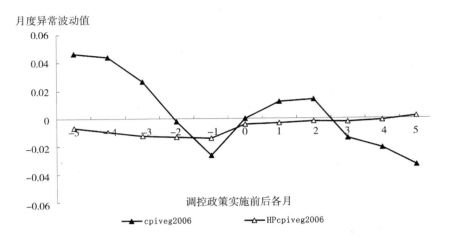

调控政策实施前后各月

—▲— cpiveg2006　　　—△— HPcpiveg2006

**图 5 - 5　蔬菜产业生产环节调控政策实施前后 5 个月内菜价指数变化趋势**

月度异常波动值

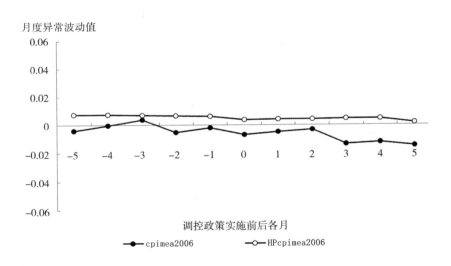

调控政策实施前后各月

—●— cpimea2006　　　—○— HPcpimea2006

**图 5 - 6　蔬菜产业与生产环节相关的调控政策实施前后 5 个月内
肉禽及其制品价格波动趋势**

## 二　2000 年以后蔬菜流通环节政策效应的模型估计

图 5 - 7、图 5 - 8 分别给出了蔬菜产业与流通环节相关的调控政策如
何影响了蔬菜消费价格指数和肉禽及其制品消费价格指数的估计结果。

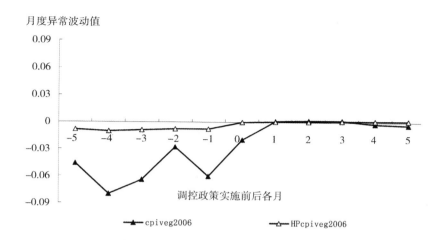

月度异常波动值

**图 5 - 7　蔬菜产业流通环节调控政策实施前后 5 个月内菜价指数变化趋势**

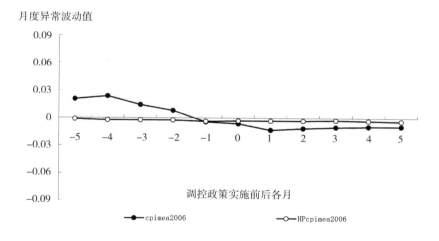

月度异常波动值

**图 5 - 8　蔬菜产业与流通环节相关的调控政策实施前后 5 个月内**
**肉禽及其制品价格变动趋势**

### （一）调控政策是否显著影响了蔬菜价格

如图 5 - 7 所示：对鲜菜类产品消费价格指数未滤除趋势项的原值而言，在蔬菜产业与流通环节相关的调控政策实施前 5 个月，cpiveg 2006 的"月度异常波动值"低于正常水平，呈现出"W"

形的变化趋势；而与流通环节相关的调控政策实施当月，蔬菜类产品市场价格即有恢复正常水平的趋势（"月度异常波动值"大于0）；与流通环节相关的调控政策实施之后的3个多月，蔬菜类产品一直维持正常的价格趋势（"月度异常波动值"接近0）。这表明蔬菜产业与流通环节相关的调控政策对蔬菜类产品具有小幅度的提价作用，且这种提价作用的持续性超过3个月。

对滤除因变量与宏观控制变量趋势值后的情况而言，在与流通环节相关的调控政策实施前5个月，蔬菜消费价格指数（HPcpiveg 2006）的"异常波动值"始终小于0，菜价处于低于正常值的平稳状态；在与流通环节相关的调控政策启动当月，蔬菜市场价格有所提升，并于当月即刻恢复正常值（"月度异常波动值"接近0值）；之后几个月菜品消费价格指数趋于平稳。

综合而言，H－P滤波后的结果与未滤除趋势项的原值无太大差异，蔬菜产业与流通环节相关的调控政策具有小幅度提升蔬菜类产品价格的作用，且这种提升价格作用的直接有效性一般持续时间为3个月左右（即调控政策实施当月至调控政策实施后的3—4个月）。

**（二）调控政策是否显著影响了肉禽及其制品价格**

如图5－8所示，采用同样的方法展开蔬菜产业与流通环节相关的调控政策对肉类及其制品价格走势的影响研究。对肉类及其制品消费市场而言，分析结果表明：无论是未滤除趋势项的价格指数原值（cpimea 2006）还是滤除趋势项之后的值（HPcpimea 2006）在蔬菜产业与流通环节相关的调控政策实施窗口内的"异常波动值"均在0值附近略有波动，且波动幅度远不及蔬菜。即肉类及其制品消费价格指数在蔬菜产业与流通环节相关的调控政策实施前后变化趋势未有明显不同，可知肉类及其制品消费价格指数也并不受到蔬菜产业流通环节相关调控政策的影响。

### 三　2000年以后其他环节政策效应的模型估计

图5－9、图5－10分别给出了蔬菜产业与其他环节相关的调控

政策如何影响了蔬菜消费价格指数和肉禽及其制品消费价格指数的估计结果。

**（一） 调控政策是否显著影响了蔬菜价格**

从图5-9不难发现：对未滤除趋势项的原值而言，在蔬菜产业与其他环节相关调控政策实施前后鲜菜类产品消费价格指数（cpiveg 2006）的"月度异常波动值"始终低于正常水平（小于0）。但是从发展趋势来看，与其他环节相关的调控政策实施后5个月的情况要明显优于调控政策实施前的5个月。一个可能的原因是与蔬菜产业其他环节相关的调控政策对蔬菜市场价格有所作用，且这种作用可能是促进菜品价格上升，但是这一调控政策的力度尚不足以将蔬菜类产品市场价格拉至正常水平。

对滤除因变量与宏观控制变量趋势值后的情况而言，在蔬菜产业与其他环节相关的调控政策实施前5个月，蔬菜消费价格指数（HPcpiveg 2006）小幅度低于正常水平（月度"异常波动值"小于0），且在调控政策实施1个月前菜价开始回升，之后"异常波动值"勉强围绕0值趋于平稳。

通过两种方法的对比研究，不难发现，蔬菜产业与其他环节相关的调控政策对蔬菜类产品价格的影响作用并不是很明显，虽然具有小幅度提升菜品市场价格的作用，但是这种提升价格作用的直接有效性尚达不到预期的效果。

**（二） 调控政策是否显著影响了肉禽及其制品价格**

采用同样的方法，考察肉类及其制品消费价格指数在蔬菜产业与其他环节相关的调控政策实施窗口内"异常波动值"的变化趋势，发现肉类及其制品消费价格指数在蔬菜产业其他环节相关调控政策实施前后变化趋势有显著的不同。无论是H-P滤波后的结果还是未滤除趋势项的原值，均表明蔬菜产业与其他环节相关的调控政策实施前肉类及其制品消费价格为正常水平。但是图5-10显示，蔬菜产业与其他环节相关的调控政策实施后的5个月，肉类及其制品消费价格的"异常波动值"基本为围绕0值有小幅度的上下波动，即肉类及其制品消费市场价格行情受到蔬菜产业其他环节调控政策的影响。蔬菜产业与其他环节相关的调控政策对肉价影响幅度虽然不大，但是价格导向却是负的。

月度异常波动值

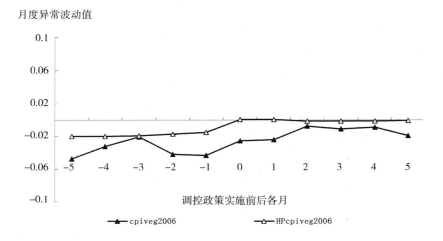

**图 5 - 9　蔬菜产业其他环节相关调控政策实施前后 5 个月内菜价指数变化趋势**

月度异常波动组

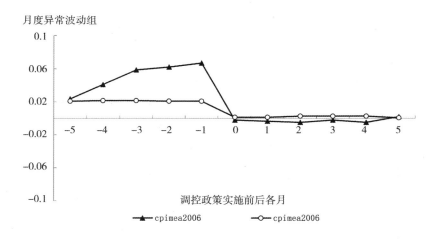

**图 5 - 10　蔬菜产业与其他环节相关的调控政策实施前后 5 个月内肉禽及其制品价格变动趋势**

图 5 - 11 更是呈现了一种较为有趣的现象，即 HPcpiveg 2006 和 HPcpimea 2006 这两个经 H - P 滤波后的价格指数的月度异常波动值呈现出"近乎完美的对称"关系。一个可能的原因是其他环节的调控政策将蔬菜价格拉至正常水平的能力有限，蔬菜类产品价格依然保持较低的水平，按供需原理，此时市场需求增多，消费主体一般会选择增加蔬菜的消费减少肉类及其制品的购买量，短期内作为替代品的肉类市场状况不佳，经营者为顺应市场行情被迫做出低价反应；另一个可能的原因是这类调控政策相对较多、较为杂乱、政策的随意性也较强，相对生产与流通领域的调控政策而言可能误差更大。

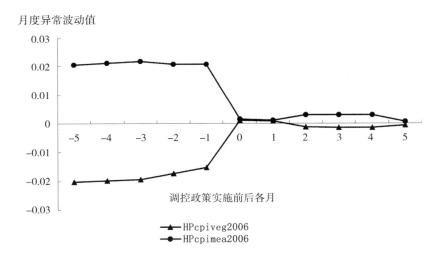

图 5 - 11　蔬菜产业其他环节政策实施前后 5 个月内菜价和
肉价指数的变化趋势

上述研究借鉴张琼（2010）采用事件分析法对 1997—2008 年国内药品降价政策效果进行研究时的做法，将基期选取为研究节点的中间阶段，即 2006 年 1 月。为验证结果的科学合理性，再以 2000 年同月为基期对调整后的蔬菜消费者价格指数和肉类及其制品消费者价格指数重复上述分析过程，得到与图 5 - 5、图 5 - 6、图 5 - 7、图 5 - 8、图 5 - 9、图 5 - 10 及图 5 - 11 一致的结论。碍于篇幅有限，此处不予详尽罗列。

## 第四节　蔬菜产业调控政策的外生性检验—— "目标定位分析法"

### （一）目标定位分析法的基本检验原理

就蔬菜产业链任一环节而言，假设中央政府并不会因菜品市场价格上涨或下跌而启动产业调控政策，即蔬菜产业相关调控政策外生于菜品消费市场和肉类及其制品消费市场的这两大价格指数，那么，对蔬菜产业调控政策实施前的若干月份（"3 个月""2 个月"或 "1 个月"）进行比例调整后应该不会对相应的价格指数产生统计上显著的影响。

### （二）目标定位分析法的具体检验过程

以 "3 个月" 的研究区间为例，基于目标定位分析法对蔬菜产业调控政策外生性进行检验的过程可以分为三个步骤：

第一，对蔬菜产业调控政策实施月份进行标记。若在同一月份内，存在一次或多次相同类别的调控政策，则仅标记一次。

第二，基于 0 - 1 变量对蔬菜产业调控政策实施前 3 个月进行赋值，将所有实施了调控政策的前 3 个月赋值为 1，其余月份赋值为 0。

第三，按蔬菜产业调控政策类别的不同，分别进行回归。利用鲜菜类产品居民消费市场与肉类及其制品消费市场价格指数采用公式（5 - 12）得回归残差项，分别对 "蔬菜产业调控政策实施前 3 个月内" 这个 0 - 1 变量进行回归，并考察估计系数是否统计上显著及符号的正负取值（符号为正则意味着政府在该价格指数上涨时启动了相应的调控政策，符号为负则表明政府于该价格指数下降时启动了相应的调控政策）。

遵循同样的研究逻辑，可以进一步将研究区间缩短为 2 个月、1 个月及 0 个月，再次对"蔬菜产业调控政策实施前 2 个月内"与"蔬菜产业调控政策实施前 1 个月内"这两个 0 - 1 变量重复上述回归过程。

### （三）检验结果

基于目标定位分析法，对蔬菜产业调控政策外生性检验的结果如表 5 - 2 所示。

表 5 - 2　　　　　　中国蔬菜产业调控政策的外生性检验

| 蔬菜产业政策类别 | | 残差 | 实施前 3 个月内 | 实施前 2 个月内 | 实施前 1 个月内 | 样本观测值 |
|---|---|---|---|---|---|---|
| 生产环节相关的调控政策 | 基准 | res - cpiveg 2006 | 0.0073 | 0.0005 | - 0.0031 | 170 |
| | | | (0.1629) | (0.1630) | (0.1630) | 170 |
| | H - P 滤波后 | res - cpimea 2006 | 0.0121 | 0.0077 | 0.0057 | 170 |
| | | | (0.0936) | (0.0937) | (0.0938) | 170 |
| | | res - HPcpiveg 2006 | - 0.0080 | - 0.0052 | - 0.0056 | 170 |
| | | | (0.0451) | (0.0452) | (0.0452) | 170 |
| | | res - HPcpimea 2006 | 0.0067 | 0.0031 | 0.0014 | 170 |
| | | | (0.0367) | (0.0368) | (0.0369) | 170 |
| 流通环节相关的调控政策 | 基准 | res - cpiveg 2006 | - 0.0537 | - 0.0469 | - 0.0649 | 170 |
| | | | (0.1576) | (0.1582) | (0.1582) | 170 |
| | | res - cpimea 2006 | 0.0093 | 0.0058 | - 0.0019 | 170 |
| | | | (0.0939) | (1.4823) | (0.0940) | 170 |
| | HP 滤波后 | res - HPcpiveg 2006 | - 0.0156 | - 0.0119 | - 0.0096 | 170 |
| | | | (0.0459) | (0.0462) | (0.0463) | 170 |
| | | res - HPcpimea 2006 | 0.0002 | - 0.0002 | - 0.0006 | 170 |
| | | | (0.0368) | (0.0368) | (0.0368) | 170 |

| 蔬菜产业政策类别 | | 残差 | 实施前 3 个月内 | 实施前 2 个月内 | 实施前 1 个月内 | 样本观测值 |
|---|---|---|---|---|---|---|
| 其他环节相关的调控政策 | 基准 | res – cpiveg 2006 | − 0.0509 | − 0.0606 | − 0.0607 | 170 |
| | | | (0.1609) | (0.1608) | (0.1613) | 170 |
| | | res – cpimea 2006 | 0.0778 * * * | 0.0830 * * * | 0.0884 * * * | 170 |
| | | | (0.0749) | (0.0758) | (0.0774) | 170 |
| | H – P 滤波后 | res – HPcpiveg 2006 | − 0.0231 | − 0.0234 | − 0.0225 | 170 |
| | | | (0.0441) | (0.0443) | (0.0446) | 170 |
| | | res – HPcpimea 2006 | 0.0266 * * * | 0.0267 * * * | 0.0262 * * | 170 |
| | | | (0.0315) | (0.0319) | (0.0324) | 170 |

备注：*、* *、* * *依次代表在10%、5%及1%显著性水平上显著；括号中的值为回归标准差。

对蔬菜产业生产环节调控政策和流通环节调控政策而言，所采用的考察区间无论是 3 个月、2 个月还是 1 个月，时间趋势项无论剔除与否，蔬菜和肉类及其制品相应的价格指数均没有得到统计上显著为正或显著为负的估计系数，即中央政府并没有在蔬菜和肉类及其制品相应的价格指数上涨或下降时出台相应的调控政策，这意味着对蔬菜和肉类及其制品相应的价格指数而言，蔬菜产业与生产环节相关的调控政策和与流通环节相关的调控政策均为外生的。

对蔬菜产业调控政策与其他环节相关的调控政策而言，所采用的区间无论是 3 个月、2 个月还是 1 个月，时间趋势项无论剔除与否，鲜菜类产品居民消费价格指数同样未得到统计上显著为正或显著为负的估计系数，即中央政府并没有在蔬菜价格指数上涨或下降时出台相应的调控政策，这意味着对蔬菜消费价格指数而言，蔬菜产业与其他环节相关的调控政策也为外生的；但所采用的区间无论是 3 个月、2 个月还是 1 个月，时间趋势项无论剔除与否，肉类及其制品消费价格指数却得到统计上显著为正的估计系数，即中央政府在肉类及其制品价格指数上涨时出台了相应蔬菜产业其他环节的调控政策，这意味着对肉类及其制品价格指数而言，蔬菜产业与其他环节相关的调控政策却为内生的。

# 第五节　研究小结

为了降低蔬菜类产品价格异常波动，解决"买难"与"卖难"难题，各国政府对蔬菜产业均实施了不同程度、不同方式的政策干预，进入 21 世纪以来，我国政府也在蔬菜产业的生产、流通及其他环节实施了多次的政策干预，出台了一系列的调控方案。然而，国内外有关各类别蔬菜产业政策干预对市场价格的作用机理与影响程度尚无定论。本书在现有研究基础之上，利用事件分析法和目标定位法相结合的方式，将 21 世纪以来国内蔬菜产业历次调控政策分为三大类别——针对生产环节的调控政策、针对流通环节的调控政策以及针对其他环节的调控政策，重点考察调控政策出台是否会给蔬菜市场价格带来影响。若产生影响，则对其导向的正负情况及作用的持续时间进行宏观评估。

研究发现，蔬菜产业调控政策按照其针对环节的不同，对产品市场价格的影响情况也不尽相同。对于生产环节而言，产业调控政策的出台对蔬菜市场具有正向提价作用，且这种作用的持续时间一般为四个月左右（即调控政策实施前的 1 个月至实施后的 3 个月）。对于流通环节而言，产业调控政策的出台对蔬菜市场也具有正向提价作用，但是相比生产环节，这种正的导向作用幅度较小，且持续的时间也更短（一般为三个月左右，即政策实施当月直至政策实施后的 3—4 个月）。对其他环节相关调控政策而言，它们对蔬菜市场价格仅仅具有正的导向作用，且这种正的导向作用程度太低尚达不到提升蔬菜市场价格的效果。此外，对蔬菜类产品相应的价格指数而言，蔬菜产业各环节的调控政策均为外生的。

同时，我们关注了蔬菜产业调控政策对与蔬菜类产品存在替代关系的肉类及其制品价格影响情况。研究结果表明，蔬菜产业生产环节和流通环节相关调控政策的实施对肉类及其制品消费价格并无显著的影响。而蔬菜产业与其他环节相关调控政策的实施却对肉价产生了小幅度的负向降价作用，一个可能的解释是肉类市场经营主体为顺应市场被迫做出的低价反应，因其他环节的调控政策将蔬菜价格拉至正常水平的能力有限，菜价依然较低，在短期内理性的消费主体会增加蔬菜类产品的消费量减少作为替代品的肉类制品购买量，这也意味着，在包括消费环节在内的其他环节上蔬菜与肉禽及其制品之间的替代竞争关系更为明显。

# 第六章　基于差分模型的案例分析——产业调控政策对蔬菜价格走势影响

## 第一节　理论框架与模型介绍

### 一　研究思路

本章旨在对 21 世纪以来，产业调控政策对蔬菜市场价格走势影响的典型案例进行深入剖析。那么，典型案例究竟应该如何获取呢？

从学界已有研究来看，以往利用年度数据估计某项农业政策效果的研究方式可以概括为两类：一是寻找合适的工具变量量化调控政策，并基于回归模型评估调控政策的效果。例如，对粮食产业政策效果展开评估时，可以将财政支持资金看作调控政策量化的表征。然而，对于蔬菜类产品而言，政府对其调控政策往往是以政策性文件的形式出台，难以获取某项政策相应财政支持资金的准确金额。二是将调控政策表示为年度虚拟变量，并基于回归模型评估调控政策的边际效用。然而，利用年份虚拟变量代替调控政策指标，这种方式难以将时间趋势、技术发展等一些非政策因素从中剥离出来，进而使得政策效应评估的科学性受到制约。为解决方式一的内生性问题，同时避免方式二可能产生的弊端，本书试图寻求另外一种测算年度调控政策效果的方法——基于差分模型评估蔬菜产业调控政策效应。差分模型为评判案例效果提供了良好思路，利用蔬菜类产品市场价格真实走势与假设未实施产业调控政策条件下蔬菜市场价格变动的模拟走势进行对比分析，可以于某种程度上映射蔬菜产业调控政策效果。本章将在这一理念的基础上，选取典型的案例展开21世纪以来蔬菜产业调控政策对蔬菜类产品市场价格走势的影响研究。

如图6-1所示，本章基本书框架涵盖两个部分的内容：

一是基于差分模型获取典型案例。首先，设置蔬菜市场价格的作用组和对照组，前者是指历年蔬菜市场价格的真实值，后者是指基于多元回归模型识别假设未实施调控政策条件下的蔬菜市场价格预测值；其次，测算作用组与对照组历年蔬菜市场价格真实值与预测值之间的差额；最后，进行蔬菜价格真实值与预测值差额之间的对比，将差额绝对值较大的年份纳入典型案例库。

二是展开典型案例研究。对纳入典型案例库中的具体年份蔬菜产业政策初衷、政策实施背景、政策发展过程及政策效果等诸多方面展开深入分析，并探讨产业调控政策对蔬菜市场价格作用的正负导向与作用程度。

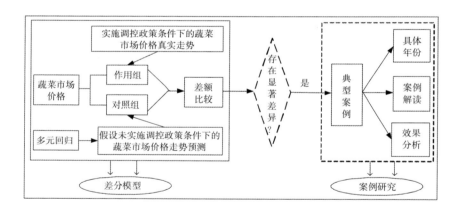

**图6-1　基于差分模型展开蔬菜产业调控政策典型案例研究的理论框架**

## 二　模型简介

本书中涉及的典型案例选取主要基于差分模型。作为一种测算某项调控政策对其作用对象净影响的评估方法，差分模型借鉴了科学实验的一般逻辑，其用于研究政策作用效果的基本思路是：首先，为反映某项调控政策对处理组的净作用，将样本数据设定为调控政策作用对象（作用组）和非调控政策作用对象（对照组），其中，对照组除了没有受到作用组考察的因素影响之外，在所有其他方面均受到与作用组相同的因素制约；然后，基于产业调控政策事件出现前后相关信息，依次测算作用组与对照组于事件发生前后同一变量的波动情况。产业政策干预事件发生前后作用组与对照组待考察因素之间差值即可基本认为是产业政策干预给作用对象带来的净影响。

基于上述逻辑，本书将利用改革开放以来蔬菜价格相关变量年度数据，对假设调控政策未发生时的蔬菜价格模拟走势与真实价格走势展开对比，基于差分模型展开典型案例研究，试图摸清蔬菜产业调控举措对产品市场行情变动的真实作用。

研究主要分为以下四大步骤：第一，利用已有的统计数据，得出蔬菜市场价格的真实走势；第二，假设未实施产业调控政策，利用回归分析方法对蔬菜市场价格模拟趋势进行预测；第三，进行蔬菜市场价格真实值与模拟值的差分处理，获取蔬菜产业调控政策效应的拐点；第四，从政策背景、政策效果等方面对拐点处的典型案例进行深入解读与分析。

遵循差分模型的基本研究思路，基于年度时间序列数据设定相应模型如下：

$$Z_{1t} = MNPRICE_{veg} = \hat{y}_{1t} \tag{6-1}$$

$$Z_{2t} = ZSPRICE_{veg} = y_{2t} \tag{6-2}$$

$$\Delta Z = ZSPRICE_{veg} - MNPRICE_{veg} = y_{2t} - \hat{y}_{1t} \tag{6-3}$$

式中，$Z_{1t}$ 代表蔬菜市场价格的模拟值，即对照组——非政策作用对象的取值；$Z_{2t}$ 代表蔬菜市场价格的预测值，即作用组——政策作用对象的取值。$\Delta Z$ 为政策因素对作用对象——菜品市场价格的净作用。若 $\Delta Z = 0$，则代表产业调控政策因素对蔬菜市场价格无作用；若 $\Delta Z > 0$，则代表政策因素对蔬菜市场价格存在正向的提价作用；若 $\Delta Z < 0$，则代表政策因素对蔬菜市场价格存在负向的降价作用。

剥离调控政策因素之后，利用其他可能影响菜价宏观走势的因素，基于回归分析方法对蔬菜市场价格模拟趋势进行预测。为消除异方差影响，对回归模型实施对数化处理，详见公式（6-4）：

$$\ln(y_{1t}) = \alpha_o + \beta_1\ln(x_{1t}) + \beta_2\ln(x_{2t}) + \beta_3\ln(x_{3t}) + \cdots + \beta_n\ln(x_{nt}) + \mu_{it}$$

$$(6-4)$$

进一步地，用矩阵形式表示为：

$$\begin{bmatrix} \ln(y_{11}) \\ \ln(y_{12}) \\ \ln(y_{13}) \\ \vdots \\ \ln(y_{1n}) \end{bmatrix} = \begin{bmatrix} \alpha_0 \\ \alpha_0 \\ \alpha_0 \\ \vdots \\ \alpha_0 \end{bmatrix} + \begin{bmatrix} \ln(x_{11}) & \ln(x_{21}) & \ln(x_{31}) & \cdots & \ln(x_{n1}) \\ \ln(x_{12}) & \ln(x_{22}) & \ln(x_{32}) & \cdots & \ln(x_{n2}) \\ \ln(x_{13}) & \ln(x_{23}) & \ln(x_{33}) & \cdots & \ln(x_{n3}) \\ \vdots & \vdots & \vdots & \vdots & \vdots \\ \ln(x_{1n}) & \ln(x_{2n}) & \ln(x_{3n}) & \cdots & \ln(x_{nn}) \end{bmatrix} \begin{bmatrix} \beta_1 \\ \beta_2 \\ \beta_3 \\ \vdots \\ \beta_n \end{bmatrix} + \begin{bmatrix} \mu_{11} \\ \mu_{22} \\ \mu_{33} \\ \vdots \\ \mu_{nn} \end{bmatrix}$$

$$(6-5)$$

$$y_{1t} = e^{\left[\alpha_o + \sum \beta_i\ln(x_{it}) + \mu_{it}\right]}, \quad i = 1,2,3,\cdots,n \qquad (6-6)$$

基于公式（6-6）对解释变量的点预测值用公式表示为：

$$\hat{y}_{1t} = e^{\left[\hat{\alpha}_o + \sum \hat{\beta}_i\ln(x_{it})\right]}, \quad i = 1,2,3,\cdots,n \qquad (6-7)$$

将公式（6-7）带入公式（6-3），可得到以下形式：

$$\Delta Z_t = y_{2t} - \hat{y}_{1t} = y_{2t} - e^{\left[\hat{\alpha}_o + \sum \hat{\beta}_i\ln(x_{it})\right]} \qquad (6-8)$$

在回归方程中，$\alpha_o$ 为常数项；$\mu_{it}$ 是随机扰动项；$\beta_i, i = 1,2,3,\cdots,n$ 为系数向量；$t, t = 1,2,3,\cdots,n$ 为样本容量，代表不同的时期；$x_{it}$ 代表除了政策因素之外的其他解释变量。

# 第二节　基于差分模型的典型案例选取

## 一　实施调控政策条件下的蔬菜市场价格真实走势

从图6-2鲜菜零售价格指数与生产者价格指数变动走势可以看出，改革开放以来的国内鲜菜类产品市场价格整体呈现三大特征：第一，鲜菜类产品市场价格表现为波动性上升态势。1978—2014年，新鲜蔬菜零售价格指数和生产者价格指数各自提升了28.39倍和16.74倍，年均增幅分别为9.74%和8.14%。伴随蔬菜价格日益上涨，城乡消费主体饮食成本也逐渐提升。第二，鲜菜零售价格和生产者价格基本呈现同步波动态势。零售价格指数与生产者价格指数均隶属蔬菜产业链，作为产业链下游的零售市场与产业链上游的生产环节之间存在着较强的价格传递关系，两者波动频率基本一致。第三，鲜菜类产品零售环节和生产环节之间价差愈发明显。在1978—1996年，两大价格序列基本表现出相同幅度的变化；自1996年以来，两大价格序列之间的差额越大越大，2014年两大价格指数差额达到1165.11，这也就意味着蔬菜产业中间环节正在加速攫取差价，市场上开始较多地呈现出"两头跳、中间笑"的现象。

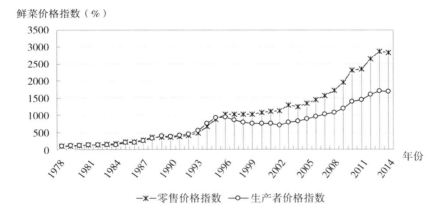

鲜菜价格指数（%）

**图6-2 改革开放以来历年蔬菜价格走势（以1978年为基期）**

数据来源：国家统计局网站 http://data.stats.gov.cn/。

与国外发达国家相比，近年来国内蔬菜市场价格上涨幅度较大，主要与生产、流通、销售等产业链环节的特殊情况有关。蔬菜产业生产主体"卖菜难"、消费主体"买菜难"的现象层出不穷，市场价格的大幅波动既挫伤了生产主体从事蔬菜种植的积极性，又给消费主体正常生活增添了成本负担。如何确保蔬菜类产品价格稳定正在成为备受瞩目的焦点，引发了政府部门、社会及学术界的诸多关注。

确保蔬菜价格稳定是关乎国计民生的大事，那么，促成蔬菜市场价格波动的驱动因素都有哪些呢？对此，陈璋、龙少波（2013），蒋中一、潘苏文等（1995），刘星原（2011），王钊、姜松（2013），罗超平、王钊（2012），刘恩猛（2013）等学者展开了一系列研究。综合众多学者研究成果，可将菜品市场价格波动诱因总结归纳为以下十个方面：

第一，市场需求变动。蔬菜类产品作为大宗商品的一种，符合一般性的产品供求关系原理。当市场上对蔬菜类产品需求多于供给时，菜品价格相对较高；反之，蔬菜类产品市场价格会相对变低。

第二，市场供给的变动。当蔬菜类产品市场供不应求时，菜品价格往往居于高位；若呈现供过于求的局面，则此时菜品将丧失价格优势。

第三，蔬菜成本变化（涵盖生产成本与流通成本）。蔬菜作为鲜活农产品中的一个子类，符合一般性的成本推动理论，其成本变动往往是蔬菜市场价格波动的重要推动力。具体来看：作为典型劳动密集型产业，蔬菜生产面临劳动力成本日渐提升压力；加之，化肥、农药、棚膜、柴油、汽油等农资价格日益上涨以及设备成本与土地成本提升，致使生产经营成本增加。此外，蔬菜流通环节较多，且跨地运输与燃油价格上涨、车辆折旧等都在一定程度上促成了流通成本的增加。

第四，自然灾害。现代西方著名学者、诺贝尔奖得主——阿玛蒂亚·森（Amartya Sen）倡导的灾害经济学理论认为：自然灾害有可能对包括蔬菜在内的鲜活农产品生产带来直接或间接的严重影响，并进一步改变农产品的市场交换条件。对蔬菜类产品而言，产销时常经受低温、雨雪、冰冻、倒春寒等异常天气制约。如2010年春季，我国北方地区遭遇倒春寒，南方及东北部分地区反复遭遇暴雨、洪水等灾害性天气，严重影响蔬菜正常生长、储存与运输，并进一步地影响了蔬菜类产品的市场价格。

第五，替代品价格。蔬菜类产品满足城乡居民日常饮食需要，在一定程度上与肉类及其制品存在竞争替代关系。两者之间的价格存在一定的关联关系，若肉类及其制品市场价格提升，消费主体往往会降低对其购买量，而提升对蔬菜类产品的消费，可能会进一步带来菜品价格的波动。

第六，生产者的菜品市场价格预期。菜农对市场价格的预期是决定生产行为与种植决策的重要依据，蔬菜类产品的自然属性决定了其具备一定的生长周期，根据经济学的"蛛网理论"，市场供给量一般受到上一个收货周期产品价格的影响。市场对于供给条件存在显著的滞后性，决定了蔬菜类产品价格的周期性波动。

第七，人均可支配收入。经济水平提升，将促进消费主体的食品消费结构发生转变。一般认为，人均可支配收入是反映城乡居民生活水平的重要参考指标，侧面体现了城乡居民对蔬菜类产品的购买能力，将通过影响产品需求量进一步改变产品市场价格均衡点。

第八，城镇化率。一方面，对蔬菜类产品而言，城镇化率的提升带来了更多的市场消费需求，一部分原本从事蔬菜生产的群体将转换成纯粹的消费群体；另一方面，城镇化进程加快导致城市蔬菜自给能力下降，随着城镇化进程的加速，原有菜地被征占，新发展的远郊菜地尚不能弥补由于近郊菜地消失与城市人口激增而产生的市场新需求。

第九，政府对菜品产销的支持度。调控政策的出台是从事蔬菜生产与消费主体决策的又一重要依据，将间接地影响菜品的市场供给状况，并进一步地影响市场价格均衡点。

第十，GDP 增长率。GDP 增长率为一国宏观经济运行情况之关键观测变量之一，也是城乡居民购买能力和通货膨胀水平之较好体现，在一定程度上给蔬菜类产品价格带来重要影响。

## 二　假设未实施调控政策条件下的蔬菜市场价格走势预测

### （一）指标选取与数据说明

假设国家未出台相应的宏观调控政策，利用多元回归分析对蔬菜市场价格走势进行预测，选取的样本区间为 1978—2014 年。被解释变量为菜品市场价格的真实值，用鲜菜零售价格指数（$y_t$）表示，数据源于《中国统计年鉴》。如表 6-1 所示，解释变量中，蔬菜市场需求状况选用居民蔬菜消费需求量（$x_{1t}$）表示；供给情况分别用蔬菜播种面积（$x_{2t}$）和出口数量（$x_{3t}$）替代；生产成本分别用农业生产资料指数（$x_{4t}$）和人工成本（$x_{5t}$）表示（数据主要源自《全国农产品成本收益资料资料汇编》）；流通成本用运输成本中的油价——燃料类商品零售价格指数（$x_{6t}$）替代；蔬菜产业受灾面积（$x_{7t}$），计算公式为：蔬菜产业受灾面积 =（蔬菜种植面积/作物总的种植面积）×作物受灾面积（数据来源于国家统计局）；替代品价格用肉禽及其制品零售市场价格指数（$x_{8t}$）替代；农户价格预期用上一年产品市场价格指数（$x_{9t}$）替代；其余指标为人均可支配收入（$x_{10t}$）、城镇化率（$x_{11t}$，即非农人口/总人口）、GDP 增长率（$x_{12t}$）等（数据来源于国家统计局）。为便于不同变量之间的横向比较，将解释变量与所有被解释变量均转换为以 1978 年为基期的指数数据。

表 6-1  我国蔬菜市场价格影响因素指标体系（除政策因素外）

| 因变量 | 影响因素 | | 名称 | 指标 |
|---|---|---|---|---|
| 鲜菜零售价格指数（$y_t$） | 消费层面 | 相关品价格 | 肉禽及其制品零售市场价格指数 | （$x_{8t}$） |
| | | 价格预期 | 上一年蔬菜价格指数 | （$x_{9t}$） |
| | | 收入水平 | 城乡消费者人均可支配收入 | （$x_{10t}$） |
| | | 其他因素 | 城镇化率 | （$x_{11t}$） |
| | | | GDP 增长率 | （$x_{12t}$） |
| | | | 城乡居民蔬菜消费需求量 | （$x_{1t}$） |
| | 供给层面 | 供给数量 | 蔬菜播种面积 | （$x_{2t}$） |
| | | | 蔬菜出口数量 | （$x_{3t}$） |
| | | 生产成本 | 农业生产资料指数 | （$x_{4t}$） |
| | | | 人工成本 | （$x_{5t}$） |
| | | 流通成本 | 燃料类商品零售价格指数 | （$x_{6t}$） |
| | | 自然灾害 | 蔬菜产业受灾面积 | （$x_{7t}$） |

### （二）　模型构建及实证分析

为有效规避价格序列异方差且尽可能使其呈现出线性化趋势，在维持原有协整关系的前提下，首先对样本数据进行对数化处理，并构建鲜菜零售价格指数影响因素模型如下：

$$\ln(y_{1t}) = \alpha_0 + \sum_{i=1}^{12} \beta_i \ln(x_{it}) + \mu_{it} \qquad (6-9)$$

在公式（6-9）中，$\alpha_0$ 和 $\mu_{it}$ 分别为常数项和随机扰动项，$\beta_i$ 代表系数向量，$t$ 代表时期。

为确保数据的横向统一以方便后文研究，将样本起始年份作为基期，对非指数化的变量统一实施指数化处理。然后，运用最小二乘法对鲜菜零售价格指数影响因素展开回归研究。为确保研究结果的有效性，规避伪回归现象的出现，利用 Eviews 8.0 软件的 ADF 方法实施变量单位根检验，表 6-2 结果表明，涉及的所有变量，其原始序列均呈现出非平稳性，然而，经过一阶差分之后的序列通过了 5% 显著性水平的平稳性检验。这也就意味着，本章节所选各项指标符合平稳性特征，可以展开后续的实证分析。Hausman 检验结果证实了应设定随机影响模型。

表 6-2　　　　　　　　　　相关变量 ADF 检验的结果

| 原始序列 | T 统计量 | P 值 | 是否平稳 | 一阶差分后的序列 | T 统计量 | P 值 | 是否平稳 |
|---|---|---|---|---|---|---|---|
| $\ln(y_t)$ | -1.1513 | 0.6828 | 否 | $\Delta\ln(y_t)$ | -4.4390 | 0.0014 *** | 是 |
| $\ln(x_{1t})$ | 0.1729 | 0.9664 | 否 | $\Delta\ln(x_{1t})$ | -6.5617 | 0.0000 *** | 是 |
| $\ln(x_{2t})$ | -1.7642 | 0.3905 | 否 | $\Delta\ln(x_{2t})$ | -2.9761 | 0.0484 ** | 是 |
| $\ln(x_{3t})$ | -1.0743 | 0.7136 | 否 | $\Delta\ln(x_{3t})$ | -3.3208 | 0.0228 ** | 是 |
| $\ln(x_{4t})$ | -0.9508 | 0.7579 | 否 | $\Delta\ln(x_{4t})$ | -3.2540 | 0.0262 ** | 是 |
| $\ln(x_{5t})$ | 1.1788 | 0.9973 | 否 | $\Delta n(x_{5t})$ | -5.0403 | 0.0003 *** | 是 |
| $\ln(x_{6t})$ | -0.0560 | 0.9460 | 否 | $\Delta\ln(x_{6t})$ | -4.2846 | 0.0021 *** | 是 |

| 原始序列 | T 统计量 | P 值 | 是否平稳 | 一阶差分后的序列 | T 统计量 | P 值 | 是否平稳 |
|---|---|---|---|---|---|---|---|
| $\ln(x_{7t})$ | −1.6101 | 0.4660 | 否 | $\Delta\ln(x_{7t})$ | −6.7242 | 0.0000*** | 是 |
| $\ln(x_{8t})$ | −1.8136 | 0.3665 | 否 | $\Delta\ln(x_{8t})$ | −3.7429 | 0.0088*** | 是 |
| $\ln(x_{9t})$ | −1.2472 | 0.6414 | 否 | $\Delta\ln(x_{9t})$ | −4.3103 | 0.0019*** | 是 |
| $\ln(x_{10t})$ | 3.1870 | 1.0000 | 否 | $\Delta\ln(x_{10t})$ | −4.4622 | 0.0013*** | 是 |
| $\ln(x_{11t})$ | −0.1877 | 0.9300 | 否 | $\Delta\ln(x_{11t})$ | −3.4610 | 0.0162** | 是 |
| $\ln(x_{12t})$ | −0.8987 | 0.7736 | 否 | $\Delta\ln(x_{12t})$ | −3.5664 | 0.0134** | 是 |

注：*、**、***依次代表在10%、5%及1%显著性水平上显著。

如表6－3所示，得出的回归方程如下：

$$\ln(y_{1t}) = -0.481 - 0.363\ln(x_{1t}) + 0.803\ln(x_{2t}) - 0.249\ln(x_{3t}) + 0.653\ln(x_{8t}) + 0.275\ln(x_{10t}) \tag{6-10}$$

表6－3　　　　蔬菜产业市场价格制约因素多元回归结果

| 变量 | 相关系数 | |
|---|---|---|
| $\alpha_0$ | −0.481 | （−0.412） |
| $\ln(x_{1t})$ | −0.363* | （−1.764） |
| $\ln(x_{2t})$ | 0.803*** | （8.959） |
| $\ln(x_{3t})$ | −0.249** | （−2.752） |
| $\ln(x_{8t})$ | 0.653*** | （13.264） |
| $\ln(x_{10t})$ | 0.275** | （2.704） |
| $R^2$ | 0.997 | |
| 调整的 $R^2$ | 0.997 | |
| $F$ 值 | 1847.228 | |

注：*、**、***依次代表在10%、5%及1%显著性水平上显著。

公式（6－10）表明：第一，居民菜品消费需求量（$x_{1t}$）、蔬菜生产面积（$x_{2t}$）、菜品出口数量（$x_{3t}$）、肉禽及其制品零售市场价格指数（$x_{8t}$）、人均可支配收入（$x_{10t}$）分别在10%、1%、5%、1%、5%的显著性水平上通过了检验。其中，居民蔬菜消费需求量（$x_{1t}$）和出口数量（$x_{3t}$）对蔬菜市场价格均存在负向影响；而蔬菜播种面积（$x_{2t}$）、肉禽及其制品零售市场价格指数（$x_{8t}$）和人均可支配收入（$x_{10t}$）对蔬菜市场价格均存在正向影响。第二，农业生产资料指数（$x_{4t}$）、人工成本（$x_{5t}$）、燃料类商品零售市场价格指数（$x_{6t}$）、蔬菜产业受灾面积（$x_{7t}$）、农户对蔬菜市场价格的预期（$x_{9t}$）、城镇化率（$x_{11t}$）、GDP增长率（$x_{12t}$）等指标均未通过10%及以下水平上的显著性检验。

### 三　典型调控政策的选取

图6－3代表的是以1978年为基期的，国内蔬菜类产品市场价格的真实值与假设未实施产业调控政策条件下的历年拟合值趋势。从中可以清晰地看出两大基本特点：

第一，21世纪以来的蔬菜产业调控政策效果要明显优于以往。从蔬菜市场价格零售指数真实值与拟合值差值的变动趋势可以看出，2000年以后的政策作用强度绝对值要明显高于过去，这与社会现实基本吻合，21世纪以来中央层面的蔬菜产业调控政策文件数量明显多于以往。这也侧面印证了本书重点关注21世纪以来的蔬菜产业调控政策效果的科学性。

第二，个别年份蔬菜市场价格零售指数真实值与拟合值之间存在较大的差值，即蔬菜产业政策效应最大化的临界拐点，依次为2003年、2006年、2008年、2010年、2014年。其中，政策的正向提价作用依次为：2003年开始呈现出较低水平的正向促进作用、2006年为中等程度的正向促进作用、2010年蔬菜产业调控政策发挥了较高程度的正向提价功效；政策的负向降价作用主要是：2008年中等程度的负向降价作用、2014年在一定程度也起到了负向降价作用。

蔬菜零售价格指数（%）

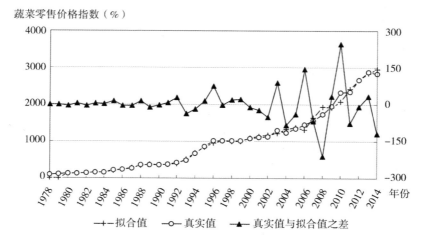

图 6-3　蔬菜价格真实值与拟合走势（以 1978 年为基期）

# 第三节　政策发生对菜价影响的政策案例分析

## 一　2006 年调控政策缺位、助推菜价上扬

### （一）政策背景

2006 年，适逢"十五"规划收官、"十一五"规划开局。年初，就有专家预言国内蔬菜产业生产运营状况将呈现较好的态势，预期蔬菜播种面积与产量将会同步增长，其中，播种面积可能至少扩大 500 万亩，产量至少将提升 3%。因此，相对其他年份而言，这一年中央层面出台的蔬菜宏观调控政策相对较少，且主要集中于年底。具体而言，如表 6-4 所示，2006 年 11 月，农业部发文《"十一五"期间国内农产品市场体系建设规划》（农市发〔2002〕21 号），提出要加快蔬菜产业市场改造、发展现代流通方式、促进蔬菜市场体系构建、培育壮大市场主体等建议；12 月，农业部继续发文《关于开展农产品质量安全执法专项行动的通知》（农市发〔2002〕23 号），强调各级相关部门要强化蔬菜产品质量安全监管。

表6－4　　　　　　　　　　　2006年蔬菜产业调控政策概览

| 政策文件名称 | 时间 | 发布部委 | 内容摘要 |
|---|---|---|---|
| 《"十一五"期间国内农产品市场体系建设规划》 | 11/28 | 农业部 | 促进蔬菜市场体系构建 |
| 《关于开展农产品质量安全执法专项行动的通知》 | 12/08 | | 强化蔬菜食品安全监管 |

**（二）政策效果**

实践证明，2006年国内蔬菜产业形势并不乐观。国家统计局数据显示，2006年全国蔬菜播种面积和产量分别为1663.91万公顷、53953.05万吨，远远低于上一年的1772.07万公顷和56451.49万吨的水平。蔬菜播种面积与产量的双双下滑，直接引致了菜品价格的一路上扬。尤其是上半年，蔬菜类产品价格行情远远超过上一年度。其中，1—3月，包括全国蔬菜之乡——山东寿光在内的蔬菜主产区频频遭遇恶劣气候灾害的影响，蔬菜产量大幅缩水甚至绝收，全国蔬菜类产品价格比上一年同期涨幅超过19%；4—6月，持续的高温异常天气与热带风暴灾害限制了蔬菜类产品的远距离运输、增加了产品的损耗率，使得全国蔬菜类产品价格比上一年同期涨幅超过30%。直至7月，才终于迎来了蔬菜类产品的集中上市高峰期。且部分生产主体因对蔬菜价格存在上扬的预期加大了蔬菜生产，7—9月，全国蔬菜类产品价格开始大幅回落，比上一年同期降价超过2%；10—12月，蔬菜产业基本未遭遇任何灾害侵袭并且气温较往年有所回升，菜品供给量略高于往年，使得全国蔬菜类产品价格比上一年同期下降约12%。

综合来看，2006年政策制定者小觑了蔬菜市场将要面临的严峻形势，因此，这一年中央政府对蔬菜产业的调控力度并不大，出台的政策性文件也不多。政策缺位在一定程度助推了蔬菜价格的上扬，蔬菜市场价格总体水平高于往年，且表现出先涨后跌的走势。

## 二　2008 年为确保蔬菜消费、政府平抑菜价

### （一）政策背景

从表 6 - 5 中不难看出，为确保城乡居民对蔬菜类产品的正常消费，国务院、农业部、商务部、财政部、国家税务总局等部门纷纷出台各项政策，旨在通过宏观产业政策举措平抑居高不下的菜品市场行情。

2008 年上半年，全国多地遭遇严重的自然灾害，菜品损失严重，中央政府密集出台了一系列的产业调控政策。年初，国务院出台《关于切实加强农业基础建设进一步促进农业发展农民增收的若干意见》（中发〔2008〕1 号）；同时，自 1 月 26 日起十日内，湖南、湖北、广西、贵州等南方多省遭受百年不遇的冰冻、低温及雨雪灾害的侵袭，引发了党中央、国务院高度重视，紧急出台《关于进一步加强鲜活农产品运输和销售工作的通知》（国办〔2008〕9 号），要求各地各级相关部门强化包括蔬菜和水果在内的鲜活农产品供销均衡，确保产品的正常供给。在《低温雨雪冰冻灾后恢复重建规划指导方案》（国发〔2008〕7 号）的引领下，各地各部门紧急部署，严抓抗灾救灾、重建蔬菜大棚、恢复生产工作。为进一步恢复与扩大蔬菜生产，2008 年 2 月农业部密集出台了四大文件《关于切实抓好主要农作物灾后生产恢复工作的紧急通知》（农办农〔2008〕21 号）、《关于加强灾后农产品市场流通工作的通知》（农办市〔2008〕5 号）、《关于切实抓好农垦系统灾后重建恢复生产工作的通知》（农垦发〔2008〕1 号）及《关于印发农业灾后恢复重建工作安排意见的通知》（农技发〔2008〕7 号），旨在尽可能地保障蔬菜类产品市场供给。然而，蔬菜产业依旧损失严重，国家统计局数据显示，受灾面积高达全国秋冬蔬菜总播种面积的34%，致使蔬菜市场价格一路高昂。同年 6 月，为防范可能出现的异常气候，农业部出台《关于防御近期强降雨天气加强农业抗灾救灾工作的紧急通知》，建议各地积极抢收已经成熟的菜品，尽可能地使损失最小化。

从第三季度伊始，农业部发文《关于促进设施农业发展的意见》（农机发〔2008〕3 号），提出要实现设施园艺技术创新，提升对设施农业的调控支持水平的建议。同年，蔬菜质量安全与金融危机抑制了产品出口，致使蔬菜积压与价格的下调。直至 10 月，中央下发《关于推进农村改革发展若干重大问题的决定》提出，将采取有力措施确保菜品生产实现集约化和设施化；发展农业产业化经营；完善鲜活农产品主要产出大县财政扶持机制，增进蔬菜产业加工领域的税收扶持强度及土地承包经营权流转等一系列政策，为蔬菜产业良性运营带来了暖春。

表 6 - 5                        2008 年蔬菜产业调控政策概览

| 发布部委 | 政策文件名称 | 时间 | 内容摘要 |
|---|---|---|---|
| 国务院 | 《关于加强鲜活农产品运输和销售工作的意见》 | 01/25 | 强化蔬菜运输和销售，保障菜品供应 |
| | 《批转煤电油运和抢险抗灾应急指挥中心低温雨雪冰冻灾后恢复重建规划指导方案的通知》 | 02/25 | 重建蔬菜大棚，恢复蔬菜生产 |
| 商务部 | 《关于贯彻落实〈中共中央、国务院关于切实加强农业基础建设进一步促进农业发展农民增收的若干意见〉的意见》 | 02/02 | 进一步加强蔬菜批发市场改造与冷链物流系统改造，着力提高菜品流通现代化 |
| | 《农产品批发市场食品安全操作规范（试行）》 | 04/23 | 根据鲜菜生理特性选择适宜温湿度和存储方法。蔬菜质量检测应至少配备有机磷和氨基甲酸酯类农药残留含量快速检测仪器 |

| 发布部委 | 政策文件名称 | 时间 | 内容摘要 |
|---|---|---|---|
| 农业部 | 《关于切实抓好主要农作物灾后生产恢复工作的紧急通知》 | 02/15 | 重建蔬菜大棚，保障菜品供给 |
| | 《关于加强灾后农产品市场流通工作的通知》 | 02/18 | 保障菜品供应 |
| | 《关于切实抓好农垦系统灾后重建恢复生产工作的通知》与《关于印发农业灾后恢复重建工作安排意见的通知》 | 02/20 | 恢复与扩大蔬菜生产，保障菜品供应 |
| | 《关于全力做好农业抗震救灾工作的紧急通知》 | 05/13 | 保障地震灾区菜品供给 |
| | 《关于防御近期强降雨天气加强农业抗灾救灾工作的紧急通知》 | 06/08 | 组织抢收已成熟菜品 |
| | 《关于促进设施农业发展的意见》 | 07/09 | 大力推广设施农业，保障蔬菜季节性均衡供应 |
| 财政部、国家税务总局 | 《关于发布享受企业所得税优惠政策的农产品初加工范围（试行）的通知》 | 11/20 | 确定该项税收优惠机制涉及的蔬菜加工主体范畴 |

## （二）政策效果

国家统计局数据显示，2008 年蔬菜类产品市场价格整体要高于往年，蔬菜批发市场全年均价比 2007 年高出约 10.79%。2008年年初，面对前所未有的冰雪灾害，包括蔬菜产业在内的鲜活农产品领域均遭遇了严重的打击，产品市场价格一路高昂，1—2 月批发市场均价比上一年同期高出 45.59%，城乡消费主体生活成本倍增，引发了中央及地方各级相关部门的密切关注。为此，各级政府响应中央号召，启动了一系列的紧急调控政策，加强鲜活农产品市场调控、防止"菜贵伤民"，对蔬菜市场价格起到了中等程度的负向降价作用，并有效确保了蔬菜产品市场有效供给，3—6 月，蔬菜市场行情稍微回落，第二季度批发市场平均价格仅比上一年同期高出 5.05%。下半年，优越的气候条件促进了蔬菜的生产，加之受国际市场金融危机及产品对外出口量减少的制约，蔬菜类产品一度处于滞销的状态，蔬菜市场价格基本处于下行状态。

这一特殊年份，中央政府加大了对包括蔬菜在内的生鲜农产品调控支持力度，国家政策密集性出台、地方各级政府高度配合，各项政策进展相对顺利、成效较为显著。2008 年的各项调控举措对恢复蔬菜生产与产业良性运营具有重要意义，尽可能地将生产主体与消费主体福利损失降至最小化，并进一步地拉低了菜品市场价格涨幅。

### 三　2010 年为促进蔬菜生产、政策助推菜价

#### （一）政策背景

在 2010 年之前几年里，国内部分省市蔬菜类产品市长负责制弱化，蔬菜产业存在产品流通能力较差、产业生产与组织化水平较低、大中城市蔬菜产品自给率不足、菜品市场行情起伏不定、"买难、卖难"等诸多问题。尤其是，2010 年下半年之后，在受全球众多因素制约的背景下，包括蔬菜在内的农产品价格涨速增快，加重了城乡消费主体生活负担。为适应形势变化，同时确保蔬菜类产品有效供给与市场价格基本稳定，在有效发挥蔬菜产业市场调节的前提下，中央及地方各级相关部门加大对蔬菜产业的调控支持力度，启动了蔬菜生产专项支持和综合性收入支持机制，正式开启"绿色通道"优惠机制，并取消了农业税收。

如表 6-6 所示，中央相继启动一系列产业调控政策促进菜品生产。2010 年年初，中央一号文件明文指出要实施新一轮"菜篮子"工程，要求各地各部门大力推广"菜篮子"产品标准化生产。与此同时，国务院接连下发三大文件调控蔬菜产业，依次为：《关于统筹推进新一轮"菜篮子"工程建设的意见》（国办〔2010〕18号）、《关于进一步促进蔬菜生产保障市场供应和价格基本稳定的

通知》（国办〔2010〕26 号）及《关于稳定消费价格总水平保障群众基本生活的通知》（国办〔2010〕40 号）。其中，《关于统筹推进新一轮"菜篮子"工程建设的意见》主要是为满足新时期城乡消费主体对蔬菜类产品不断提升的消费要求而产生，着力做好四项工作：一是加强生产能力建设，夯实稳定发展基础，建设一批蔬菜设施化生产基地和良种繁育中心；二是设定信息化、高效物流为重点，加快建设蔬菜产业市场机制，着力打造一批现代化的蔬菜集贸市场、产地批发市场和销地批零市场；三是转变发展方式，推广标准化生产、完善质量追溯体系，增进菜品质量安全水准；四是改进调控政策机制，增进产业科学化发展水平。《促进蔬菜生产、保障市场供应和价格基本稳定的通知》，主要从切实优化流通设施条件、强化重点基地构建、履行市长负责制、提高产销组织化程度、强化信息体系建设、统筹蔬菜生产供应及践行"绿色通道"七个方面出发，确保实现产销均衡与市场价格稳定。就《关于稳定消费价格总水平保障群众基本生活的通知》而言，针对蔬菜产业的调控政策主要体现为以下几个方面：大力发展蔬菜产业、确保菜品有效供给、降低产品流通成本及切实落实市长负责制。

2010 年下半年，蔬菜产业调控任务依然艰巨。6 月，为构建我国食品安全长效机制，商务部发布《关于做好流通领域食品安全工作的通知》（商秩发〔2010〕191 号），着重从三个层次严抓蔬菜品质：一是推进标准化经营，提升安全保障能力；二是加强准入机制，建立健全蔬菜产业流通可追溯机制；三是从蔬菜批发市场、零售市场、生鲜超市等重点行业入手，建立安全信用档案，加大违规失信惩戒力度。为促进蔬菜类产品冷链运输机制良性运营，国家发展改革委员会下发《农产品冷链物流发展规划（2010—2015）》，分析了当前国内蔬菜产业冷链运输运营概况与面临的关键问题，并提出 2015 年蔬菜冷链物流建设目标是 30% 的冷藏运输率、20% 以上的冷链流通率及 15% 以下的流通损失率，并详述了重点工程、主要任务和保障机制。

表6－6　　　　　　　　　　**2010年蔬菜产业调控政策概览**

| 发布部委 | 政策文件名称 | 时间 | 内容摘要 |
|---|---|---|---|
| 国务院 | 《关于统筹推进新一轮"菜篮子"工程建设的意见》 | 03/09 | 保证蔬菜供应，提高菜品自给率 |
| | 《关于进一步促进蔬菜生产保障市场供应和价格基本稳定的通知》 | 08/27 | 优化菜品生产基地构建，确保菜品供给 |
| | 《关于稳定消费价格总水平保障群众基本生活的通知》 | 11/19 | 扩大生产，确保越冬蔬菜供给 |
| 商务部 | 《关于做好流通领域食品安全工作的通知》 | 06/01 | 推动大中城市探索利用物联网等技术手段，建立蔬菜类产品流通追溯机制，集成批发、配送、零售等多环节信息，搭建产品责任、源头及去向均能查证与追究的完整信息链，促使规范产销运营，提升菜品的质量安全水准 |
| | 《黄瓜流通规范》等7项国内贸易行业准则 | 12/14 | 批准了《黄瓜流通规范》等行业贸易准则 |
| 国家发展改革委 | 《关于印发农产品冷链物流发展规划的通知》 | 06/18 | 优化蔬菜冷链运输体系，降低损耗率，缓和季节生产矛盾 |

## （二）政策效果

2010年，无论是大宗蔬菜还是小宗蔬菜，均经历了市场价格的剧烈震荡。具体来看：就大宗蔬菜而言，2010年年初，北方蔬菜产区经受低温冻害异常天气影响，尤其是，当南方蔬菜退出北方市场后，北方蔬菜自身无力弥补供给缺口，蔬菜类产品价格波动异常；同期，南方多个省份遭遇强降雨引致的洪涝灾害，蔬菜类产品市场价格持续异常变动。就小宗蔬菜而言，包括生姜、大蒜在内的小宗蔬菜因其具备易储存、规模小且市场化程度高的特性，一度被游资炒作，"姜你军"和"蒜你狠"现象层出不穷。直至进入 5 月以来，伴随北方地区逐渐升温，蔬菜产业才开始恢复正常的生产，市场波动态势才有所缓解。这一年，蔬菜产业市场价格波动引发党了党中央、国务院、商务部及国家发改委等部门的高度重视，并为此连续发文，与此同时，得到了地方各级政府的积极响应。为强化"菜篮子"产品市场建设，从中央政府至地方各级政府相应地出台了一系列蔬菜产业调控措施，积极有序地推进蔬菜产业发展，实践操作中也取得了一定的效果，国内蔬菜生产快速发展、质量安全有所提升。

从整体来看，2010 年中央政府加大了对蔬菜产业生产领域的扶持力度，对蔬菜产业市场调控政策发挥了较高程度的正向提价功效，在一定程度上维护了生产主体的福利。

# 第四节　本章小结

本章利用 1978—2014 年国内蔬菜市场价格相关数据，基于差分模型着重考察产业调控政策对蔬菜市场价格走势的影响。在此基础上，选取蔬菜产业调控政策对市场价格影响相对明显的几个典型案例，从政策效果、政策背景、政策解读等方面展开分析。通过案例研究综合评估了蔬菜产业调控政策对市场价格作用的有效性，以期为政府决策提供参考依据。

基于差分模型对年度数据的考察结果在一定程度上暗示着：

（1）就蔬菜产业调控政策实施效果而言，21 世纪以来蔬菜产业直接调控政策并未很好地实现政策的初衷，对蔬菜市场价格干预效果不佳。21 世纪以来，我国蔬菜产业价格调控政策因其政策出发点不同，对蔬菜市场价格作用的正负导向不尽相同。虽然，个别年份在保障蔬菜类产品供给与市场稳定方面取得了一定的成效，然而，不可否认的是，至少在样本考察区间内，国内针对蔬菜产业的调控政策在大多年份并没有对稳定蔬菜类产品市场价格起到明显的改善效果。

（2）就蔬菜产业调控政策实施数量来看，21世纪以来国家针对蔬菜产业的行政干预较之以往明显增多，干扰了市场机制在价格形成中的作用。具体表现在以下四个方面：第一，21世纪以来政府的行政干预过多，且通常以行政文件的形式出台、表现手段较为单一；第二，蔬菜产业调控政策中单向调节过多，主要是刺激产品供给，抑制菜价上涨；第三，政府的补贴过多，增加了各级财政的负担；第四，政府调控时间错位，该调控时未及时调控、不该调控时积极调控。事实上，部分问题产生的根源是我们对于市场机制在蔬菜产业中的作用认识与发挥不够。

# 第七章 国际蔬菜产业调控政策评述与借鉴

## 第一节 美国蔬菜产业调控政策及评价

### 一 蔬菜产业基本情况

（一）产销基本情况：美国为全球重要的蔬菜主产国与出口国，各州均可产出蔬菜类产品。其中，菜品产出量占比最大的为加利福尼亚州与佛罗里达州。统计数据表明，蔬菜播种面积低于十五英亩的农场约为全美蔬菜总农场数量的75%；然而，只占到总农场数量9%、年均蔬菜销售金额高达50万美元的大型农场，产出的菜品约为美国商品蔬菜总供给量的90%①。USDA统计数据显示，美国居民蔬菜类产品年均消费量约440磅，具体而言，消费比重最多的品种涵盖西红柿、土豆、甜玉米、莴苣及洋葱等。因气候原因，全美大多数蔬菜生产存在着季节性差异，收获大多集中于夏、秋两季。

（二）进出口情况：美国蔬菜产业年均进口值约为121.50亿美元，其中约48%的蔬菜来自墨西哥，且绝大多数为生鲜蔬菜和冷冻蔬菜；加拿大是第二大蔬菜国外供应商，占据全美蔬菜进口市场的22%。因具备明显的交通优势，历史上墨西哥和加拿大就是美国蔬菜产业两大最主要的供应商。此外，进口量较多的国家还包括中国（7%）和秘鲁（5%），上述四国的进口额高达全部进口总额

---

① http：//www. ers. usda. gov/topics/crops/vegetables－pulses. aspx#. UyAZkPlpvRw.

的 82.25%。在过去的十年中，除了干豌豆和小扁豆外，全美所有其他蔬菜大类（如鲜菜、冷冻菜、罐头等）的平均进口消费均呈增加的趋势。对外输出菜品主要目的地分别是加拿大、墨西哥、日本、中国台湾和韩国等国家和地区。近年来，美国蔬菜出口需求一直在扩大，尤其是作为美国蔬菜第一大出口国——加拿大的蔬菜需求在持续增加。此外，美国的一些蔬菜海外推广项目（如市场准入计划等）也在一定程度上助推了菜品海外销售。与其他部门就业相比，相对较低的工资、艰苦的体力劳动、频繁且恶劣的天气条件及季节性就业模式使从事蔬菜类产品的生产对于大多数美国公民和移民而言并不具备吸引力①，大部分蔬菜生产主体在未来十年内极有可能转移到非农领域工作，或将一些劳动密集型蔬菜作物的生产转移到劳动力成本更低的国家。与此同时，在劳动力成本日渐提升的背景下，一些种植者选择机械化操作来提高蔬菜产品竞争力（Linda Calvin，2010）。

## 二 蔬菜产业调控政策背景与发展历程

蔬菜类产品对全美农业具有举足轻重的地位，蔬菜年产值约占全美农业总收入的三分之一，对外输出蔬菜类产品在全美出口农产品总量中占比约为五分之一。美国的《农业调整法》于 1933 年正式启动，标志着蔬菜产业调控机制正式启动。按时间的演变顺序，可以将全美蔬菜产业调控政策划分为两大阶段：（一）1937—2000年，通过农业部长令破解蔬菜类产品的滞销困境。1937 年正式出台《农业市场协议法案》，明确对包括西红柿与洋葱在内的 35 个品种进行市场管束，国家不给予任何扶持举措，由蔬菜生产主体来分摊相应的费用。（二）自 2000 年以来，中央缩减了狭义补贴范畴并扩展了广义补贴范畴，对蔬菜产业总体扶持水平依然高居不下，生产者支持估计（PSE%）约占 15%；宏观调控结构自"黄箱"支

---

① 任何潜在的移民改革可能会对美国果蔬菜产业产生重大影响，目前超过一半的美国作物农业雇佣工人被认为是非法移民。

持（即对蔬菜类产品生产和贸易有较大扭曲作用的举措）向"绿箱"支持（即政府设立服务计划，出台仅含有最微小的甚至不含任何对蔬菜贸易产生扭曲影响的扶持政策）转变；调控手段自价格支持逐渐转为一般服务支持与收入支持。此外，美国政府20世纪90年代末针对重要蔬菜启动联邦作物保险机制，针对没有购入联邦农作物保险以及产品未纳入保险项目外的生产主体，遵循美国的特殊自然灾害援助政策以及《非保险作物灾害援助项目》的相关条目给予一定的政策支持。

为增加国民蔬菜的消费意识，扩大蔬菜类产品消费量，1992年政府与国家癌症研究所合作，开展了一项活动（又称"果蔬一更重要"），目前该活动已经加入了2004年的《特种作物竞争法》和2008年的《食物、保护、能源法案》。具体而言：（一）2004年12月出台的《特种作物竞争法》（Specialty Crops Competitiveness Act），其立法重点是通过计划与执行农业研究项目为特种作物的生产主体和消费主体提供分类财政补贴，旨在提升特种作物的全球竞争力。该项目每年拨款额度较小，尤其适用于果蔬类产品。补贴金的使用必须要由农业部长进行审批，且补贴金的80%及以上主要用作各州编制特种作物项目规划与具体的执行工作，每个州大约获得10万美元或补贴总额的0.33%（以较高者为准）；另外，10%左右的资金则用于特种作物技术援助计划（Technical Assistance for Specialty Crops，TASC）。与此同时，批准特色作物技术援助项目（TASC），并将其首次纳入至《农场安全和农村投资法案（2002）》第3205节，旨在资助出口主体进行植物检疫支付或破解其他技术性壁垒，进而开放、保持与扩大全美特种作物市场，资金由美国农业部商品信贷公司提供，该项目适用于除饲料谷物、大米、小麦、花生、油菜籽、糖、烟草及棉花外的全部作物。2008年TASC项目（通过CCC）获得了400万美元财政支持，2009年获批700万美元，2010年获得了800万美元，2011年和2012年均获扶持资金900万美元。（二）《2008年农业法案》进一步扩展了对包括蔬菜在内的特色作物整体补贴水平，2008年通过商品信用公司（CCC）

获得了 1000 万美元的资金支持；2009 年申请了 4900 万美元的财政扶持，2010—2012 年均财政扶持金额为 5500 万美元。（三）2008 年《食物、保护和能源法案》是全美蔬菜产业一项开创性农业立法，首次将蔬菜产业纳入专门立法条文中，有助于加强蔬菜产业在国内及全球市场的综合竞争力。截至 2013 年，共投资约 30 亿美元致力于果蔬产业，用于作物营养研究、病虫害防治、食品安全教育计划、贸易援助与保护等项目。

表 7 - 1　　　　　　　美国蔬菜产业调控政策的发展历程

| 年份 | 法案 | 举措或改革要点 |
|---|---|---|
| 1933 | 《农业调整法》 | 标志着美国蔬菜产业调控机制正式启动 |
| 1937 | 《农业市场协议法案》 | 对包括西红柿、洋葱在内的 35 种果蔬产品启动市场管束机制，果蔬生产主体平摊相应的支出，当局不提供财政扶持 |
| 2002 | 《农场安全和农村投资法案》 | （1）由农业部开展果蔬营养与试验计划；（2）强制新鲜与冷冻蔬菜类产品进行原产地标志（COOL） |
| 2004 | 《特种作物竞争法》 | （1）为特种作物消费主体和生产主体提供分类财政扶持；（2）启动了特色作物技术援助项目（TASC），并将它首次纳入《2002 年农场安全和农村投资法案》，旨在资助出口企业植物检疫支付或应对其他技术性壁垒 |
| 2008 | 《食物、环保与能源法案》 | 美国蔬菜产业一项开创性的农业法案，首次将蔬菜产业纳入专门的立法条文：（1）进一步扩展了对特色作物的整体补贴水平；（2）规定全美学校午餐计划与新鲜果蔬项目是全美果蔬调控中的永久性政策，将推行至各个州 |
| 2010 | 《儿童健康、免于饥饿法案》 | 为联邦学校用餐和儿童营养项目提供资金，用于帮助低收入家庭儿童获得健康食品 |

注：作者根据美国农业部网站（http：//www. ers. usda. gov/topics/crops/vegetables - pulses/policy. aspx）相关资料整理得到。

### 三 政策概览

#### 1. 销售规范 （Marketing Orders）

销售规范与销售协议旨在帮助稳定全美蔬菜类产品市场环境，帮助农民解决营销问题。参与者可自愿参与并选择在某些业务方面接受联邦农场服务局（AMS）监管。对蔬菜类产品而言，全美共有34项国家级市场销售规范，其中，任意一项均涵盖各类相应的约束机制，如蔬菜产业流通机制、广告设计、蔬菜包装、质量标准、存储设施标准和行业预测。截至 2013 年，美国蔬菜产业在销售规范约束下的年成交额就已经高达 110 亿美元之巨。例如，西红柿的唯一联邦销售规范对佛罗里达州大多数 10 月至次年 6 月期间生产的新鲜西红柿生效，销售规范对产品等级、大小、质量、成熟度、包装和集装箱（又称 8e 要求）等方面做了一定的规定，且在此销售规范下的等级、规模、质量和成熟度的要求（不涵盖对包装和集装箱的要求）也被应用于 10 月 10 日至次年 6 月 15 日期间的进口西红柿。此外，销售规范还对蔬菜产业生产研究、市场研究与发展、营销推广（包括支付广告费用）等方面提出了相应的约束机制。

#### 2. 研究和推广项目 （Research and Promotion）

由联邦政府批准的研究和推广项目享受从事农产品促销和研究的生产商或中间商的联合资助，旨在国内外扩大、维护和发展个别大宗农产品市场，目前主要适用于土豆、蘑菇、西瓜等产品。一般情况下，美国农业部长会任命由生产主体、经理人、加工商、消费主体、进口商及政府管理者共同组成的国家委员会执行这些项目。委员会主要处理农产品市场调研、农技推广、生产研究及产品开发等事宜，并服从农场服务局（AMS）的管制。

#### 3. 联邦农作物保险和灾害援助政策 （Crop Insurance and Disaster Assistance）

第一，联邦农作物保险。20 世纪 90 年代末正式实施，该项目依托农业部风险管理局，旨在采取诸多政策确保作物产量以及弥补因产量缩减引发的收益受损。当前，该保险已涵盖西红柿、辣椒、白菜在内的十二个菜品。2006 年至今，农业风险管理局持续研究应如何对保险项目进行改革，预期未来将涵盖越来越多的产品。保险于作物生长季节前购买，如果农民的实际收益率低于预定的担保，将获得赔偿支付款。此外，各州的作物保险政策有所不同，有的州是依据蔬菜产品鲜销与加工两个不同的方式而制定不同的保险政策，有的州则是不考虑产品最终用途只从单个品种出发制定保险政策，联邦农作物保险主要由私人保险公司负责销售和提供相关服务，政府替投保的蔬菜生产主体支付相对较大比例的保费。

第二，灾害援助政策。针对未购置作物保险以及产出的蔬菜产品未纳入作物保险计划项目内的生产主体，有资格受到农场服务局（隶属美国农业部）组织的《非保险农作物灾害援助计划（NAP）》提供的资金支持。1994 年此政策正式启动，主要面向未纳入联邦作物保险项目的产品，为其实施最低程度的灾害保障。因自然灾害使作物减产至少一半以上或种植面积至少下降 35% 的生产主体可获得该政策规定的补偿，补偿额度视自然灾害在特定年份对作物造成的影响程度而定。因很多蔬菜类产品尚未纳入联邦作物保险计划项目，当发生自然灾害等状况时，对生产主体而言，更多的是通过 NAP 项目获得救助。此外，因自然灾害使得木本蔬菜生产承受损失，生产主体有资格通过《树木援助项目》得到补偿，补偿额约为旺盛生长期和灾后树木产值之差。

第三，其他政策。若作物多年经受严重损失，蔬菜类产品的生产主体可以通过专门的灾害援助政策获得财政援助。投保作物的生产主体（包括作物保险计划或 NAP）可能有资格得到增补的农业救灾援助和特别灾难援助。灾害援助项目的生产主体也可以申请灾难债务搁置项目，即可以免于偿还部分联邦债务得以继续维持农业生产。同时，生产主体也有机会通过紧急保护计划与紧急贷款政策获得政府的财政扶持。

### 4. 贸易促进计划（Trade Promotion Programs）

由美国农业部国外农业协会管制的市场准入计划（Market Access Program，MAP），为农产品的销售委员会和合作组织提供补助资金帮助其扩大海外市场，区域贸易促进组织也可能获得该项目资助。资金来源于国家农业部门及其他行业或贸易组织的拨款。国外市场开发项目（Foreign Market Development Program），主要接受农产品外销局的管制，适用于非盈利性农贸组织对农产品开发、维护及扩大长期出口市场，项目活动集中在减少市场障碍、改善进口商的加工能力、修改国外市场有限制性的监管法规和标准，并确定美国蔬菜类产品新的用途以及新的市场。①

## 四 政策效果及评价

作为全球重要的蔬菜产销大国之一，美国联邦政府自 1933 年以来启动了一系列的蔬菜产业调控机制。虽然，对比谷物类作物，蔬菜类产品因其生产面积有限只享受相对较少的财政扶持，价格与收入支持计划也并未直接涵盖蔬菜类产品，蔬菜产业政策只是美国主流农业政策探讨的一小部分。然而，联邦政府并没有因此轻视对蔬菜类产品的调控，而是在充分权衡与其他农产品竞争关系的基础上，将蔬菜类产品纳入各种一般性的、非谷类作物专有的项目，如土豆、洋葱和西红柿的联邦销售规范；涵盖土豆、蘑菇、蓝莓、梨、芒果的研究与推广项目；作物保险、灾害援助等生产救济政策；市场准入项目（MAP）；联邦食品采购项目等。综合来看，全美遵循市场化为主的原则，尽可能地发挥市场机制在蔬菜产业运营中的作用；同时政府遵从专门的立法保障与制度安排，适时、适当、适度地予以调节，尤其是蔬菜产业以下三大措施取得了较好的效果：一是蔬菜产业 34 项国家级销售规范，标准化蔬菜类产品生产与交易；二是健全的作物保险及灾害援助计划等保障措施，利于最小化生产主体的福利损失，进而长久地稳定蔬菜类产品的生产；

---

① http：//www. ers. usda. gov/topics/crops/vegetables – pulses/policy. aspx.

三是从营养学角度出发、强化全民果蔬类产品消费意识，有力拉动了市场需求。

近年来，伴随规模化生产、社会化服务及现代化加工步伐的加快，蔬菜在美国现代农业生产中正发挥着愈来愈重要的作用。美国控制蔬菜类产品的价格很大程度上得益于其国内完备的现代化物流体系，涵盖了蔬菜生产、销售各环节的大规模、系统性供应链。为确保蔬菜产业能够长久的良性运营，未来的调控政策有必要在确保产品质量安全、促进种植灵活性、稳定农业劳动力及加强环境保护等方面有所改善。

# 第二节 欧盟蔬菜产业调控政策及评价

## 一 蔬菜产业发展现状

（1）生产与消费情况：作为全球第二大蔬菜生产地区，欧盟年均种植蔬菜面积约216.8万公顷，单产约25700千克/公顷，总产约5364.8万吨。蔬菜主产地主要集中于意大利、西班牙及波兰等国。境内主栽的蔬菜品种为洋葱、韭菜、花椰菜、大蒜、番茄、茄子等。

（2）贸易情况：就贸易量而言，2011年蔬菜欧盟内部贸易量约为1170.2万吨；欧盟从外部进口蔬菜量约为179.9万吨；欧盟出口蔬菜约为175万吨[①]。就欧盟蔬菜类产品的贸易值而言，最近十年发生了较大变化，详见表7－2。2013年蔬菜出口值高达30.39亿欧元，是2004年出口值的2.25倍，菜品出口在农产品出口总值中的占比为2.53%；蔬菜进口值为38.22亿欧元，是2004年的1.42倍，蔬菜进口在农产品总进口值中占比为3.75%；净进口值为7.83亿欧元。

---

① Agriculture in the European Union, Statistical and economic information, Report 2012.

表7-2　　欧盟蔬菜类产品进出口情况（2004—2013 年）

| 年份 | 蔬菜（百万欧元） | | | 农产品总量（百万欧元） | | |
|------|------|------|--------|------|------|--------|
| | 出口 | 进口 | 贸易平衡 | 出口 | 进口 | 贸易平衡 |
| 2004 | 1348 | 2690 | −1342 | 55456 | 61834 | −6378 |
| 2005 | 1336 | 2821 | −1485 | 59947 | 64265 | −4318 |
| 2006 | 1667 | 3054 | −1387 | 67862 | 68186 | −324 |
| 2007 | 1868 | 3859 | −1991 | 70075 | 77751 | −7676 |
| 2008 | 2044 | 3624 | −1580 | 77822 | 88333 | −10511 |
| 2009 | 1862 | 3268 | −1406 | 71110 | 76948 | −5838 |
| 2010 | 2378 | 3635 | −1257 | 86951 | 84462 | 2489 |
| 2011 | 2632 | 3769 | −1137 | 101497 | 98705 | 2792 |
| 2012 | 2751 | 3667 | −916 | 113722 | 102322 | 11400 |
| 2013 | 3039 | 3822 | −783 | 120218 | 101806 | 18412 |

数据来源：联合国贸易商品统计数据库（http://comtrade. un. org/）。

## 二　蔬菜产业调控政策出台背景与发展历程

### （一）政策背景

欧盟共同农业政策（简称 CAP）旨在强化农业竞争力，回应公众对可持续发展的需求，即确保足够且安全食品供应的同时，保护农村环境，营造一个公平生活标准的新型农业社区。为应对不断变化的经济条件及社会期望，欧盟共同农业政策经历了根本性的改革，现行调控政策可划分为三大类型：市场支出、直接支付和农村发展，政策重点集中于市场导向与竞争力、收入支持、环境、农村地区的发展，具体包括食品安全、土地管理、农村地区发展、在全球市场的竞争力、应对气候变化等方面的措施。蔬菜行业运营机制接受欧盟共同农业政策指导。对比其他农产品，蔬菜类产品生产相对分散、具备较强区域市场性，并且蔬菜类产品不宜储存、供给波动性较大，给市场调控带来较大困难。与其他调控政策相比，欧盟蔬菜类产品调控力度相对较小（赵瑞莹、周衍平，2010）。

## （二）政策发展历程

欧盟政府对蔬菜类产品市场采取调控干预与市场融合并存的方式，蔬菜产业调控机制始于1962年市场共同组织（COM）的建立，经过半个世纪积淀，蔬菜类产品调控机制已经较为完善。市场共同组织（COM）自成立以来基本集中于对生产主体收入有决定性影响的产品价格（包括基准价格、买进价格、退出价格、公共购买价格）的固定及专业市场调控手段（产品退出、外部保护、出口退税）的运用。1968年，欧盟针对加工蔬菜类产品建立了专门的市场共同组织，覆盖产品包括番茄制品、桃汁、梨汁、天然果汁、西梅、无花果干、葡萄干等，主要市场工具包括对外贸易安排、部分加工蔬菜的补贴等。1996年的改革具有巩固市场的倾向，为提升蔬菜种植主体市场地位、满足消费群体日益增多的需求，鼓励种植户加入生产者组织（POs）；逐步缩减对市场周期性调节措施的支持；逐渐减少出口退税；增强结构性援助。1996年的改革逐步淘汰蔬菜行业的市场干预措施，引入加强市场竞争力与环境保护方面的一般性援助，这象征着蔬菜行业支持政策逻辑实现了根本性革新。2000年的改革，重点集中在如下层面：一是明确运营资金的社会援助；二是革新了西红柿、梨、桃子等加工产品的扶持水平；三是确定柑橘类果品行业援助水平；四是与第三国的贸易。2003年的改编，主要变化为：更清晰地界定了蔬菜行业生产者组织功能；整合生产者组织联盟；刺激现有生产者组织优先完成蔬菜类产品的供给；以生产者组织销售价值量为基础核算用于免费分配的产品价值，用以激励生产者组织将产品免费分发给最需要的人取代摧毁产品；阐明适用于跨国生产者组织的规则；阐明对成员农场的投资有资格获得生产者运营计划的支持；准许生产者组织推行自有品牌；阐明差异化的生产者存在差异化需求，可在异质性基础上对运营项目提供扶持；环保包装有资格获得蔬菜运营计划下的支持。①

---

① http：//ec. europa. eu/agriculture/fruit－and－vegetables/policy/index_ en. htm.

欧盟通过市场管理机制（"共同组织农业市场"的一个元素），积极支持蔬菜行业的发展。2007 年的改革方案旨在以市场为导向提高蔬菜行业的竞争力、减少收入波动危机、促进消费（公共健康视角）、增强环境保护。改革要点如下：调控机制更加灵活并与当地条件相适应、鼓励种植者加入生产者组织（简称 POs）、生产者组织拥有更为广泛的危机预防与管理工具、奖励生产者组织和农民开展超越国界的合作、生产者组织根据运营计划提供一个最低水平的环境支出、蔬菜类产品成为单付款计划的一部分、启动完全不挂钩的加工补贴、提供更多资金促进有机生产、取消出口补贴①。改革后的机制在 2008 年 1 月 1 日正式启动。

2013 年欧盟共同农业政策改革后明显变化为将对生产者组织援助从第一支柱（市场贸易与直接支付）转向第二支柱（农村发展领域），同时使之适用于欧盟所有成员国②。综合来看，此次欧盟共同农业改革在蔬菜产业调控机制方面未发生明显变动。具体来看，在某种程度上，欧盟仍通过运营计划对蔬菜生产者组织展开扶持，除以下两个重要例外：一是生产者组织协会设置运营基金，资金来源于欧盟财政救济与生产者组织自身；二是危机预防和管理（CPM）机制的扩展③。与此同时，2013 年的改革仍将继续实行菜品援助计划与果蔬营养援助计划，其中，实施果蔬营养援助计划的财政预算由 0.9 亿欧元扩大至 1.5 亿欧元。此外，欧盟新的改革机制在一定程度上规范了果蔬类产品与第三国贸易管理相关的措施，例如，将果蔬加工品与进口蔬菜类产品纳入进出口许可证管理和进

---

① http：//ec. europa. eu/agriculture/fruit - and - vegetables/2007 - reform/index _ en. htm.

② The Common Agricultural Policy is composed of two pillars：market measures and direct payments (first pillar) and rural development policy (second pillar).

③ Two new CPM instruments have been included：(a) investments making the management of the volumes placed on the market more efficient and (b) replanting of orchards where that is necessary following mandatory grubbing up for health or phytosanitary reasons on the instruction of the Member State competent authority. Moreover, exchange of best practices has been added to the existing training measures.

口特殊保障的范畴。

表7-3　　欧盟共同农业政策中的蔬菜产业调控发展历程

| 年份 | 事件 | 改革要点 |
|------|------|----------|
| 1962 | 建立市场共同组织 | 标志着蔬菜产业调控机制的正式启动 |
| 1968 | 为加工蔬菜类产品建立专门的市场共同组织 | 实施对外贸易安排、部分加工蔬菜类产品的补贴 |
| 1996 | 共同农业政策改革 | 为蔬菜产业支持政策逻辑发生了根本性转变之标志。改革要点：逐步淘汰果蔬行业的市场干预措施，引入加强市场竞争力与环境保护方面的一般性援助 |
| 2000 | 共同农业政策改革 | 运营资金的社会救济；西红柿、梨、桃子等加工蔬菜类产品的扶持；与第三国的贸易 |
| 2003 | 共同农业政策改编 | 更清晰地界定生产者组织功能；整合生产者组织联盟；以生产者组织销售价值量为基础核算用于免费分配的果蔬价值；阐明适用于跨国生产者组织的规则；阐明对成员农场的投资有资格获得生产者运营计划的支持；允许POs推广自主品牌；阐明差异化生产者有差异化需求，可在异质性基础上对运营项目提供扶持；环保包装有资格获得果蔬运营计划下的支持 |
| 2007 | 共同农业政策改革 | 鼓励种植者加入生产者组织、更为广泛的危机预防与管理工具、有机生产及取消出口补贴等 |
| 2013 | 共同农业政策改革 | 欧盟对生产者组织的援助从第一支柱转向第二支柱，同时使之适用于所有成员国 |

资料来源：作者根据欧盟委员会网站（http://ec.europa.eu/agriculture/fruit-and-vegetables/）的信息整理而得。

## 三　具体的调控政策

### （一）竞争力与市场化

鼓励蔬菜种植主体加入生产者组织（POs），并获得基于国家战略的运营计划支持。在欧盟某些地区，拟获取POs认可的生产团体（PGs）在过渡时期可申请财政援助。分形往来组织（IBO）充分代表蔬菜行业的不同种类并为运营计划目标服务，通过对某些产品应用营销标准、支持运营计划等措施，改善或维持产品质量，而备受青睐。①

1. 生产者组织（POs）：作为保障蔬菜产业顺产顺销的重要组成部分，面对前所未有的集中需求，群体供应提升了蔬菜产品的市场重要性。欧盟蔬菜类产品支持机制由认可的生产者组织实施运营计划，政府对项目的运作提供资金扶持。该机制规定，对于任何申请成为生产者组织的生产团体，若符合一系列申请条件，同时符合自愿性、有助于该机制的一般性目标、通过为成员提供服务的范围和效率证明其效用，则各国政府需予以认可。一个公认生产者组织有权设立运营基金资助其运营计划，基金通常源于成员融资（或生产者组织自身）与政府财政支持，且政府财政支持一般控制在运营基金总额的50%以内，但在特定情境下可增至60%。对在一定程度上尚未形成生产者组织的地区，各国政府可以提供运营基金之外的财务拨款，欧盟财政可能给予部分补偿。各国政府必须建立一个可持续运营的国家战略规划，定义哪些措施有资格获得支持，生产者组织的运营计划必须经国家有关部门批准，且运营计划与国家战略均需要接受欧盟委员会基于一组通用性能指标上的监控和评估。与此同时，生产者组织也需出台运营计划的年度报告，且年度报告须附带援助申请。同样地，各国政府都必须向欧盟委员会发送所有有关POs、PGs、运营资金与运营计划的国家年度报告。事实上，生产者组织（POs）在1996年之前就已经存在，但只是旨在管理社区救助的一个空壳子，在蔬菜类产品集中供应上没有起到太大的作用。

为了加强生产主体在面对更大的集中需求时的地位以及整合生产和营销环境，鼓励种植者加入生产者组织，POs在1996年的蔬

---

① http：//ec. europa. eu/agriculture/fruit – and – vegetables/producer – organisations/index_ en. htm.

菜行业调控政策改革中成为欧盟政权的基石，并第一次以营运资金的方式得到欧盟财政的支持。在 2003 年的改革中，又对生产者组织的功能做了进一步的规定。为了进一步强化生产者组织功能，2007 年政府对蔬菜部门的改革中使其能够预防和管理市场危机。2008—2010 年，由生产者组织交易的总产值比例进一步增长。与此同时，生产者组织和生产团体的数量也有了进一步提升，2010年，成员国（MSs）已有 1599 个被认可的生产者组织，在蔬菜生产主体中生产者组织占比为 43.0%，生产团体占比为 43.9%。但是，生产者组织发展过程中还存在缺少法律确定性、各成员国生产者组织数量不均衡等问题，为此，2011 年 2 月欧盟委员会农业农村发展部门又对生产者组织的功能及认可条件等方面做了进一步的补充和完善。同年 12 月，在经济领域又对其他非成员国做了一些扩展性的规定。

2. 生产团体（PGs）：PGs 是由从事生产的农民自发形成、并希望获得生产者组织认可的合法主体。对于 2003 年后加入欧盟的国家、欧盟的外层区域以及较小的爱琴群岛范围内的生产团体，若想成为被认可的 POs，可能需要经历不超过 5 年的过渡期。为达到POs 的认可条件，生产团体必须向各国政府提交分阶段认可计划。认可计划被受理，即意味着过渡期开始。为鼓励生产团体的形成，各国政府也提供过渡性支持，用于支付管理费用以及支付获得生产者组织认可（或实施认可计划）所需的部分投资，在过渡期，欧盟政府也可能会给予部分补偿。为稳定蔬菜类产品的消费，欧盟委员会于 2012 年 4 月 3 日出台生产团体修正案。该修正案规定对 2012年 4 月 5 日后提交生产者组织认可计划的 PGs，欧盟提供每年 1000万欧元的资金扶持上限[①]。此外，该修正案还规定了在产品销售值的基础上，欧盟对 PGs 提供的上限援助为：在认可计划实施的前两年不规定援助上限，第三、第四和第五年分别规定援助上限为产品

---

① 在此日期前申请的 GPs 5 年计划并不适用，尚未承诺财务或尚未与第三方开始实施具有法律约束力协议的除外。

销售值的 70% 、50% 和 20% 。

3. 分形往来组织（IBO）：欧盟成员国可将蔬菜行业中符合以下条件的所有法律实体认可为 IBO：在欧盟成员国关注的一个或多个地区开展具体活动为蔬菜行业运行机制目标做贡献；代表一个重要的生产、贸易、加工的蔬菜类产品，涉及多个地区，能够展示每个地区每个分支一个最低水平的代表性。应 IBO 的要求，欧盟成员国在有限的时间内也可以绑定一些规则（协议、决定或共同实践），同意在该组织其他运营商区域的 IBO 执行活动。

**（二）收入波动危机预防与管理**

为减少生产主体的收入波动危机，欧盟政府出台了在运营计划之下的危机预警与管理政策，为欧盟内部的生产者组织（POs）提供支持。这一措施最早起源于 1962 年欧盟市场共同组织（COM）成立并对市场退出做了相关规定，即在市场发生严重危机的情况下，生产主体选择产品退出可以得到相应的补偿；20 世纪 90 年代初，过度的市场退出导致苹果和桃子等部分产品得不到充分的供给；为避免过度的市场退出，确保产品供应可以更好地适应市场需求，欧盟 1996 年的改革加强了市场退出及接受补偿的条件，此后市场退出的数量急剧下降，然而蔬菜行业仍然遭受着蔬菜生产主体收入波动、蔬菜产品腐烂等市场危机；在 2007 年的改革，欧盟政府又进一步完善了收入危机预防与管理制度，明确了扶持资金的五大主要用途：产品退出、绿色收获/不收货、促销/沟通/培训、收获保险、帮助获得银行贷款和支付建立共同基金（生产者稳定基金）的管理费用。[①]

第一，市场退出。即从市场撤回产品（替代出售），并由欧盟与 POs 共同出资为菜花、西红柿等 16 个主要蔬菜类产品退出市场提供最大化支持（详见欧盟规章 X1580/2007）。如果欧盟任何一个国家决定允许其他产品退出市场，则该国政府必须为其设置最大的

---

① http：//ec. europa. eu/agriculture/fruit – and – vegetables/crisis – prevention/index_en. htm.

支持。对单个产品而言，退款额不能超过销售订单生产数量的 5%（此计算排除了自由分配的数量），如果信息不可用，销售量则按照前三年平均销量计算或按照订单被认可的销售数量计算。退出市场后的产品，在免费分发的前提下，由各国政府自行决定其用途。若未扭曲欧盟内外相关行业竞争状况，则被撤回产品也可用作蔬菜产品加工领域。

第二，绿色收获/不收货。这两种措施均不同于正常的栽培实践，其中绿色收获是指在给定的种植面积、先于正常收获的完全收获非盈利性的（不受损）产品；不收货是指在正常的生产周期内，在一定耕地面积内未收获任何商业产品（不包括因气候或疾病破坏的产品）。两种措施均不允许在任何给定的一年或在任何连续两年被用于同样的产品和同样的区域。允许绿色收获或不收获的国家必须出台相关的实施与控制细则，赔偿金额方面各国政府必须按每公顷予以计算，主要涵盖两方面内容：因收获产生的额外费用（包括环境与植物检疫管理），或者不超过产品退出最大化补贴资金的 90%。

第三，促销/沟通/培训。欧盟规定允许实施这些措施的国家必须出台详细规则，且在促销、沟通、培训措施下的任何行动必须是生产者组织关心、正在进行中的促销、沟通、培训方式的附加措施。

第四，收获保险。欧盟政府为稳定生产主体的收入并弥补由于气候事件、疾病、自然灾害或病虫害导致的利益受损，当局为生产者组织管理的收获保险提供资金扶持，并要求各国政府出台收获保险细则，重点为确保不会扭曲保险市场的竞争，各国政府也可为此提供额外的财政补贴。但是，欧盟与各国政府为收获保险提供的总财政支持不能超过下述由生产主体支付的保险费比例：可视作自然灾害的不良气候事件损失，按完全不受损保费的 80% 计算；自然灾害、其他不良气候事件、抵御动植物病虫害等造成的损失，按保费的 50% 计算。收获保险并不会为生产主体弥补 100% 的收入损失，其余损失有可能在收入支持机制中获得补偿。

第五，为设立共同基金提供管理费用支持。在生产者共同基金运作的前三年可获得欧盟资金扶持，扶持比例如下：对 2003 年后加入欧盟的成员国而言，前三年的扶持比分别为 10%、8% 及 4%；对其他欧盟成员国而言，前三年的扶持比分别为 5%、4% 及 2%。此外，各国政府需为此制定详细规则，固定生产者组织可能收到的扶持资金上线。

### （三）更多的消费

欧盟自 1996 年改革以来，蔬菜类产品消费停滞，国民营养不良、超重和肥胖等问题日益突出。欧盟 2007 年的改革旨在鼓励年轻人增加蔬菜类产品的摄入量，出台学校水果计划促进儿童蔬菜类产品消费，并为学校、医院和慈善等机构免费分发蔬菜类产品提供支持。此外，在 POs 运营计划下的其他蔬菜类产品消费促进的活动也可以得到支持。

第一，学校水果计划。该计划是指为鼓励年轻人养成良好的饮食习惯，在欧盟范围内自愿为儿童提供水果和蔬菜产品。除了免费提供水果和蔬菜，该计划还要求参与成员国出台详细的教育与宣传策略[1]。

第二，蔬菜类产品免费分发。为刺激国民更大量的蔬菜消费，欧盟将为帮助生产主体解决周期性危机而撤出市场的产品，免费捐赠给各种慈善和公共服务机构。作为危机管理的一部分，当生产主体将蔬菜产品撤出市场时，可获得联邦补偿资金，该资金主要用于蔬菜类产品的免费分发，分发对象为慈善机构与基金会、刑事机构、学校/公共教育机构、儿童假日营地、医院及老人家中。各国政府必须指定可以得到免费产品的机构并确保他们收到的数量是这些机构通常购买量之外的产品（即附加而非替换的产品），各国政府必须采取所有必要的措施来加强生产者组织与被批准可接收免费产品的机构之间的联系与合作。用于免费分发的数量多达生产者组织总市场供给量的 5%，欧盟为免费分发项目提供 100% 的财政补

---

① http：//ec. europa. eu/agriculture/sfs/index_ en. htm.

贴（而用于其他用途的撤回菜品仅为 50% 或 60%）。①

### （四）蔬菜产业环保行动

一直以来，欧盟都很注重环保。1996 年的改革就已经强调了蔬菜生产方法的环保性；2003 年的改革又强调了蔬菜包装方面的环保性；为了继续维持和保护环境，2007 年的改革又进一步地规定生产者组织要将至少 10% 的运营项目资金运用于有关超越最低和强制性环境标准的环保行动，且每个运营项目必须至少包括 2 个环保行动。根据欧盟农村发展项目，如果在接受直接付款或与农业有关的支付后发现它们并不符合强制性环境标准，种植者都将受到惩罚。环保行动必须符合农耕环境支付的要求，即蔬菜种植者必须要承诺符合：有关交叉达标的要求与标准、使用肥料与植保产品的国家法定最低要求及其他相关国家的法律要求。欧盟的环保资金意在补贴生产主体从事环保行为必然产生的额外成本。

交叉达标（Cross - compliance）：作为将环境保护理念整合进欧盟共同农业政策的一项重要手段，它是链接直接支付与在有关动植物健康与保护、食品安全、环境及维护良好的土地要求与环境条件等方面符合基本条件的一种机制，有助于促进农业可持续运营，从而积极回应民众对环境问题之担忧。自 2005 年以来，接受直接付款的农民都是实行强制性交叉达标，法律依据为欧盟理事会条例 73/2009 和欧盟委员会条例 1122/2009。交叉达标包括以下两个要素：一是法定管理需求，指在动植物健康与保护、环境及食品安全等领域的 18 项立法标准；二是优良的农业与环境条件，主要指一系列保护土壤、维护土壤有机质和结构、避免环境恶化及水资源管理等一系列标准。交叉达标代表了农耕环境措施的"底线"或"参考标准"，在交叉达标要求之下的履行成本则需要生产主体按照"污染者付费原则"自行承担。交叉达标机制在保障遵守基本强制性标准需求和共同农业政策支付间产生协同效应，在 2007—

---

① http://ec.europa.eu/agriculture/fruit - and - vegetables/free - distribution/index_en.htm.

2013 年，交叉达标也适用于农村发展政策中大多数有关环境支付的项目。

环保行为的国家框架（NEFs）：拥有被认可生产者组织的国家必须起草一份 NEF，作为"可持续运营项目国家战略"的一部分。与该战略的其他部分不同的是，各国政府必须向欧盟委员会提交一份 NEF 计划，欧盟委员会可能要求各国修改 NEF 计划，用以符合欧盟运作条约（TFEU）第 191 条的目标和第六届欧盟环境行动计划的要求。一份 NEF 必须涵盖一个有关环保行为的简单列表和有关国家的适用条件。对于每一个环保行为，必须注明具体的承诺、理由——预期的环境影响、环境需求与优先事项。[①]

## （五）外部保护与出口鼓励

早在 1962 年，欧盟市场共同组织（COM）便针对新鲜蔬菜类产品贸易启动外部保护和出口鼓励机制。例如，在进口的情况下，对于每一个原产地，一些产品的参考价（最低输入价格）是固定的，如果市场价格低于参考价格，欧盟政府会给予相应的补偿；为促进出口，COM 会对产品内部市场和国际市场的差价给予相应财政扶持。1968 年，随着蔬菜加工市场公共组织的成立，欧盟社团对特定果蔬加工产品（包括番茄制品、桃子、葡萄干等）的对外贸易及特定补助做了相关规定。为逐步减少对果蔬市场周期性的干预，同时考虑到乌拉圭回合的协议，欧盟 1996 年的改革减少了对果蔬出口的补贴；直至 2007 年的改革才将果蔬出口补贴彻底废除，而对其他有关果蔬对外贸易的法律体制未进行修改。

因蔬菜类产品进口体系涵盖着一定程度的经济租金，促使部分国家默认了欧盟产品进口限价现象。为维护盟内南部部分国家蔬菜类产品正常供给，并确保以往产品进口流尽可能地维持同部分发展中国家之间贸易关联度，即通过特惠贸易安排使部分区域，尤其是东南地中海地区生产的果蔬产品（如以色列和摩洛哥等地）在欧盟

---

① http：//ec. europa. eu/agriculture/fruit － and － vegetables/environmental － actions/index_ en. htm.

出口过程中占据比较优势。乌拉圭回合谈判前，通过关税机制对欧盟新鲜蔬菜类产品实施外部保护，对外来果蔬类产品中进口价低出参考价的部分征收反倾销税。乌拉圭回合谈判之后，采取最低限价系统——关税、最大特别税及最低准入价格替换参考价系统。由于欧盟内部蔬菜类产品生产区间不尽相同，众多蔬菜类产品只是于欧盟内部产出节点开启最低程度的进口价。欧盟果蔬政策明文规定，如果蔬菜类产品的进口价格超于最低限价，那么只对其收取一般的关税即可，若进口的蔬菜类产品价格低出最低限价不足8%，为了确保进口价格与最低限价一致，将对其收取特别税；若进口蔬菜类产品的价格低出最低限价的部分超出8%，为确保公平，政府将对其收取最大特别税（简称 MTE，几乎等同于禁止蔬菜类产品流向欧盟市场）。同时，原参考价系统规定如果低价自一个国家批量购进蔬菜类产品，那么政府一般会在某一阶段对后期自该国引进的全部蔬菜类产品征收反倾销税，也就是规定成员国启用参考价格或者最低的市场准入价格。其中，西红柿与花菜的采购价是参考价格的40%—50%。此外，欧盟政府也出台了新鲜蔬菜类产品的出口补贴机制，对不同的果蔬类产品在不同的节点给予差异化的扶持，并给予生产主体一定系数的采购价补贴。

### 四  政策效果

欧盟蔬菜产业调控机制表现为高度的透明化、法制化，当局和生产主体共同承担风险，降低对寻租行为的激励，较好地规避了因宏观调控诱发的供给过剩难题。其中果蔬运营计划对提高生产者组织的吸引力、提高产品的商业价值、优化生产成本及稳定生产者价格等方面起到了重要作用。进出口调控体系为确保盟内生产主体和维稳国际贸易流两矛盾体的统一，然而该机制并没有提升盟内新鲜蔬菜类产品市场的开放程度。

作为欧盟蔬菜产业调控机制运营的重要载体——生产者组织，为维护欧盟内部蔬菜类产品市场均衡供给起到重要作用。然而，目前面临的关键问题为欧盟部分成员国组织化程度低或无组织化。组织化程度低意味着大部分蔬菜生产主体并未加入生产者组织，因此并不能直接从欧盟蔬菜行业特定援助中获益。增强蔬菜产业的组织化程度仍然至关重要，尤其是在成员国组织化程度很低的地区，主要指欧盟南部成员国及 2004 年以后加入欧盟的成员国。这些国家的蔬菜生产者，通常规模较小且无法受益于生产者组织提供的服务，市场议价能力不足、在市场全球化与气候变化中面临风险，有必要进一步探索激励措施刺激生产者组织开展合作及帮助非组织化的生产者更好地应对挑战。未来需认真分析、识别，不仅要在适当的地方、采用额外的措施鼓励欧盟整体生产者组织数量的增加，同时也要减少欧盟蔬菜生产者组织内部的失衡现象，有必要进一步修订法律法规确保对生产者组织的支持更为集中，为 2020 年共同农业政策整体目标服务。[①]

此外，蔬菜产业现行调控机制也存在有限性，如针对研究与生产试验等大部分战略措施方面的支出，仍是微不足道的；危机预防与管理机制应用率较低，在未来发展中有待改进；蔬菜产业规章复杂和法律确定性不足，在未来的修缮中需优先考虑法律的简化与保护等。未来，欧盟在增强蔬菜产业相对竞争力、稳定生产者收入和增加市场需求等方面，依旧要采取更完备的措施加强对资源的利用，确保新措施的引进能够在不增加政策支持总量的前提下实现财务资源的重新分配，确保在支柱 1（以直接支付和市场支持政策为主）中市场预算中立。

# 第三节　日本蔬菜产业调控政策及评价

## 一　蔬菜产业基本现状

（一）生产与消费情况：日本以山地为主，耕地面积（约 480 万公顷）在国土面积中占比为 12.8%。纬度跨度大，且属于温带

---

① See in this respect the recital 2 of Council Regulation (EC) No 1182/2007 (OJ L 273, 17.10.2007, p. 1), the provisions of which were integrated in Regulation (EC) No 1234/2007.

海洋性气候，其特点是春秋两季阳光充足、夏季湿热雨水充沛、冬季寒冷，较适合蔬菜生产，主产菜品为南瓜、甘蓝、萝卜、洋葱、马铃薯、黄瓜及菠菜。据农畜产业振兴机构统计，2011 年日本蔬菜产值达 21340 亿日元，在作物总产值中占比为 25.9%。当地大多以家庭为单位组织菜品生产，设施菜品种植面积较小、规模化程度偏低（孙静、姜丽等，2012）。但近年来受耕地面积不断减少、生产成本高、劳动力不足等因素的制约，目前日本菜品的自给比例约为 79%，仍需大量进口他国的产品。

（二）进出口情况：蔬菜类产品主要进口国为中国、美国、韩国等地。日本农畜产业振兴机构数据资料显示，2013 年新鲜蔬菜进口总量约 85.41 万吨，其中从中国、美国、韩国三国进口数额依次是 51.06 万吨、11.09 万吨及 3.05 万吨，占日本当年全部鲜菜进口量的比重依次为 59%、13% 及 4%；冷冻类蔬菜进口总量为 94.00 万吨，其中从中国、美国两国进口的数额分别为 41.24 万吨和 32.01 万吨，占全部冷冻蔬菜进口比例依次为 44% 和 34%。

**二　蔬菜产业调控政策发展历程**

日本有"菜式"的说法，其蔬菜价格是世界平均水平的两倍到三倍，政府始终高度重视蔬菜价格调控。对"菜市"的重视程度不亚于"股市"和"房市"，为规避蔬菜类产品价格波动对生产主体和消费主体福利的负面影响，政府部门实施了一系列相应的政策对蔬菜的生产与交易活动实施调控，重点推进蔬菜产地的"大型化"和超市的密集化。为确保大中城市菜品均衡供给，1966 年 7 月政府出台了《蔬菜生产销售稳定法》，指定蔬菜产地和销地，使得产销环节紧密连接，该法历经三次修订，目前为确保菜价稳定和产品供给发挥了显著作用（详见表 7 - 4）。

其中，日本蔬菜产业调控政策制定方主要是独立行政法人——农畜产业振兴机构（ALIC），它主要负责以下三个方面的工作：

1. 管理稳定措施。（1）对蔬菜生产主体而言，第一，当卷心菜、番茄、土豆等重要蔬菜价格降至某一水平下，ALIC 为生产主体提供补偿；第二，订单合同下的重要蔬菜价格降至某一水平下，ALIC 为与餐馆、加工商或零售商签订有订购合同的生产主体提供补偿。（2）对蔬菜经销商而言，对已从市场上采购重要蔬菜且价格明显高于真实价格，并售卖给最终消费主体的经销商，ALIC 为其提供补偿。

2. 市场调整与价格稳定措施。（1）为解决蔬菜类产品价格波动问题，ALIC 力促蔬菜生产主体、经销主体与消费主体信息共享，同时为公众及时更新蔬菜类产品供求信息。（2）当市场价格明显下降，对蔬菜类产品进行有效利用并退出市场的重要蔬菜的生产主体，ALIC 为其提供补偿。（3）当价格明显下降时，对于提前运输蔬菜或运送通常不出货的二级不合格蔬菜的生产者合作组织，ALIC 为其提供补偿。

3. 应急措施。为确保供需匹配，同时也确保蔬菜种植者的稳定生产，ALIC 也出台了部分应急措施。[①]

表7－4  　　　　　　　日本《蔬菜生产销售稳定法》发展历程

| 年份 | 事件 | 举措或机构 |
|---|---|---|
| 1966 | 出台《蔬菜生产销售稳定法》 | 设立（1）菜品产销稳定资金协会 |
| 1971 | 第一次修订《蔬菜生产销售稳定法》 | 设立（2）财团法人菜价稳定基金会 |
| 1976 | 第二次修订《蔬菜生产销售稳定法》 | 将（1）、（2）合并成财团法人菜品供给维稳基金会，接受"农畜产业振兴机构"的管制 |
| 2006 | 第三次修订《蔬菜生产销售稳定法》 | 补充保障非指定菜品价格维稳与支持合同菜品订购条款 |

资料来源：作者根据日本农畜产业振兴机构网站（http：//www.alic.go.jp/vegetable/index.html）信息整理得出。

经过多年的实践，日本的蔬菜价格支持和调控政策不仅种类繁

---

① http：//www.alic.go.jp/english/what.html.

多而且日益完善，这些政策不仅稳定了国内蔬菜类产品的价格，保护了生产主体以及消费主体的利益，而且使蔬菜种植主体的收入一直保持在较高的水平。同时，得益于二战后经济的飞速发展，日本居民较强的食品消费负担能力以及总体经济实力的提升使得其有能力对国内蔬菜市场以及农业生产进行有效调控和扶持。

### 三　具体的调控政策

#### （一）长期产业调控机制

1. 蔬菜计划性生产

蔬菜计划性生产制度，即为有效地减少供给双方信息不对称性、降低蔬菜产业流通成本，避免菜价异常波动，而对蔬菜生产进行中期和近期预测的方式。包括以下三个步骤：

第一，政府每5年对蔬菜类产品的供需情况进行预测。

第二，为有效引导蔬菜生产与供应，每年5月和11月政府会分别制定蔬菜冬春季与夏秋季的供求方针。

第三，生产主体（包括农协、县经济联合会及大规模生产户）于蔬菜播种前和销售前分别根据前述预测与供求方针设置蔬菜类产品生产与供给计划，进而实施蔬菜产销相关办法。

2. 销售调整制度

第一，若供给短缺引发菜品价格上涨，政府通常会奖励外来菜品上市、鼓励蔬菜生产主体提前上市并向市场中大量投放储存蔬菜，进而增加市场供给。

第二，若供给过剩引发菜价跳水，政府往往会动员蔬菜生产主体延期上市、分散货物，鼓励实施过剩蔬菜深加工及采取市场隔离等途径降低市场供给。由ALIC的"蔬菜稳定基金"为造成损失的生产主体提供相应的补偿，对于一般蔬菜，由中央、都道府县及生产主体按照3:1:1的比例分摊；对于重要蔬菜，中央、都道府县及生产主体各承担65%、17.5%及17.5%。

3. 合同蔬菜价格补贴制度

合同蔬菜价格补贴制度是日本政府为帮助签订蔬菜订购合同

（供需双方间定量定价的供销协议，规定生产主体在菜品上市之前的 40 天内要进行合同菜价稳定的申请）的生产主体抵御风险，于 2002 年实施的一项制度，主要针对 34 种特定菜品与 14 种国产指定菜品①。若生产主体因自然灾害等情况无法按合同要求向需求方保质保量供给蔬菜时，为确保合同履行，生产大户从市场直接购入蔬菜进行填补或者经由农协间接协调，之后可获得蔬菜市场价格和协议价之差 70%～90% 的财政支持。其中指定蔬菜订购合同的补贴资金，由中央、都道府县和销售团体（或生产主体）按照 2:1:1 分摊；特定菜品订购合同的补贴费用，由中央、都道府县及生产主体或销售团体遵循 1:1:1 的占比分摊。具体涵盖三类措施：

一是确保合同数量的措施。这也就意味着，若生产主体由于恶劣气候的影响无法履行合约规定的产品数量，补偿生产主体将原本打算用于市场销售的菜品转向满足履行合约而发生的额外费用：若市场均价高出基准价 30%②，本计划在市场出售的菜品，以市场均价和合同订购价差的 70% 给予生产主体一定的赔偿金；若生产主体自市场采购菜品来完成合同订购的要求，那么生产主体将获得采购价和合同订购价差 90% 的赔偿金，且规定赔付量不得超出合同订购量的 1/2。

二是预防菜价下降相应的举措。若市场平均售价低于基准价时，按照平均售价与基准价差绝对值的 90% 给予生产主体相应的赔付。

三是调整销售相应的措施。主要应对生产主体于保障合同订购数量与面积之外产出的一些菜品出现供合同外销售的状况。若市场均价低出基准价 70%，对于未将供合同外出售的菜品售卖至市场

---

① 特定蔬菜（34 种）包括芦笋、草莓、枝豆、芜菁、南瓜、白菜花、甘薯、青豆、牛蒡、小松菜、荷兰豆、豌豆、春菊、生姜、西瓜、甜玉米、芹菜、蚕豆、小白菜、香菇、韭菜、大蒜、蜂斗叶、绿菜花、鸭儿芹、甜瓜、长山药、莲藕、辣椒、冬葱、薤（薤头）、苦瓜和黄秋葵等。

② 基准价格的测算标准为过去 6 年市场平均销售价格的 90%；最低基准价格的测算标准为过去 6 年市场平均销售价格的 55%。

的生产主体，以订购价与基准价两者之间较低价格的 40% 给予补贴。

### 4. 培育特定菜品供应产地价差补贴政策

培育特定菜品供应产地价差补贴是指如果售卖至批发市场的 14 种指定菜与 34 种特定菜价急剧跳水，为确保生产主体继续从事蔬菜生产经营活动，由中央、都道府县及生产主体或销售团体以 1:1:1 的占比合资，给予生产主体价差补贴。且该项措施规定：从事较大规模蔬菜生产的特定主体，蔬菜播种面积必须超过 1.5 公顷。具体的运营机制为：若基准价格超出市场均价，则以市场均价与基准价差的 80% 补贴生产主体。此外，政策还规定如果用于蔬菜生产的投入品价格上涨，可将测算标准在原来的基础之上提升 5%。

### （二）短期应急管理制度

短期应急管理制度即季节性、灾害性及社会性因素导致重要菜品和需调整上市销售时间的蔬菜供需出现大幅波动状态，由政府相关部门启动的一系列紧急措施与应急预案，主要针对的菜品有萝卜、白菜、卷心菜、洋葱、生菜等[①]，于 2009 年实施。日本政府对因蔬菜价格波动带来福利损失的生产主体实施补贴，补贴基准（100%）是波动发生前的市场均价，补贴资金由国家与蔬菜生产主体按照 1:1 的比例分担，服从 ALIC 管制。具体补贴情况如下：

1. 蔬菜类产品价格上涨时，若重要菜品的市场均价超出基准价格的 50%，为补偿生产主体提前上市引发的产量受损，政府按市场均价的 30% 发放生产主体补贴。

2. 蔬菜类产品价格发生跳水时，相应的产业调控措施有转加工用途销售、延后销售及市场隔离。

第一，延后销售：对于延迟上市售卖的蔬菜生产主体，由于延

---

① 重要蔬菜包括萝卜（秋冬季）、卷心菜（全年）、洋葱（全年）、大白菜（秋冬季）等，需调整上市销售时间的蔬菜主要指萝卜（春夏季）、胡萝卜（全年）、大白菜（春夏季）及莲藕（全年）等。指定蔬菜包括卷心菜、黄瓜、芋头、萝卜、西红柿、茄子、胡萝卜、葱、白菜、青椒、莴苣、洋葱、土豆和菠菜 14 个品种。

后售卖导致菜品质量降低并带来利益损失给予相应的补贴。当菜价下降到基准价格的70%~80%时启动该措施，补偿标准为平均价格的30%。

第二，转加工用途销售：若菜价降至基准菜价的70%以下开启此政策，对于原本打算在市场上直接进行鲜菜销售的过剩菜品转售给产品加工商或加工企业的生产主体，在种子、化肥及农药等生产资料投入方面予以补偿（补偿单价 = 蔬菜平均售价×40% – 转加工用途出售金额 + 转加工用途售卖成本）。

第三，针对蔬菜产业市场隔离的措施：突发状况下，政府要求蔬菜产业特定产地的生产主体停止对外售卖菜品行为，建议他们把菜品售卖给加工商进行深加工或用于畜禽产业的饲料，也可以进行蔬菜还田充当作物有机肥，政府会对启动市场隔离措施的蔬菜生产主体因从事蔬菜生产而在种子、农药及肥料等方面支出的费用给予相应的补贴。一般而言，如蔬菜类产品市场平均售价比过去6年蔬菜平均售价的70%还低，政府就会启动该项机制，对未售完的蔬菜加以有效利用、进行土地还原的生产主体按平均销售价格的40%进行补偿；对价格上涨后恢复销售的生产主体，给予市场平均售价30%的补贴。

## 四 政策效果

日本蔬菜产业调控政策具备一定的连续性及长远性，并具备相应的法律与制度保障机制。政策实施过程中尊重市场规律，首先以市场调节为主，侧重于稳定蔬菜市场价格；当价格出现异常时则由政府实施一定程度的财政补贴与价格支持。

其中，长期菜价调控机制很有针对性地进行调控，对指定蔬菜、重要蔬菜和其他蔬菜类产品分别给予不同程度的政策支持，重点保护对居民生活有重大影响的蔬菜类产品。作为蔬菜生产大国，我国有必要学习借鉴日本的做法，从关乎国计民生的重要菜品出发，完善重要菜品储备与稳定基金制度，建立长效的蔬菜产业调控体系，才能避免蔬菜"两难"现象反复出现。日本短期应急调控政策涵盖预测、预警、质量安全保障多重方面，因实施期限不长，作用尚未完全展现，然而因为当前我国蔬菜类产品同样面临如此情形，故而此类应急性政策对国内鲜活农产品短期价格波动的维稳机制也具备某种程度的借鉴意义。

# 第四节　本章小结

本章系统梳理与总结了世界上主要发达国家和地区——美国、欧盟、日本蔬菜产业调控政策的特征与发展趋势。通过蔬菜产业基本情况、政策背景与发展历程、政策概览、政策效果四个维度解读了美国、欧盟、日本的蔬菜市场调控政策，不难发现，因各国蔬菜产业生产运营基础与所处政治经济背景不同，不同时期、不同品种蔬菜调控政策的目标与手段也不尽相同。然而，各国蔬菜产业的调控举措基本上都是以促进国内蔬菜生产、确保居民正常消费及稳定市场价格为主要目的。

蔬菜类产品因存在特殊脆弱性，价格总是围绕价值上下波动，各国均出台了一系列产业支持政策确保蔬菜类产品的供需均衡。美国、欧盟等发达国家和地区调控支持体系以调节为主、计划为辅，均取得了良好效果，保障了重要品种蔬菜的均衡供应和价格基本稳定，为我国尤其是作为蔬菜主销地的省市完善蔬菜产业调控机制带来有益启示：

（一）政策法制化、透明化，建立风险分担机制。美国、欧盟及日本等国外发达地区蔬菜产业调控政策均具有立法保障且呈现高度透明化。解决蔬菜类产品"两难"问题，政府往往并不实施直接调控，而是严格把关上市节奏与数量间接调节供求状况，避免造成生产主体和消费主体福利的严重受损，且风险由政府、社会与生产主体共同分担。

（二）补贴对象与范围有针对性、灵活性，保护力度有层次性。比如美国、欧盟及日本等发达国家或地区根据消费量多寡和对居民生活的重要性程度将蔬菜类产品划分为不同大类，分别给予不同保护，我国上海市政府也重点加强了对蔬菜供应大区和生产大户的补贴。国内外经验证实，通过对全部滞销蔬菜类产品实施财政支出化解市场风险，既不可行也不现实。只有采取灵活多样的补贴方式和干预手段，分门别类地对关系国计民生的蔬菜类产品或生产组织实施补贴才是硬道理。

（三）扶持专业合作组织的发展。美国、欧盟及日本等发达国家或地区强调生产者组织是政策支持的核心，鼓励蔬菜类产品生产者组织上市。发展专业合作社，利于提升市场集中化和种植主体组织化水平，在蔬菜产业调控政策贯彻实施过程中发挥着重要作用。

# 第八章　研究结论与政策建议

## 第一节　研究结论

21 世纪以来，包括蔬菜类产品在内的鲜活农产品价格波动频繁且波动幅度较大，引发了社会各界的广泛关注，中央政府及地方各级部门也相应启动了一系列产业干预措施稳定价格。按照蔬菜产业相关政策作用点导向不同，将现有政策划分为两类：一是当蔬菜类产品市场价格过高时，政策倾向于增加产品供给，平抑物价以保障消费主体的正常消费；二是当价格较低时，尤其是蔬菜类产品生产者价格下跌时，政策作用点为减缓生产主体福利受损。本书以蔬菜产业调控政策为研究对象，对国内外蔬菜产业相关调控政策出台背景、主要内容、演变历程及影响因素进行了梳理和分析，并综合运用事件分析法与基于差分模型的典型案例研究相结合的方法对我国蔬菜产业调控政策有效性进行了实证评估。在此基础上，根据国内蔬菜类产品调控政策的实际运行效果，并借鉴美国、欧盟及日本等市场经济较为发达的国家或地区在蔬菜类产品调控方面的相关成功经验，以期为完善国内蔬菜产业调控机制提供建议。研究得出以下几点结论：

（一）政府在引导蔬菜市场改革、维护生产主体福利、促进消费等方面的确承担着无可比拟的重要作用

蔬菜类产品具备的某些产业特征，既符合诱发"市场失灵"现象的基本条件；又因其产品价格缺乏弹性、市场供给存在"二元性"、生产主体经受自然风险与市场风险双重威胁等特征，进而构

185

成了政策干预的基本理由。故而，对蔬菜类产品而言，因存在特殊脆弱性，产品价格总是围绕价值上下波动，在坚持市场对蔬菜价格形成起着决定性作用的同时，政府也应出台必要调控措施，且措施涵盖间接调控与直接调控政策。

从国际市场实践经验来看，各国也基本都出台了一系列相关的产业支持政策确保蔬菜类产品的供需均衡。美国、欧盟等发达国家和地区调控支持体系以调节为主、计划为辅，取得了一定的效果，保障了重要品种蔬菜的均衡供应与市场价格基本稳定。通过对美国、日本及欧盟蔬菜产业基本情况、调控政策出台背景与发展历程、政策概览及政策效果四个维度的解读，发现因各国蔬菜产业生产运营基础与所处政治经济背景不同，不同时期、不同品种蔬菜产业调控政策的目标与手段也不尽相同，为我国尤其是作为蔬菜主销地的省市完善菜价调控机制带来有益启示。

为促进国内蔬菜生产、确保居民正常消费及稳定市场价格，21世纪以来，我国中央与地方各级政府也相继出台了一系列的调控政策，蔬菜产业正形成"中央引导、地方各级政府积极跟进"的双重支持格局；此外，社会资本作为产业政策支持的重要补充成分，也对推进蔬菜产销经营活动良性运营具有一定作用。按照时间演变顺序和政策着重点的不同，可以将新中国成立以来国内蔬菜产业调控政策的演变历程归结为八大阶段，依次为：菜品自由购销阶段、国家统一制定菜品价格、调整不合理菜价体系、放开菜价管制权限、蔬菜类产品连续增进、新一轮"菜篮子"工程、蔬菜类产品质量新阶段及统筹推进新一轮"菜篮子"工程阶段。不可否认的是，中央及地方各级政府对蔬菜产业调控的确起到了一定的作用，尤其是21世纪以来，国内蔬菜生产有所发展、质量安全有所提升。

**（二）直接调控政策对蔬菜类产品市场行情维稳的能力有限**

综合来看，无论是利用事件分析法对月度数据进行考察，还是对年度数据基于差分模型的典型案例研究，结果均表明，对蔬菜产业而言，政府直接干预对蔬菜类产品价格维稳的能力有限。其中，与生产环节相关的产业调控政策和与流通环节相关的产业调控政策在一定程度上提升了蔬菜类产品价格，进而使得生产主体与中间环节的利益主体享受到政府干预的好处，却在一定程度上给消费主体带来了福利损失，并且政策效果的持续时间过短；与其他环节相关的调控政策则因对菜价的导向作用程度太低尚达不到改变蔬菜市场价格的效果。更长远来看，要充分考虑与其他农产品的竞争关系，摆正政府在产业调节机制中的位置，进一步规范化政府的行为。具体来说：

第一，如蔬菜类产品市场价格过低，政府可以对生产和流通领域展开适当的调控，且直接的政策干预本身还有空间进一步优化减少可能带来的行为扭曲。从生产环节来看，为避免菜价过低导致种植主体福利受损，要提供灵活多样的财政扶持方式和干预手段，尽量避免以普惠的方式进行直接补贴，多采用信贷补贴等优惠公平的金融服务间接补贴或蔬菜价格保险等扶持手段；扶持力度应有差异化，按蔬菜品种对国民生活的重要性程度及生产主体规模分层次给予不同程度的政策干预。从流通环节来看，政策调控重点应放在流通体系规范化与蔬菜市场价格信息平台的建设上。如规范化传统的蔬菜批零市场、鼓励新型"农超对接"、电商模式等流通业态的发展，建立与完善蔬菜市场价格采集与发布、有效预测预警的一体化平台。

第二，如蔬菜类产品市场价格过高，政府应更多地以市场为导向，减少在生产、流通及包括消费市场在内的其他环节实施政策，才能更好地稳定市场价格。更多地以市场规律为主线，政府可以采用金融杠杆、适当的财政补贴等方式进行适当的间接调控来纠正市场偏差，尽量避免对价格的直接干预。在完成信息与流通渠道整合的基础上，可以渐进试点并推广全国蔬菜期货交易市场，从而形成具有国际影响力的蔬菜价格形成和交易中心。

# 第二节 政策建议

## 一 转变调控方式：建立以市场机制为主的蔬菜产业政策体系

### （一）指导思想

深入学习党的十八大、十八届三中、四中及五中全会精神，厘清市场与政府之间关系，由市场决定资源配置，确保资源配置在市场规则、市场价格及市场竞争作用下达到最佳效益与最优效率，突出市场机制在包括蔬菜类产品在内的鲜活农产品调控中的主导作用。同时，更好地体现政府作用，缩减其直接对资源进行的配置力度，并在提高市场监管、维持市场秩序、解决市场失灵等方面切实履行好政府职责，规范蔬菜类产品调控中的政府行为，促使其由行政干预向市场手段转变。

一是发挥市场于蔬菜价格形成中的决定性作用。

蔬菜属于鲜活农产品，具有易腐性的特征，其本身难以存储，在我国的商品率和市场化程度均比较高。同时我国的蔬菜和水果产业普遍具有生产主体和消费主体众多、生产的产品差异性小、市场进出壁垒较低、市场信息较为充分等特征，是接近于完全竞争的产业。从促进产业健康可持续发展的长远角度来看，要改变当前以行政干预为主的调控手段，突出市场机制在蔬菜领域调控中的主体作用。政府粗暴的行政干预"治标不治本"，给财政带来沉重负担的同时，并无法从根本上解决生鲜农产品领域的问题，最终要发挥市场自身调节机制。从美国、欧盟、日本等市场经济发展较为成熟的国家或地区其相关经验来看，也应该是由市场机制为主来对蔬菜产业进行调控。当蔬菜类产品出现两难问题，日本往往采用控制蔬菜类产品上市节奏与数量的方式干预和调节市场供求状况，而不会直接干预蔬菜产品市场价格，尽量避免对生产主体和消费主体造成不利影响，对我国蔬菜产业具有重要的借鉴意义。事实上，蔬菜类产品一般为随行就市，价格发生波动应属正常。因此，应该以市场为导向，用市场的机制对蔬菜产业进行调控，政府不能干扰市场机制发挥作用，这是遵循市场经济一般规律之体现，也是推动我国蔬菜行业健康可持续运营之必然抉择。

二是政府对蔬菜市场进行政策调控具有一定必要性。

由于市场调控自身存在缺陷、国内市场经济体系的不完善及农业的弱质性等客观现实，国内蔬菜市场的发展仍离不开政府的宏观调控。需要通过政府调控来缓解市场失灵，使市场更有效地作用于我国蔬菜领域。从国际市场实践经验来看，美国的蔬菜产业调控就非常值得我国借鉴，与我国情况吻合的是，美国蔬菜产业同样只是农业产出的小部分，对比粮棉油等产品，蔬菜产业获得的财政扶持力度有限。然而，美国政府并未轻视蔬菜产业调控，而是将蔬菜纳入各种一般性的、非谷类作物专有的项目，并取得了较好的效果。有必要吸收借鉴美国的做法，充分考虑与其他农产品的竞争关系，摆正政府在价格调节机制中的位置，适时、适当、适度地补充与完善我国蔬菜产业宏观调控机制。

三是科学界定政府与市场边界，规范化政策行为。

政府需要在公益性、基础性及服务性环节上发挥功能。首先，稳定的供给对维持蔬菜类产品市场价格稳定至关重要，各地要毫不放松国内蔬菜的生产。其次，稳定生产主体收入的同时，也要着重维护蔬菜类产品市场秩序。再次，健全蔬菜类产品流通模式，完善信息发布系统。最后，政府有必要在紧急情况下出台政策平抑蔬菜类产品价格剧烈波动。

**（二）基本原则**

1. 稳定性与连续性原则

政策是否稳定并且连续很大程度上决定着其调控效果能否有效发挥。当前国内对包括蔬菜在内的鲜活农产品调控每年仍以出台政策性文件的形式为主，各文件之间的连续性较差，且稳定性不足。这不利于生产者建立稳定的政策预期，进而影响其制定长期的生产决策。因此，对国内蔬菜类产品领域进行调控时要注意稳定性与连续性，以便更好地发挥其调控效果。

2. 长期性与针对性原则

对我国蔬菜类产品领域的调控要注意将长期性与针对性相结合。一方面要从蔬菜类产品长远可持续发展的角度考虑，将对蔬菜类产品领域的调控向程序化和制度化方向转变，整体上把握调控的力度和方向；另一方面要根据蔬菜类产品领域可能出现的各种突发情况，如价格剧烈波动、疫病、产品质量安全事件等，准确把握时机并迅速有针对性地采取解决办法。

3. 整体性与协调性原则

我国蔬菜类产品领域的调控政策要从整体上进行把握，综合考虑全国各地区的实际情况和产业各相关主体的利益，实现各地区和各利益主体之间的平衡。此外，我国对蔬菜类产品领域的调控根据目标主体不同，因而政策设计与执行上也存在差异，但在设计和实施过程中注意各政策之间的相互协调与支撑，更好地形成政策合力。

4. 立足国内与学习国际相结合原则

我国蔬菜类产品领域的调控首先要立足国内，根据国内蔬菜类产品领域产业发展的实际情况，采取适合我国国情的手段和方式进行调控。同时，我国的市场经济发展还不完善，市场化的调控手段和方式还不健全，因此在立足国内实际的基础上，需要借鉴美国、欧盟、日本等市场经济发达国家或地区的先进经验和做法。

（三）具体的调控政策建议

蔬菜生产具有强外部性，实施蔬菜价格调控是政府基本职能，也是激励蔬菜生产并降低成本直接而有效的方法，也是国际通行做法。政府调控应符合蔬菜产业市场内在运行规律，满足生产主体—中间环节—消费主体动力链条各环节主体正常的经济利益。多角度、多层次提供多重保障是稳定蔬菜类产品价格的有益途径。

为有效应对蔬菜类产品市场面临的外部冲击，有必要构建关于福利救济的内生性增长政策逻辑。如图 8-1 所示，从调控范围来看，政府在狭义扶持方面，应该采取价格支持与收入支持并举的方式，在实行包括水稻、玉米在内的主要粮食作物"四补贴"的同时，提升针对大蒜、生姜等小宗菜品的支持水平，将这些由特定地区生产供应全国市场的小宗蔬菜类产品纳入补贴范围，以保证小宗产品产量稳定，防止小宗产品供给和营销的大幅波动。广义扶持政策方面应加强对大宗蔬菜类产品生产基础设施的投入，重点加强水利、道路及桥梁建设，使全国各地广泛生产的蔬菜类产品成本降低具有长期性。就调控制度的时间安排来看，在短期时间内，政府应重点针对生产主要做好应急机制建设。努力降低生产主体福利损失，政府应该重点补贴蔬菜类产品生产大户、供应大区及与群众生活直接相关的基本品种，保证生产主体收入与重点菜品稳定供应；建立由国家、地方、生产主体（或合作组织）和社会共担风险的资金调控体系，尤其是加大中央政府的扶持力度，适当地上移蔬菜市场投资支持主体。长期看来，为更好地理顺蔬菜类产品产销价格体系，应当建立蔬菜类产品价格调控长效机制。政府有必要出台蔬菜类产品价格调控方面的专业立法并确保落实过程的透明化；优化批发市场建设，设置专职服务机构维护批发价格稳定；大力扶持各类生产合作组织，提升生产主体组织化与集中化水平；搭建国家级免费供求信息平台和省市级主产蔬菜品种供求信息平台，用于收集、分析和发布蔬菜市场信息，规避信息不对称。

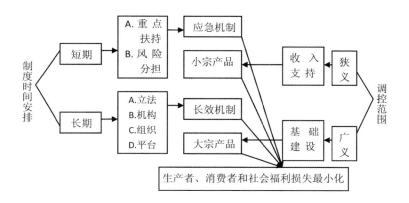

**图 8 - 1　蔬菜价格冲击下福利救济的内生性增长政策逻辑**

第一，界定政府与市场边界，建议政府在蔬菜产业公益性、基础性和服务性环节上发挥功能

（1）强化政府于蔬菜类产品生产环节基础性、服务性及公益性功能。一是科技兴农，减少包括蔬菜在内的涉农产业对包括农资、人工在内的传统生产要素的依赖性。培育新型农民，并促进高效、节能且实用培植科技推广与具备优质高产、耐低温、耐弱光、强抗逆性的新品种繁育工作，积极开展蔬菜类产品贮藏保鲜、深精加工等相关技术研究。二是强化基础设施构建，提高蔬菜类产品生产抗灾减灾水平。（2）政府在蔬菜类产品流通环节发挥公益性、基础性和服务性功能。一是加大对农业批发市场、道路等流通基础设施投资。加快推进各地蔬菜流通企业物流配送、冷链系统和市场交易设施建设，不断完善蔬菜产品预冷、分级、初加工、冷链运输、包装仓储及电子结算等设施，提高批发市场运营绩效。二是创新流通模式。积极推行包括"农超对接""农批零对接""农批批零对接"在内的多种形式产销衔接，加大对"西果东送"和"南菜北运"等重大民生项目支持和投入，促进蔬菜类产品大流通格局形成和发展。（3）政府在其他方面发挥公益性、基础性及服务性功能。一是构建蔬菜类产品相关信息平台。将生产规模、供求关系、市场价格等信息及时准确公开，减少"盲目种植""跟风种植"等现象，促使蔬菜类产品市场供求趋于均衡。二是保障蔬菜类产品公平有序的竞争市场秩序。加强资本市场运营监管，打击游资炒作等不正当行为。严厉打击乱涨价、哄抬物价、价格操纵等恶劣操纵行为，切实履行好行业价格监管职能。制定和执行相关法律法规以保障行业秩序，惩治欺行霸市、强买强卖扰乱行业价格形成行为。

第二，要毫不放松国内蔬菜类产品生产，以缓解价格持续上涨的压力

（1）重视蔬菜类产品的本地化生产，稳定并提高产品自给能力。对于部分经济发达地区（如北京、上海等），本地生产持续萎缩可能是一种必然趋势，对此，可着力于其邻近地区供给能力的稳定和提高，并合理规划产业布局，确保主销地产品安全与稳定供

给。（2）鼓励新型集约化经营主体（即种植面积大、集约化程度高的家庭农场、专业合作组织、涉农龙头企业及种植大户）的诞生，加大土地流转力度，推动蔬菜产业绿色化与规模化生产经营。充分吸收国外提倡的先进环保理念，更加注重保护耕地质量，尽量减少城镇化建设对菜地的占用；生产过程加大投入低碳生产要素，鼓励轮作、休耕或限产，推动果蔬一体化的现代观光旅游业发展，培育无公害蔬菜种植、观览、采摘全覆盖的农业休闲服务基地。（3）完善相关信贷体系。有效的资金支持也是蔬菜类产品生产健康发展的重要保障，而当前我国蔬菜类产品生产环节资金短缺与贷款难题仍未完全解决，亟须完善针对生产环节的相关信贷体系，提高对生产环节的资金支持。

第三，综合供需双重因素，科学构建蔬菜类产品市场价格波动预警体系

加强蔬菜类产品价格监测预警体系建设，及时、准确地获取蔬菜类产品监测数据，科学分析蔬菜类产品市场动态，准确把握蔬菜类产品价格形势，为政府进行宏观调控、稳定市场价格提供参考依据。综合考虑供给、需求层面影响因素，构建蔬菜类产品市场行情预警体系。其中，供给层面因素包括劳动力成本、极端气候预警、灾害预警等，需求层面因素包括不同蔬菜品种的需求收入弹性、货币供给增长率等。以灾害预警为例，日本农业与畜牧业局构建了涵盖一般天气、农业天气、主要主产地天气的完备天气信息平台，对不同蔬菜类产品主产地的温度、日照和降水进行短期预测；并通过对不同产区蔬菜品种、温度等条件进行设定，对病虫害展开预测，并进行信息公布。通过获取这些信息，各蔬菜产地可以合理安排种植、提高产出效益，对我国具有重要的借鉴意义。

第四，增强居民蔬菜消费意识及维稳蔬菜类产品价格，加强政策创新

（1）从居民蔬菜消费的意识层面出发，强化政策宣传与引导，开展供应商采购与蔬菜试验计划试点。虽然提高蔬菜营养消费意识任重而道远，但当国内蔬菜供给过剩、价格下降的时候，紧急调控

下，中国同样可以借鉴英美政府开展供应商采购与蔬菜试验计划，由政府出资收购过剩的蔬菜免费发放给社会关爱群体，既强化了政府对国民蔬菜消费意识的重视，又解决了产品供给过剩难题，维护了生产者利益，并解决了低收入群体、儿童、学生、老人等社会关爱群体的营养问题。（2）采用灵活多样、优惠公平的调控政策，慎用普惠式价格直补方式，逐步建立和推广蔬菜价格保险制度。近年来，我国政府高度重视并加大了农业保险支持力度，但全国层面的蔬菜保险补贴政策尚未出台，仅有少数地级市展开了蔬菜价格保险试点。鉴于菜价的频繁波动，各地政府应根据我国蔬菜产业实际情况，并借鉴国内外成功经验，尽快建立和完善蔬菜价格保险制度。（3）实施调控差异化策略，针对重要性程度、生产规模及比较优势出台果蔬调控目录制度。事实上，扶持所有的滞销蔬菜类产品是不现实的，借鉴美日做法，分门别类地对影响国计民生的重点品种及主要生产主体进行补贴，并采取多样化产业调控举措抵御市场风险，才是智慧之举。具体而言：一是按蔬菜类产品重要性程度分门别类地给予扶持。大宗商品，优先调控；小宗商品，易于投机炒作的重点调控。二是按生产主体规模，从事小规模、中等规模、大规模种植的农户、涉农企业、农业合作组织分层次给予扶持。三是针对具有比较优势的果品，加大一般服务支持与收入支持；针对不适合国内种植或不存在比较优势的蔬菜，依托海外进口。

## 二 革新调控手段：重点推行蔬菜市场化调控制度

市场是配置资源最有效的方式。目前，我国蔬菜类产品市场体系还不完善，在调控蔬菜类产品市场时采用行政手段极易使得市场机制被扭曲。为发挥市场在资源配置和价格形成中起决定性作用，政府应转变蔬菜类产品价格调控方式，即实现调控方式由行政手段向市场化手段的转变。研究现有市场化调控手段将对我国蔬菜类产品调控方式转变提供经验借鉴。

发展高效的流通模式是解决鲜活果蔬"买难""卖难"问题，实现供需匹配继而促进农民增收、社会稳定的有效途径；美国和日本按照蔬菜类产品的重要性程度给予差异化扶持，上海的绿叶菜价格保险体系充分发挥市场对价格形成的主导作用。因此，下文将首先构建"农民网商"与常规销售渠道并存情形下的市场需求函数，并建立渠道间价格博弈模型，分析鲜活果蔬类产品农民网商模式的可行性。然后，以美国和日本调控目录政策和上海菜价保险政策为例，对全球先进的蔬菜产业市场化手段进行简要介绍，从内涵界定、国内外实际经验及启示三个维度解读了当前主流的两大市场化调控举措—调控目录制度和蔬菜价格保险制度，以期为国内蔬菜产业由行政手段向市场化手段转变的过程能有所借鉴。

**（一）鲜活果蔬类产品"农民网商"模式**

鉴于现阶段常规销售渠道正面临着严峻挑战，为更为有效地解决果蔬类产品"卖难"和"买难"问题，一种新的网络直销模式——"农民网商"正引领市场新出路。"农民网商"是指农村居民结合当地特色农产品与产业资源，通过互联网上经营网店的形式从事电子商务活动，销售本地特色产品。当下，"农民网商"的业务链条与范围逐渐从销售农产品、土特产的初级阶段发展到了结合当地产业资源，采用品牌代理、委托加工等多种方式销售当地优势产品的高级阶段（路征、宋丽敏，2015）。"农民网商"既不需要中间环节的经销商，也不需要实体店，不失为降低交易成本、提高交易效率的良性选择，实现生产者和消费者的共赢（龙朝晖，2014）。新形势下生鲜果蔬类产品是否有必要在已有常规销售渠道的基础上引入并拓宽"农民网商"模式？在已有研究的基础上，可通过"农民网商"与常规销售渠道间的价格博弈分析，进一步探究生鲜果蔬业良性发展的实施战略，为全国果蔬类产品顺产顺销提供可借鉴的思路。

1. 果蔬类产品引入"农民网商"模式的可行性与必要性

（1）降低流通成本，引导果蔬市场价格理性回归。近年来，果蔬市场价格先后呈现出不同幅度的剧烈波动，引发了政府与学术界的高度重视。著名经济学家郎咸平提出"最后一公里"理论，即鲜活农产品在最后一个环节各种各样不可避免的成本，如进场费、摊位租金、城管、工商、卫生、水电等占到了价格的 70% 以上，无形地增加了终端消费者价格。罗超平、王钊提出要积极引导、促进果蔬类产品价格的理性回归，有必要加强流通体系与市场环境建设，规范果蔬生产、流通、交易及销售的各项管理制度与法律法规（罗超平、王钊等，2013）。"农民网商"模式为破解果蔬类产品"卖难、买贵"提供了一种新渠道、新思维，该模式既有效地确保了果蔬类产品的新鲜度，又减少了中间的流通环节，比较好地解决了"最后一公里"果蔬类产品价格大幅上涨的可能性。

（2）国家政策扶持与地方试点稳步进行。为维持果蔬业合理有序发展，中央及各级政府接二连三出台了一系列的扶持政策。2012年年底，商务部印发《关于加快推进鲜活农产品流通创新的指导意见》，鼓励利用互联网、物联网等现代信息技术，发展线上线下相结合的鲜活农产品网上批发与网上零售；2013 年 5 月，汪洋副总理向农业部和商务部指示，要把握鲜活农产品电商制高点；2014年 1 月，国务院印发《关于全面深化农村改革加快推进农业现代化的若干意见》，提出要启动农村流通设施与农产品批发市场信息化提升工程，加强农产品电子商务平台建设；2015 年 3 月以来，国务院及相关部委又相继发布了三个关于农村电子商务的重磅文件，政策"红包"一波又一波。中央已经用实际行动将农村电子商务放在信息化发展战略的核心，推进电子商务下乡（李艳菊，2015）；与此同时，各个省区也出台了多部地方政策助力当地农产品电子商务的发展。

此外，地方试点成功的案例层出不穷。截至 2013 年年底，全国共发现 20 个大型"淘宝村"（即"农民网商"数量达到当地家庭户数的 10% 以上，网络交易规模达到 1000 万元以上的村落）。2014 年，农村电子商务典范——遂昌"农民网商"的创业故事，伴随阿里巴巴在美国上市宣传愈演愈烈。《2014 年度阿里农产品电子商务研究报告》显示，2010 年至今，阿里平台农产品销售额以年均 112.15% 的比例增速。2014 年年底，阿里平台经营农产品的卖家数量为 75 万个，注册地址为乡镇的农村卖家达 66 万个，农产品销售额 483 亿元。

（3）大数据时代可靠的技术支撑与较低的进入门槛。一是强大的电子商务与物流技术支撑。21 世纪以来，伴随互联网信息技术的繁荣发展，阿里巴巴、京东、亚马逊、当当网等一系列电子商务平台迅速建立，国内电子商务已经呈现出百家争鸣的景象（刘一江、王录安，2015）。互联网技术的蓬勃正在加速渗透农业，"农民网商"已经成为当前农业现代化的一个新趋势。二是进入门槛相对较低。在农村电商平台发展日趋完善的背景下，普通生产者进入"农民网商"这一领域并不需要较高的技术壁垒和启动资金，且网上销售的流程较为简单、易学，提高了农民从事电子商务的可行性和积极性。此外，电子商务时代下经营农产品销售隐藏的巨大商机，"在外东奔西跑、不如在家淘宝"的理念对返乡创业的大学生群体、青年农民、外出务工的农民形成极大的诱惑力。

（4）电商拥有庞大的潜在消费群体。随着我国人口数量和结构的变化，居民对鲜活农产品的消费需求也在发生变化。无论城镇还是农村，消费者购买力均呈现增强趋势，对生鲜果蔬类产品的消费需求逐年增加。事实上，越来越多的农民用上了互联网，越来越多的农产品交易通过电商完成，农村有更庞大的互联网经济潜力，2015 年商务部启动电子商务专项行动计划，重点推进农村及农产品电子商务发展。当下，人们已不再满足于对生鲜果蔬的基本需求，而对高档果蔬、品牌果蔬的追求欲望愈发强烈。相比常规销售模式，"农民网商"打出农家自产、质量放心的活字招牌，带来的新鲜、便捷、安全、低价、与生产者面对面沟通等优势更容易获得消费者的认同；电商模式能更好地迎合消费者追求绿色、无公害、有机果蔬的新消费理念。消费者愈来愈强的生鲜果蔬消费需求为全国范围内发展"农民网商"模式增添了必要性。

2. 生鲜果蔬"农民网商"运营与常规销售渠道间的价格博弈

基本假定：

（1）假定全国生鲜果蔬产业存在两种分销渠道：1 代表"农民网商"模式，2 代表常规销售渠道。两种渠道分销的果蔬产品，其物质性能相同但由空间位置决定的便利性水平 $\alpha_i(i = 1,2)$ 存在差异，其中，"农民网商"渠道的便利性更高，即 $\alpha_1 > \alpha_2$，此时由便利性引起的生鲜果蔬分销渠道异质性水平差额为：$\Delta\alpha = \alpha_1 - \alpha_2$。此外，消费者对生鲜果蔬的偏好也存在一定的异质性，不同类型的消费者具有不同的偏好，假定消费者类型参数值为 $\beta \sim [\underline{\beta}, \overline{\beta}]$，则不同消费者对生鲜果蔬类产品偏好的异质性水平之差为：$\Delta\beta = \underline{\beta} - \overline{\beta}$。

（2）假定生鲜果蔬类产品由物质性能带来的价值为 $\upsilon$，用 $P_i$ 表示销售渠道 $i$ 的价格，$i = 1$，2 且 $P_1 \neq P_2$，则消费者购买生鲜果蔬类产品所获得的总效用可表示为：

$$U_i = \upsilon + \beta\alpha_i - P_i, i = 1,2 \tag{8-1}$$

理性的消费者会根据类型参数值 $\beta$、渠道便利性水平 $\alpha_i$ 和渠道价格 $P_i$ 寻求使生鲜果蔬类产品总效用最大化的购买渠道。当消费者从两个渠道购买果蔬类产品所得的总效用相等时，依据公式（8-2）：

$$\upsilon + \beta\alpha_1 - P_1 = \upsilon + \beta\alpha_2 - P_2 \tag{8-2}$$

可以进一步求解出临界类型参数值：

$$\beta^* = \frac{P_1 - P_2}{\Delta\alpha} \tag{8-3}$$

（3）假定生鲜果蔬的市场需求规模固定不变为 $\overline{D}$，$D_i(i = 1,2)$ 为需求函数。则由消费者选择渠道效用最大化的决策可分别得出两个渠道的需求函数：

$$D_1 = \frac{\overline{\beta} - \beta^*}{\Delta\beta}\overline{D} = -\frac{P_1 - P_2 - \Delta\alpha\overline{\beta}}{\Delta\alpha \cdot \Delta\beta}\overline{D} ;$$

$$D_2 = \frac{\beta^* - \underline{\beta}}{\Delta\beta}\overline{D} = \frac{P_1 - P_2 - \Delta\alpha\underline{\beta}}{\Delta\alpha \cdot \Delta\beta}\overline{D} \tag{8-4}$$

（4）假定开设生鲜果蔬业"农民网商"模式所需要的固定成本为 $C_0$，边际成本为 $C_{1S}$，则开设生鲜果蔬业"农户网商"的总成本函数如公式（8-5）所示；假定生鲜果蔬业常规销售渠道无固定成本，只有固定的边际销售成本 $C_{2S}$，则生鲜果蔬业常规销售渠道的成本函数可以表示为公式（8-6）。进一步假定果蔬生产主体

种植的单位成本为 $k$，且整个供应链中无存货问题；中间商从农户或合作组织中批发生鲜果蔬产品的价格固定不变，用 $w$ 作为模型的外生变量。

$$C(D_1) = C_0 + C_{1S} \cdot D_1 \qquad\qquad (8-5)$$

$$C(D_2) = C_{2S} \cdot D_2 \qquad\qquad (8-6)$$

博弈模型：

（1）根据利润最大化原则，果蔬生产主体在给定常规销售价格的情况下一般总会选择使其总利润最大的电商价格：

$$Max\pi(P_1) = P_1 D_1 - C(D_1) + wD_2 - kD_1; s.t. D_1, D_2 \in (0, \overline{D};$$
$$P_1, P_2 < v + \underline{\beta}\alpha_2) \qquad\qquad (8-7)$$

公式（8-7）中，果蔬生产主体利润函数的右边，第一项代表生产主体从"农民网商"渠道中获得的收入，第二项代表开设电商模式所需的成本，第三项代表将生鲜果蔬类产品批发给常规销售渠道的中间商所获得的收入，第四项代表果蔬的生产成本。第一个约束条件：$D_1, D_2 \in (0, \overline{D}$ 确保了生鲜果蔬业"农户网商"渠道与常规销售渠道共存。第二个约束条件：$P_1, P_2 < v + \underline{\beta}\alpha_2$ 限制了渠道定价，说明消费者对鲜活果蔬类产品的价值评估较高，而"农民网商"与常规销售渠道的定价均低于消费者对果蔬类产品价值的定位，可确保整个市场能在"农民网商"与常规销售双重模式下良性运营，排除这两种模式外的第三种消费模式的存在。

（2）中间商在给定果蔬"农民网商"价格的条件下寻求能使其利润最大的常规销售价格，可以用公式表示如下：

$$Max\pi(P_2) = P_2 D_2 - C(D_2) - wD_2; s.t. D_1, D_2 \in (0, \overline{D}); P_1,$$
$$P_2 < v + \underline{\beta}\alpha_2 \qquad\qquad (8-8)$$

公式（8-8）中，中间商利润函数的右边，第一项代表从常规销售渠道获得的收入，第二项代表常规销售渠道的成本，第三项代表常规销售渠道的中间商批发果蔬的成本。两个约束条件及其含义与生产者利润函数中规定一致。将前文的渠道需求函数式代入两个利润函数中并求解一阶条件得到两个价格反应函数分别为：

$$P_1^* = \frac{1}{2}(P_2^* + \Delta\alpha\overline{\beta} + C_{1S} + w + k)\,;P_2^* = \frac{1}{2}(P_1^* - \Delta\alpha\underline{\beta} + C_{2S} + w)$$

$$(8-9)$$

均衡结果：

（1）均衡价格。从事"农民网商"的果蔬生产主体与常规渠道销售的中间商间的最优定价决策是一个典型的同时决策价格博弈，联立两个价格反应函数可得出均衡价格组合：

$$P_1^* = \frac{1}{3}(-\Delta\alpha\Delta\beta + \Delta\alpha\overline{\beta} + 2C_{1S} + C_{2S} + 3w + 2k)\,;\quad (8-10)$$

$$P_2^* = \frac{1}{3}(-\Delta\alpha\Delta\beta - \Delta\alpha\underline{\beta} + C_{1S} + 2C_{2S} + 3w + k) \quad (8-11)$$

进一步地求解均衡定价差距：

$$\Delta P = P_1^* - P_2^* = \frac{1}{3}(\Delta\alpha\Delta\overline{\beta} + \Delta\alpha\underline{\beta} + C_{1S} - C_{2S} + k) \quad (8-12)$$

由于生鲜果蔬生产成本价 $k \geqslant 0$，当两个销售渠道具有相同的边际成本 $C_{iS}$，即 $C_{1S} = C_{2S}$ 存在时，均衡定价差距：$\Delta P = \frac{1}{3}(\Delta\alpha\Delta\overline{\beta} + \Delta\alpha\underline{\beta} + k) > 0$，由于 $P_1^* = P_2^* + \Delta P$，所以 $P_1^* > P_2^*$，即此时生鲜果蔬业"农民网商"模式的价格要高于常规渠道定价，这与前文有关"农民网商"渠道便利性更高的基本假定相符。前文已经暗示了生鲜果蔬业"农民网商"存在着先天优势，因此，在两个销售渠道效率相等的前提下，"农民网商"模式的定价必然要高于常规渠道销售。

（2）均衡时两渠道的市场需求份额。把均衡价格 $P_1^*$，$P_2^*$ 带入前文第三个基本假定中的渠道需求函数：

$$D_1 = -\frac{P_1 - P_2 - \Delta\alpha\overline{\beta}}{\Delta\alpha \cdot \Delta\beta}\overline{D}\,;D_2 = \frac{P_1 - P_2 - \Delta\alpha\underline{\beta}}{\Delta\alpha \cdot \Delta\beta}\overline{D} \quad (8-13)$$

得出均衡时两渠道各自的需求份额：

$$D_1^* = \frac{\overline{D}}{3\Delta\alpha \cdot \Delta\beta}(-\Delta\alpha\Delta\beta + \Delta\alpha\overline{\beta} - C_{1S} + C_{2S} - k)\,;\quad (8-14)$$

$$D_2^* = \frac{\overline{D}}{3\Delta\alpha \cdot \Delta\beta}(-\Delta\alpha\Delta\beta - \Delta\alpha\underline{\beta} + C_{1S} - C_{2S} + k)\,;\quad (8-15)$$

可进一步地求解均衡时两渠道市场需求份额差距：

$$\Delta D = D_1^* - D_2^* = \frac{\overline{D}}{3\Delta\alpha \cdot \Delta\beta}(\Delta\alpha\overline{\beta} + \Delta\alpha\underline{\beta} - 2C_{1S} + 2C_{2S} - 2k)$$

$$(8-16)$$

若两渠道具有相同的边际成本 $C_{iS}$，即 $C_{1S} = C_{2S}$ 时，均衡状况下两渠道需求份额的差距：

$$\Delta D = \frac{\overline{D}}{3\Delta\beta}(\overline{\beta} + \underline{\beta} - \frac{2k}{\Delta\alpha})$$

$$(8-17)$$

"农民网商" 渠道与常规销售渠道市场份额差距的产生是渠道异质性水平、消费者偏好异质性水平及果蔬生产单位成本共同作用的结果，生鲜果蔬业 "农民网商" 模式可以对常规销售渠道产生 "带走目标顾客" 的威胁，如渠道异质性水平和消费者偏好的异质性水平相对变化会通过影响均衡价格，进而影响均衡时的市场需求份额。

（3）均衡时的利润。将均衡价格带入从事果蔬 "农民网商" 模式的生产主体和常规销售渠道中间商的利润函数中可求出各自均衡利润：

$$\pi(P_1^*) = (P_1^* - C_{1S} - k)D_1^* - C_0 + wD_2^*$$

$$= (\Delta\alpha\overline{\beta} - \Delta\alpha\Delta\beta - C_{1S} + C_{2S} - k)^2 \frac{\overline{D}}{9\Delta\alpha\Delta\beta} - (\Delta\alpha\Delta\beta$$

$$+ \Delta\alpha\underline{\beta} - C_{1S} + C_{2S} - k)\frac{w\overline{D}}{3\Delta\alpha\Delta\beta} - C_0;$$

$$\pi(P_2^*) = (P_2^* - C_{2S} - w)D_2^*$$

$$= (-\Delta\alpha\Delta\beta - \Delta\alpha\underline{\beta} + C_{1S} - C_{2S} + k)^2 \frac{\overline{D}}{9\Delta\alpha\Delta\beta} \quad (8-18)$$

从价格博弈均衡的结果来看，果蔬生产主体利润与从事 "农民网商" 的成本呈反向变化；常规渠道销售中间商的利润与常规销售渠道的边际销售成本呈反向变化，两种分销模式在利润上相互竞争，利润分配的结果与渠道的相对效率有关，如 "农民网商" 的效率越高，则开启果蔬类产品电子商务模式的生产者利润越高，常规渠道销售中间商的利润越低；如常规渠道销售的效率越高，则果蔬生产者利润越低，常规渠道销售中间商的利润越高。

### 3. 小结

生鲜果蔬分销渠道的异质性和消费者对生鲜果蔬偏好的异质性之间存在某种匹配关系，不同分销模式会迎合不同的消费者需求，故以便利性作代理指标，构建了生鲜果蔬类产品渠道需求函数与双重渠道间的价格博弈模型。分析结果表明，生鲜果蔬"农民网商"与常规销售这两种分销模式在价格、市场份额和利润竞争等方面均存在依存关系，双方博弈结果显示出均衡时的市场份额和利润。进一步扩展均衡结果的经济含义：第一，当两种分销模式具有相同的边际成本时，一般而言生鲜果蔬"农民网商"定价通常要高于常规销售渠道的定价。第二，开设生鲜果蔬网络直销模式将会提高生产者或合作组织的利润，同时降低常规销售渠道中间商的利润，更好地为生产者服务；在不同的情形下，果蔬生产者或合作组织可能采取市场补足、市场争夺及不干涉等不同的定价策略，这主要取决于渠道的比较优势。第三，运用新兴技术（农村基础设施的完善、物流成本系统的改善）可降低生鲜果蔬"农民网商"的成本，生产主体在成本降低的有效激励下，更有可能将传统单一渠道分销模式转变为"农民网商"与常规渠道并存模式。第四，"农民网商"拓展了常规销售渠道的产品市场，满足了更多消费者的需求，开设生鲜果蔬的电商模式，果蔬生产主体能够与消费者直接面对面交流，"温情效应"的产生可大大消除消费者的不信任，利于生鲜果蔬类产品良性生产消费关系的建立。同时，"农民网商"给常规销售渠道的中间商以潜在威胁，两渠道展开价格博弈的过程中，迫使常规销售渠道的中间商改变甚至降低价格。

对生鲜果蔬的生产主体与常规销售渠道的中间商渠道定价做完全信息的静态博弈，构建博弈模型并得出了均衡结果，通过对结果的分析论证了生鲜果蔬业在已有的常规销售模式的基础上引入并发展电商模式的可行性及必要性，同时也为未来的研究指明了方向：第一，可以把分析扩展到除便利性以外的其他渠道附加属性；第二，即便是同一种生鲜果蔬，在不同的环境下，消费群体面临抉择时，其效用也会有所差异，未来研究中对生鲜果蔬类产品自身性能的价值评估可引入除物质性能以外的一些其他非固定价值因素；第三，居民家庭生鲜果蔬的消费占总消费支出的份额逐年增长，对生鲜果蔬类产品总消费需求增大，可以将模型中市场规模变量设置为动态变量；第四，从事果蔬生产的农户或合作组织是否采纳电商模式，很大程度上取决于当地社会物流系统的覆盖面及费用，因此有必要在后续研究中将物流体系的发展程度纳入分析；第五，对生鲜果蔬业而言，"农户网商"作为一种新兴的流通模式，目前尚未有明确的政策法规对其制约，政策监管仍属空白，当下最迫切的是需要政府机构与电商平台联手合作，为电子商务下的生鲜果蔬类产品食品安全保障体系建立和完善奠定基础。

**（二）果蔬价格调控目录制度**

1. 果蔬价格调控目录制度的内涵界定

若发达国家实施果蔬类产品政策干预之时，一般会有针对性地选取一系列指定重点产品进行调控，统称为"果蔬价格调控目录制度"。具体而言，果蔬类产品价格调控目录政策主要是将部分特定果蔬类产品确定为目标对象，明确该类产品相应市场价格行情不同预警等级与合理波动范围，并基于此类产品的互补效应与替代效应，启动科学有效的确保果蔬类产品供需状况及市场价格基本稳定的政策举措（沈辰、吴建寨等，2015）。

由于果蔬价格调控目录政策在国内尚且为新生事物，处于探索阶段。关于果蔬调控目录机制怎样设立，目录指定品种怎样选取、指定生产区域怎样确定、价格波动合理范畴怎样划分、相关国家政策如何制定、调控目录制度如何运行等问题仍亟待探讨摸索。为此，本书梳理了美国、日本两大发达国家的蔬菜市场相关调控经验，并在此基础上试图探索建立一种适应我国果蔬市场的价格调控目录制度。

2. 果蔬价格调控目录制度的国际经验

美国于1937年颁布了《农产品销售协议法案》，通过高质量产品要求、标准化包装、调节产品流、建立储备库和授权产品研究、市场研发、广告宣传等一系列果蔬类产品销售规范（Marketing Orders），帮助生产与管理人员共同解决他们不能单独解决的市场问题。其第 602 条款指出，该法案将被纳入国会政策，并正式授予农业部长以下五个方面的权力：（1）可以执行本法案 1301a（1）条款所界定的参考价来维护生产者的利益。（2）基于下述两类手段保障消费主体利益：尽可能快地逐步把当前价格水平矫正到农业部长认为符合公众利益和当前国内外市场消费需求的本节第（1）条国会授权建立的价格水平；任何以维护农民价格为目的，却高出本节第（1）条国会授权价格的活动都不被允许。（3）建立和维护本法案 608c（6）（1）条款规定的产品研发与营销推广项目、608c（6）（H）规定的容器和包装要求，以及 608c（2）条款所列举的农产品最低质量标准、最低成熟度标准、等级及检验要求。（4）为 608c（2）列举的任何农产品建立和维护有序的市场营销条件，确保在正常的销售季节农产品供应流稳定，避免不合理供应和价格波动，维护生产主体与消费主体利益。（5）如果在销售规范约束下的农产品已经在部分季节或年度根据需要启动了本章的政策，那么后期需要继续依据此销售规范进行市场管理，尽量避免任何破坏农产品有序营销环境以及公众利益的行为。①

与此同时，该法案 608c 条款明文规定了销售规范的适用品种及适用区域，具体包括：杏仁（加利福尼亚）、杏子（华盛顿的奥卡诺根、奇兰、基帝塔什、亚基马和克利基塔特以及华盛顿东部的所有县）、牛油果（佛罗里达南部）、甜樱桃（华盛顿的奥卡诺根、奇兰、基帝塔什、亚基马和克利基塔特以及华盛顿东部的所有县）、酸樱桃（华盛顿、威斯康星、密歇根、俄勒冈、犹他、纽约和宾夕法尼亚）、佛罗里达的柑橘（除了萨旺尼河）、得克萨斯与里奥格兰德河谷的柑橘、蔓越莓（罗得岛、华盛顿、密歇根、马萨诸塞、康涅狄格、新泽西、俄勒冈、长岛、明尼苏达、纽约及威斯康星）、枣（加利福尼亚河畔县）、加利福尼亚沙漠葡萄（因皮里尔县）、

---

① 《Agricultural Marketing Agreement Act Of 1937》602. Declaration of policy；establishment of price basing period；marketing standards；orderly supply flow；circumstances fou continued regulation.

榛子（俄勒冈和华盛顿）、猕猴桃（加利福尼亚）、橄榄（加利福尼亚）、爱达荷和俄勒冈洋葱（爱达荷南部边界的南部和东南部、爱达荷州、马卢尔县、俄勒冈）、得克萨斯南部洋葱（得克萨斯南部 35 个县）、维达利亚洋葱（营销协议规定的格鲁吉亚南部 20 个县）、瓦拉瓦拉洋葱（华盛顿东南部和俄勒冈东北部的瓦拉瓦拉谷）、梨（俄勒冈和华盛顿）、开心果（新墨西哥、亚利桑那和加利福尼亚）、梅子干（加利福尼亚）、爱达荷和俄勒冈土豆（爱达荷、马卢尔县和俄勒冈）、华盛顿土豆、俄勒冈和加利福尼亚土豆、科罗拉多土豆（科罗拉多圣路易斯谷（Ⅱ区）和北科罗拉多（Ⅲ区）、东南部土豆（阿可麦克、北安普顿、楠西蒙、杰姆斯城，弗吉尼亚州的切萨皮克、弗吉尼亚海滩，哈利法克斯、纳什、北安普顿、埃奇库姆、皮特、勒努瓦、琼斯县、昂斯洛和北卡罗莱纳所有东部的县）、葡萄干（加利福尼亚）、薄荷油（华盛顿、爱达荷、俄勒冈、犹他西经 111° 和内华达北纬 37° 的地区）、佛罗里达的番茄（除了萨旺尼河河以西的区域）、加利福尼亚核桃共计 29 种指定果蔬类产品。每个销售规范都是针对单一农产品制定，且一旦经农业部长批准，对规定的地域范围具有较强的约束力[1]。

日本 1966 年正式颁布《蔬菜生产销售稳定法》，启动生产维稳基金和菜品价格维稳机制，利用维稳合同订购菜品供给、维稳指定菜价以及培育特定供给地菜价差额补贴等措施，在一定程度上对指定菜品、指定产地及指定销地进行管制，确保产品市场供给。具体而言，指定蔬菜是指消费量相对较多或者有增多倾向的蔬菜；指定地区则依据生产面积、出售比率、出售量等约束条件来选取。其中，指定蔬菜（又称"大宗菜"）涵盖茄子、白菜、萝卜、黄瓜、西红柿、胡萝卜、芋头、卷心菜、葱、莴苣、菠菜、洋葱、青椒及土豆在内的十四个关乎民生的重要菜品。特定菜（又称"常见菜"）主要指韭菜、南瓜、青豆、绿菜花、枝豆、莲藕、小白菜、

---

① 《Agricultural Marketing Agreement Act Of 1937》608C. Orders regulating handling of commodity.

芜菁、芦笋、白菜花、辣椒、大蒜、小松菜、甘薯、牛蒡、苦瓜、荷兰豆、香菇、鸭儿芹、豌豆、春菊、长山药、生姜、芹菜、黄秋葵、薤（剃头）、甜玉米、冬葱、蚕豆、蜂斗叶、草莓、西瓜及甜瓜水菜等三十四种果蔬类产品①。指定消费地区主要依据蔬菜消费的重要性、人口数量及菜品消费量等来选取，这类地区蔬菜消费量较大，其市场价格对日本菜价的形成具有较大影响。此外，政策制定者设定重要菜品涵盖大白菜、甘蓝、洋葱、生菜、大蒜、卷心菜及萝卜等品种。

3. 政策启示

第一，借鉴国际经验，试点中国果蔬价格调控目录制度。依据果蔬类产品的消费量以及果蔬类产品之间的替代和互补关系等指标，选取对国计民生具有较大影响的指定品种进行宏观调控；与此同时，根据果蔬的种植面积、销售比率等指标确定相应品种的指定产区。在试点的基础上，依据我国果蔬产业生产及销售市场的特殊现状，不断推广与完善该制度。

第二，对纳入调控目录的蔬菜类产品与重点区域，中央及地方各级政府的支持要有倾向性。具体而言：一是建立重要果蔬类产品储备库。加强我国蔬菜和水果产业存储设施建设，保证果菜稳定供应，于一定程度上稳定市场价格行情。二是强化生产者的组织化、规模化功能。要充分发挥果蔬专业合作社与涉农龙头企业在果蔬类产品生产、流通、加工等全产业链条的功能，鼓励农户规模化生产、鼓励社企合作签订产销合同，提升农户的议价能力、抗风险能力，规避信息不对称引致供需失衡现象。三是重点完善试点区域、试点蔬菜类品种的市场监控与预警机制。在大数据时代，基于物联网和互联网技术，针对我国指定蔬菜与水果市场实施实时监控，科学预测指定果菜市场行情变化趋势，强化试点区域、试点蔬菜市场行情预警体系，提前采取相应措施，确保指定果菜供需平衡，进而维稳果菜市场价格。四是建立并逐步完善蔬菜类产品价格应急机

---

① http://www.alic.go.jp/content/000083122.pdf.

制。当价格突然上升时，政府根据市场价值规律，通过鼓励生产者提前上市或者将储存蔬菜类产品大量投入市场等方式增加供给，调节供需关系，缓解价格波动，如紧急调入外地补给或增加替代品供应量；当价格突然下降时，政府发挥其调控作用，采取延期上市，分散产品，或将多余蔬菜类产品通过加工、冷藏等手段来减少供给，并对果蔬生产者的损失进行补贴。

### （三）蔬菜价格保险制度

蔬菜价格保险是一种有效分散农户经营风险的机制，在化解菜品供需矛盾、维持市场稳定、保障产品供给方面发挥着重要功效，有效解决蔬菜因自然与市场双重风险引致的价格波动问题。近年来，我国政府高度重视并加大了农业保险支持力度，但全国层面的蔬菜保险补贴政策尚未出台，仅有少数地级市展开了蔬菜价格保险试点。鉴于菜价的频繁波动，各地政府应根据我国蔬菜产业的实际情况，并借鉴国内外成功经验，尽快建立和完善蔬菜价格保险制度。

1. 蔬菜价格保险内涵界定

农产品价格保险是一种收入保险的创新形式，由传统的多种灾害农作物保险衍生而来，能够有效应对农产品价格风险（唐甜、单数峰等，2015），它通过分散风险和对生产者进行补偿的方式，降低了价格波动给农户造成的损失，对于稳定农产品市场供给、保障生产者和消费者利益意义重大。同时，价格保险也是政府为实现支农惠农目标而采取的一种市场化手段，保险制度设计、保障水平及保费补贴支持等也都因政策目标的不同而存在差异。

其基本操作方式是：由商业保险公司推出保险产品，政府组织核实其方案；商业保险公司与种植主体签订相关合同，政府按政策目标提供给种植主体相应保费补贴。若农产品实际价格低于保险合同中规定的保障价，由商业保险公司负责定损，并对投保生产者开展理赔工作。因其具备保费相对低廉、推广与操作便利、易于规避道德风险等优势，农产品价格保险在蔬菜、水果、生猪等鲜活农产品市场愈发受到关注，价格保险试点已经于上海、北京等多地陆续启动，且收获了较好成效。但农产品价格保险往往只能确保农户的最低生产成本，保障其收入的能力有限。

根据价格类别差异，可以将菜价保险定义为三种，分别是以上海和张家港实施的绿叶菜价格指数险为典型的综合价格指数险、以北京大兴区针对秋白菜产品实施的典型成本价格指数险及以成都实施的"保淡期"菜价指数险为典型的目标价格指数险（邱衍鹏、齐皓天，2015）。

2. 上海绿叶菜价格保险实践

绿叶蔬菜价格保险出台背景：上海居民对叶菜类产品（特别对当地盛产的米苋、青菜、生菜、杭白菜、鸡毛菜等品）情有独钟。但由于其产出的季节性波动比较大，其供给具有明显的淡旺季，主要表现出"冬淡"和"夏淡"特征。为确保"双淡"期当地叶菜类蔬菜均衡供给与均衡上市，避免菜价的大起大落，维持菜价基本稳定，保护菜农收益并维护市民利益，当地农委与安信农保公司于2011年在全国首次启动了绿叶菜综合成本价格保险机制。"保淡"意指保障淡季叶菜类产品的稳定供给，投保期限内，若叶菜类产品市场售价不足合约成本价，则保险公司会遵循价差比例对生产主体进行补偿。同年，设定"冬淡"保险期为1—2月，"夏淡"的保险期为7月初—9月中旬。次年，为提高蔬菜价格保险的科学性，又在鲜菜价格的计算过程中引入了CPI指数（唐甜、单数峰等，2015）。

上海蔬菜价格保险的主要做法：A. 保险品种。保险的品种为上海地产地销，种植面积和消费量均比较大的绿叶菜。其中，"冬淡"和"夏淡"在涵盖的蔬菜品种上存在差异，前者只包括青菜一个品种，而后者则涵盖了米苋、青菜、杭白菜、鸡毛菜及生菜5类菜品（吉瑞，2013）。B. 保险期间。保险期间视各年的实际情况可能存在差异，但总体上变化范围较小。其中，"冬淡"期间通常在12月中旬至第二年3月中旬之间，"夏淡"期间通常在6月下旬至9月下旬之间（唐甜、单数峰等，2015）。C. 保险费率。通过对历年菜价波动情况的计算，将保险费率定为10%。具体而言，市级财政补贴50%，区级政府遵循市级支持水平进行相应配套扶持，原则上生产者本身缴纳保费不能少于10%的比例。此外，对于蔬菜产业相关的合作组织、龙头企业、合作农场给予优惠，其标准为基本费率的10%（吉瑞，2013）。D. 理赔标准。保险公司的赔款额主要根据市场上蔬菜零售价格的跌幅平均值所对应的保险金额计算得出。具体公式为：理赔数额 = 综合成本[①] × 保险产量[②] ×［投保前三年市场同期零售均价[③] ×（CPI + 1）——保险期间市场日零售价[④]］／［投保前三年同期市场零售均价 ×（CPI + 1）］ ×参保面积（吉瑞，2013）。其中，每千克综合成本价指绿叶菜生产投入的物化成本，取上海市统计部门最近三年公布的物化成本平均值；每亩保险产量为上海市统计部门最近三年公布的单产平均值的70%；投保前三年行业平均零售价在由国家统计局上海调研分队搜集到的当地24个农产品标准化市场菜价数据基础上测算而来；保险期间市场日均零售价是国家统计局上海调查总队CPI采价小组每日采集到的相关蔬菜在批发市场的批发价格；CPI一般选取与理赔期最接近的当地月度同比值。

3. 上海蔬菜价格保险的成功经验

第一，科学合理的规划指导。上海市蔬菜价格保险遵循均衡上市、均衡保险及均衡生产的"三个均衡"原则，是其最主要的经验总结（孙占刚，2012），在此原则指导下，为防止出现蔬菜生产主体因市场信息不对称而出现盲目种植的情况，上海市农委等相关部门通过对之前经验数据进行分析，为蔬菜生产主体制订了涵盖蔬菜种植面积、品种、茬口等信息在内的详细种植计划。使保险覆盖范围从事后补偿扩大到事前预防，通过对蔬菜种植的前端管理环节进行介入，有效保证了蔬菜的供应量和价格的稳定（吉瑞，2013）。

第二，公开透明的理赔标准。蔬菜价格保险理赔标准是否公开

---

①　单位：元/千克。

②　单位：千克/亩。

③　单位：元/千克。

④　单位：元/千克。

透明程度是其能否取得预期效果的关键所在（赵俊晔，2014）。从上海菜价保险实施情况来看，其在理赔标准等方面基本实现了透明并且公开，具体而言，"夏淡"期间相关参考数据来源于市统计局，"冬淡"期间相关参考数据来源于上海市五大批发市场，一定程度上保证了理赔的公平合理，并基本实现了对相关利益各方的公开透明（王德卿、龙文军等，2013）。

第三，及时有效地进行理赔。理赔速度在一定程度上是决定蔬菜价格保险能否成功推行的关键，出险后迅速及时地进行赔付通常可以消除蔬菜生产主体的后顾之忧，并能够调动起生产积极性。例如，2011年"夏淡"期间，安信农保公司在出险后第一时间将相关信息传达到位于相应区县的各分公司，相应分公司进一步核查当地绿叶蔬菜产销基本状况，并启动了出险种植主体赔付绿色通道，确保蔬菜生产主体以最快速度获得补偿资金（孙占刚，2012）。

4. 上海蔬菜价格保险面临的挑战

第一，价格指数设计仍存在不足。现有蔬菜价格保险理赔标准中，标准化菜市场零售价通常涵盖中间环节产生的相关费用和一定的经营利润，虽然能较好地反映田头交易价的走势，但难以真实反映农民的实际交易价格，也无从计算其涨跌幅度与田头交易价的涨跌幅度的对应关系。建议在上海蔬菜生产区域多设立价格观测点，采集蔬菜生产者的第一手出后价格数据，据此计算出的理赔金额更具合理性。

第二，风险分散机制仍不完善。传统的保险由于投保主体差异性明显，保险公司可以通过承保数量增加的方式将风险分摊。但随着当前市场整合的程度不断提高，区域间蔬菜价格的波动趋势较为相似，大数法则的横向风险分散机制在价格保险上失灵，导致承保公司在遇到巨大价格风险时承担能力薄弱。同时，价格保险属于新型险种，国际再保商一般不愿意承接此类再保险业务。例如，2013年"冬淡"期间，由于上海绿叶菜价格保险集中出险，保险公司因再保险公司对费率的提高而对理赔金额无法承受。

第三，覆盖范围还有待扩大。蔬菜价格保险的覆盖范围包括覆盖品种和覆盖时间两个方面。一是在覆盖的品种方面需要扩大，目前覆盖的品种只有少数绿叶菜，对上海地区种植面积较大的茭白、甘蓝等品种并未覆盖；二是覆盖时间上需要延长，目前覆盖的"保淡"期持续时间较短，"菜贱伤农"的潜在风险仍然存在。

5. 政策启示

第一，构建市场化的蔬菜价格调控机制。蔬菜类产品作为我国重要的生鲜农产品，其价格调控机制应该坚持市场化的方向。市场化的蔬菜产业调控机制能够有效发挥蔬菜价格对资源配置的引导作用，并通过不同形式的制度安排，将风险转移给其他抗风险能力强的市场主体，减轻政府的财政压力；此外，市场化的蔬菜产业调控机制也更符合众多的国际贸易协定都对农业补贴限制的要求。随着我国市场经济体制的建立和完善，市场已经在蔬菜价格形成中发挥决定性作用，蔬菜生产经营者也已经开始面临价格风险。目前，我国管理市场化风险方面的相关手段还比较少，尤其是当蔬菜的价格面临市场风险时仍主要依靠政策的干预，因此应尽快构建和完善相关的市场化调控机制。

第二，完善国内蔬菜价格保险体系。上海的价格保险自2001年实施以来基本上实现了促进蔬菜生产，稳定市场供应的目标，在保护菜农收益和市民利益，保障蔬菜供应、稳物菜价等方面效果明显。2013年，张家港、北京大兴、成都分别启动菜品价格保险试点项目。从蔬菜产业发展长远角度来看，价格保险必将成为降低菜市风险，维护蔬菜产业相关主体利益的有效工具。但目前我国蔬菜保险体系仍不完善，主要在一些政府财力雄厚、蔬菜生产组织化程度高、蔬菜价格信息完善的大城市进行了试点，面对我国蔬菜产业生产分散、组织化程度低、价格信息不完善的实际情况，蔬菜价格保险体系仍需进一步完善。借鉴上海蔬菜价格保险相关经验，本书建议从优化保险模式、完善蔬菜价格信息网络、扩大保险覆盖范围、健全保险风险分散机制等方面对我国的蔬菜价格保险体系进行完善，以便更好地在全国推广。

# 参考文献

白红等：《美国蔬菜产业的扶持政策》，《城市问题》2012 年第 3 期。

卞靖、常翌翔：《我国蔬菜价格的非理性波动及其平抑机制》，《新视野》2013 年第 6 期。

卞靖：《蔬菜价格调控：国内实践与国际经验》，《当代经济管理》2013 年第 10 期。

蔡跃洲：《财政支持"三农"政策效应的 CGE 模拟分析》，《财经研究》2017 年第 5 期。

曹阳、王春超：《中国小农市场化：理论与计量研究》，《华中师范大学学报》（人文社会科学版）2009 年第 6 期。

曾寅初、程晓平：《农产品批发市场财政扶持真的具有政策效果吗？——基于供销系统 490 家市场数据的得分匹配分析》，《经济与管理研究》2015 年第 5 期。

常伟：《农产品价格异常波动的机理分析与对策探讨》，《价格理论与实践》2011 年第 3 期。

陈永福、马国英：《日本稳定蔬菜价格的制度机制评价及启示》，《日本学刊》2011 年第 1 期。

陈永福、魏荣：《世界蔬菜贸易竞争力与产业内贸易分析》，《中国农村经济》2005 年第 4 期。

陈璋、龙少波：《从蔬菜价格透视农产品价格上涨趋势的深层次原因》，《经济纵横》2013 年第 12 期。

程国强、孙东升：《中国农业政策改革的效应》，《经济研究》1998

年第 4 期。

程国强、朱满德：《中国工业化中期阶段的农业补贴制度与政策选择》，《管理世界》2011 年第 1 期。

程国强：《中国农产品出口：增长、结构与贡献》，《管理世界》2004 年第 12 期。

程国强：《中国农产品贸易：格局与政策》，《管理世界》1999 年第 3 期。

代云云：《我国蔬菜质量安全管理现状与调控对策分析》，《中国人口·资源与环境》2013 年第 2 期。

董根泰：《部分国家农产品价格政策支持研究》，《统计研究》2004 年第 11 期。

杜娟等：《台湾稳定蔬菜价格的经验与启示》，《价格理论与实践》2013 年第 9 期。

方志权等：《日本蔬菜产业发展新动向》，《中国农村经济》2003 年第 7 期。

冯晓玲、陈雪：《美韩 FTA 下中国农产品对韩出口变动分析》，《世界经济研究》2015 年第 1 期。

符金陵等：《WTO"蓝箱"政策改革对欧盟农业支持政策的影响》，《中国农村经济》2005 年第 4 期。

傅泽田等：《中国蔬菜产业的国际竞争力》，中国农业大学出版社 2006 年版。

高群、熊涛：《我国蔬菜产业各类调控政策真的有效吗——基于事件分析法的研究》，《农业现代化研究》2015 年第 6 期。

高群、宋长鸣：《大陆菜品比较优势与出口市场结构研究》，《经济问题探索》2015 年第 12 期。

高群：《蔬菜价格支持性政策的国际比较——美国、欧盟及俄罗斯的经验借鉴》，《价格理论与实践》2012 年第 9 期。

龚梦：《中国柑橘鲜果价格形成及影响因素研究》，博士毕业论文，华中农业大学，2013 年。

顾国达、方晨靓：《中国农产品价格波动特征分析——基于国际市场因素影响下的局面转移模型》，《中国农村经济》2010 年第 6 期。

郭小聪：《政府经济学》，北京人民大学出版社 2003 年版。

国家发展改革委关于完善价格政策，《促进蔬菜生产流通的通知》，《中国物价》2011 年第 6 期。

韩一军、徐锐钊：《2014 美国农业法改革及启示》，《农业经济问题》2015 年第 4 期。

韩瑜：《我国部分农产品"买贵卖贱"的深层原因及政策启示——基于农产品供求关系的实证研究》，《现代经济探讨》2012 年第 9 期。

何美丽：《蔬菜供应链中的话语权问题研究》，博士学位论文，中国农业大学，2014 年。

何树全：《中国农业支持政策效应分析》，《统计研究》2012 年第 1 期。

洪民荣：《市场结构：农业市场化中的理论问题与政策》，《当代经济研究》2003 年第 3 期。

胡冰川：《中国农产品市场分析与政策评价》，《中国农村经济》2015 年第 4 期。

胡友：《水果价格形成、波动及调控政策研究》，博士学位论文，华中农业大学，2014 年。

黄季焜等：《从农业政策干预程度看中国农产品市场与全球市场的整合》，《世界经济》2008 年第 4 期。

黄季焜等：《对实施农产品目标价格政策的思考——基于新疆棉花目标价格改革试点的分析》，《中国农村经济》2015 年第 5 期。

吉瑞：《农产品价格保险对农产品价格风险调控的影响及启示——以上海市蔬菜价格保险为例》，《中国财政》2013 年第 12 期。

姜雅莉：《蔬菜价格波动及传导研究》，博士学位论文，西北农林科技大学，2013 年。

姜雅莉等：《蔬菜价格波动对低、中、高收入城镇居民福利影响分析》，《西安电子科技大学学报》（社会科学版）2012 年第 4 期。

姜长云：《完善我国农产品流通政策的若干建议》，《宏观经济管理》2012 年第 8 期。

蒋和平：《我国现代农业的发展目标、主要挑战及对策建议》，《中国发展观察》2011 年第 12 期。

蒋学雷等：《新农业政策的经济影响分析》，《农业经济问题》2015 年第 1 期。

蒋中一等：《蔬菜价格的形成及其上涨原因分析》，《中国农村经济》1995 年第 12 期。

冷元元：《简论农产品市场缺陷与系统管理建构——兼析新自由主义市场观》，《当代经济研究》2012 年第 3 期。

李成贵：《粮食直接补贴不能代替价格支持——欧盟、美国的经验及中国的选择》，《中国农村经济》2004 年第 8 期。

李崇光、宋长鸣：《蔬菜水果产品价格波动与调控政策》，《农业经济问题》2016 年第 2 期。

李崇光等：《蔬菜流通不同模式及其价格形成的比较——山东寿光至北京的蔬菜流通跟踪考察》，《中国农村经济》2015 年第 8 期。

李国祥：《2003 年以来我国农产品价格轮番上涨的经济分析》，《新视野》2011 年第 1 期。

李国祥：《2003 年以来中国农产品价格上涨分析》，《中国农村经济》2011 年第 2 期。

李海鹏等：《我国蔬菜出口的增长效应分析》，《国际贸易问题》2007 年第 2 期。

李恒松等：《上海蔬菜惠农政策分析与建议》，《中国蔬菜》2015 年第 1 期。

李磊、肖光年：《"菜贱伤农"与"菜贵伤民"——探讨我国鲜活农产品价格过度波动的对策》，《价格理论与实践》2011 年第 5 期。

李锁平、王利农：《我国蔬菜供给对价格的反应程度分析》，《农业技术经济》2006 年第 5 期。

李锁平：《中国蔬菜产业的经济学分析与政策取向研究》，博士学位论文，中国农业科学院，2006 年。

李晓钟等：《中国对日本蔬菜出口增长效应分析》，《农业技术经济》2013 年第 5 期。

李艳菊：《论我国农业电子商务发展动力机制与策略》，《求索》2015 年第 3 期。

李应春、翁鸣：《日本农业政策调整及其原因分析》，《农业经济问题》2006 年第 8 期。

李优柱等：《我国蔬菜价格预警系统研究》，《农业技术经济》2014 年第 7 期。

廖楚晖、温燕：《农产品价格保险对农产品市场的影响及财政政策研究——以上海市蔬菜价格保险为例》，《财政研究》2012 年第 11 期。

凌华：《中国蔬菜对韩出口竞争力及贸易空间的拓展——以美国为参照》，《国际贸易问题》2010 年第 1 期。

凌振春等：《欧盟蔬菜市场与中国欧盟蔬菜贸易分析》，《上海经济研究》2009 年第 1 期。

刘恩猛：《城市化对粮食、蔬菜价格的影响——以杭州为例》，《经济问题探索》2013 年第 5 期。

刘芳等：《中国蔬菜产业国际市场竞争力的实证研究》，《农业经济问题》2011 年第 7 期。

刘辉：《市场失灵理论及其发展》，《当代经济研究》1998 年第 8 期。

刘玲、岳书铭：《我国蔬菜价格波动特征及原因分析——基于与食品零售价格对比的视角》，《价格理论与实践》2014 年第 10 期。

刘星原：《蔬菜价格：影响力度、性质、原因及目标模式》，《西北农林科技大学学报》（社会科学版）2011 年第 5 期。

刘一江等：《降低农产品价格的新探索——构建生鲜农产品电子商务模式》，《现代管理科学》2015 年第 3 期。

龙朝晖：《农产品电子商务平台模式浅析》，《农业经济》2014 年第 8 期。罗超平等：《蔬菜价格波动及其内生因素——基于 PVAR

模型的实证分析》，《农业技术经济》2013 年第 2 期。

路征、宋丽敏：《我国"农民网商"发展现状、问题与对策建议》，《科技管理研究》2015 年第 5 期。

罗超平、王钊：《波动频率、季节性上涨与蔬菜价格演进机理：1978—2010 年》，《改革》2012 年第 5 期。

罗超平等：《蔬菜价格波动及其内生因素——基于 PVAR 模型的实证分析》，《农业技术经济》2013 年第 2 期。

吕晓英、李先德：《美国农业政策支持水平及改革走向》，《农业经济问题》2014 年第 2 期。

吕新业：《我国农业政策实施效果评价——农业政策理论与实践研讨会（理论层面）综述》，《农业经济问题》2005 年第 1 期。

马晓春：《近年菜价频繁波动的原因及对策》，《调研世界》2011 年第 7 期。

毛学峰、曾寅初：《中国农产品价格政策干预的边界确定——基于产品属性与价格变动特征的分析》，《江汉论坛》2014 年第 11 期。

孟凡艳等：《"农超对接"的蔬菜直销模式探析及政策取向——基于张家口地区的实地调研》，《物流技术》2013 年第 13 期。

闵树琴：《试论我国蔬菜产销中的宏观调控问题》，《农业经济问题》1999 年第 7 期。

闵耀良、邓红卫：《美国蔬菜、水果市场流通状况考察》，《中国农村经济》2000 年第 4 期。

穆月英：《关于蔬菜生产补贴政策的探讨——基于稳定蔬菜价格视角》，《中国蔬菜》2012 年第 19 期。

欧阳泉：《"农超对接"模式下稳定果蔬产品价格机制分析》，《学术交流》2013 年第 2 期。

彭超：《完善蔬菜价格形成机制研究》，《经济研究参考》2014 年第 6 期。

齐洪华、郭晶：《日本农产品价格支持政策评析及借鉴》，《价格理论与实践》2011 年第 10 期。

綦好东、张良刚：《财政支持蔬菜产业项目资金绩效评价研究——以 SD 省为例》，《东岳论丛》2014 年第 11 期。

钱克明：《我国主要农产品供求形势与市场调控的对策建议》，《农业经济问题》2012 年第 1 期。

钱克明：《中国"绿箱政策"的支持结构与效率》，《农业经济问题》2003 年第 1 期。

邱述兵、于维洋：《"田头贱、摊头不贱"——大宗蔬菜价格异常性波动的影响机制与对策研究》，《价格理论与实践》2011 年第 5 期。

邱衍鹏、齐皓天：《中国蔬菜保险的分类比较》，《湖北农业科学》2015 年第 5 期。

沈辰等：《中国蔬菜调控目录制度的展望》，《中国食物与营养》2015 年第 9 期。

石榴红等：《我国政府宏观调控政策有效性研究——以生猪产业为例》，《财经问题研究》2013 年第 11 期。

宋洪远等：《农产品价格波动、机理分析与市场调控》，《农业技术经济》2012 年第 10 期。

宋雨河、武拉平：《价格对农户蔬菜种植决策的影响——基于山东省蔬菜种植户供给反应的实证分析》，《中国农业大学学报》（社会科学版）2014 年第 2 期。

宋雨河：《农户生产决策与农产品价格波动研究》，博士学位论文，中国农业大学，2015 年。

宋长鸣、李崇光：《季节调整后的蔬菜价格波动——兼论货币供应量的影响》，《统计与信息论坛》2012 年第 3 期。

宋长鸣等：《货币供应量、蔬菜调控政策与蔬菜价格波动分析》，《统计与决策》2013 年第 22 期。

宋长鸣等：《基于时间序列分解视角的蔬菜价格波动原因探析》，《统计与决策》2014 年第 3 期。

宋长鸣等：《蔬菜价格波动和纵向传导机制研究——基于 VAR 和 VECH 模型的分析》，《农业技术经济》2013 年第 2 期。

孙静、姜丽：《美国、日本蔬菜产业的发展特点》，《世界农业》2012 年第 9 期。

孙凯：《跷跷板难题与钉状震荡：美国农产品价格调控机制及借鉴》，《农村经济》2014 年第 2 期。

孙小丽、陆迁：《蔬菜价格波动对城镇居民福利的影响及对策研究——以 1995—2010 年为考察期》，《青海社会科学》2012 年第 3 期。

孙秀玲等：《中国农产品价格传导机理与政策——基于生猪产业的分析》，《经济问题》2016 年第 1 期。

孙占刚：《2011 年上海蔬菜价格保险的调查及思考》，《中国蔬菜》2012 年第 1 期。

谭力文等：《我国蔬菜出口市场结构与战略思考》，《中国地质大学学报》（社会科学版）2010 年第 4 期。

汤勇等：《中国蔬菜的比较优势与出口竞争力分析》，《农业技术经济》2006 年第 4 期。

唐步龙：《果蔬质量安全治理中政府失灵的原因及对策研究》，《科技管理研究》2012 年第 24 期。

唐甜等：《价格保险在农产品风险管理中的应用研究——以上海蔬菜价格保险为例》，《上海保险》2015 年第 6 期。

童雨：《我国农产品价格支持政策研究》，《现代经济探讨》2015 年第 6 期。

涂圣伟、蓝海涛：《我国重要农产品价格波动、价格调控及其政策效果》，《改革》2013 年第 12 期。

汪顺彪等：《探索解决居民"买菜贵"和农民"卖菜难"的问题——湖北省荆门市城区蔬菜价格调查及对策建议》，《价格理论与实践》2011 年第 2 期。

王常伟、顾海英：《市场 VS 政府，什么力量影响了我国菜农农药用量的选择？》，《管理世界》2013 年第 11 期。

王德卿等：《上海绿叶菜价格保险调研》，《农村经营管理》2013 年第 6 期。

王斐波、吕宏芬：《农产品出口退税政策调整的效应分析》，《中国农村经济》2005 年第 7 期。

王洪会、何彦林：《基于事件研究的政策效应测算——以吉林省农业国内支持政策对农村内需的拉动效应为实证》，《中南大学学报》（社会科学版）2012 年第 5 期。

王洪会：《基于市场失灵的美国农业保护与支持政策研究》，博士学位论文，吉林大学，2011 年。

王慧敏、吴强：《国家政策对农产品价格波动的影响分析——以棉花为例》，《经济问题》2009 年第 5 期。

王佳元等：《部分省份对重要农产品价格波动的调控实践及建议》，《宏观经济管理》2012 年第 11 期。

王姣、肖海峰：《我国良种补贴、农机补贴和减免农业税政策效果分析》，《农业经济问题》2007 年第 2 期。

王立鹤：《浅析中国蔬菜的国际竞争力——以中日贸易战为例》，《国际贸易问题》2002 年第 3 期。

王良健、罗凤：《基于农民满意度的我国惠农政策实施绩效评估——以湖南、湖北、江西、四川、河南省为例》，《农业技术经济》2010 年第 1 期。

王玲、朱占红：《基于事件分析法的国家创新政策对高新技术产业的影响分析》，《科学学与科学技术管理》2011 年第 9 期。

王玲、朱占红：《事件分析法的研究创新及其应用进展》，《国外社会科学》2012 年第 1 期。

王锐：《欧盟共同农业政策的演进、走向与启示——基于区域经济一体化和贸易自由化的博弈》，《国际经贸探索》2012 年第 8 期。

王孝松、谢申祥：《国际农产品价格如何影响了中国农产品价格?》，《经济研究》2012 年第 3 期。

王秀杰：《批发市场主导的蔬菜流通渠道的变革和创新》，《经济与管理研究》2015 年第 5 期。

王瑛、许可：《食品安全标准对我国农产品出口的影响——基于引力模型的实证分析》，《国际贸易问题》2014 年第 10 期。

王玉环、徐恩波：《论政府在农产品质量安全供给中的职能》，《农业经济问题》2005 年第 3 期。

王钊、姜松：《我国蔬菜价格变动的空间计量分析》，《农业技术经济》2013 年第 11 期。

王志刚等：《日本蔬菜价格稳定制度探析》，《现代日本经济》2013 年第 5 期。

卫龙宝：《市场经济条件下农业发展中政府干预的手段与边界》，《管理世界》1999 年第 4 期。

卫龙宝：《政策杠杆仍然是启动农业发展的根本因素——兼谈我与农业政策作用消退论者的分歧》，《农业经济问题》1993 年第 6 期。

魏浩等：《中国制成品出口比较优势及贸易结构研究》，《经济学（季刊）》2011 年第 4 期。

肖皓等：《农产品价格上涨的供给因素分析：基于成本传导能力的视角》，《农业技术经济》2014 年第 6 期。

肖小勇：《蔬菜价格形成及传递机制研究》，博士学位论文，华中农业大学，2015 年。

肖长惜、马成武：《WTO 框架下国际蔬菜市场准入与贸易壁垒——兼论中国蔬菜产业"走出去"战略的实施》，《农业经济问题》2006 年第 12 期。

徐家鹏、李崇光：《美国次贷危机下中国蔬菜出口：形势、格局及对策分析》，《农业技术经济》2010 年第 5 期。

薛建强：《中国农产品流通体系深化改革的方向选择与政策调整思路》，《北京工商大学学报》（社会科学版）2014 年第 2 期。

杨光兵、刘亚：《部分国家蔬菜价格宏观调控政策研究》，《世界农业》2013 年第 10 期。

杨顺江：《中国蔬菜产业发展研究》，博士学位论文，华中农业大学，2004 年。

叶兴庆：《对我国农业政策调整的几点思考》，《农业经济问题》2005 年第 1 期。

翟雪玲、张晓涛：《美国农业支持政策效应评估》，《农业经济问题》2005 年第 1 期。

张兵、刘丹：《当前农业结构战略性调整需要关注的问题》，《农业经济问题》2013 年第 8 期。

张红宇等：《当前农业和农村经济形势分析与农业政策的创新》，《管理世界》2009 年第 11 期。

张立中：《完善我国农产品价格调控政策的对策》，《经济纵横》2013 年第 9 期。

张琼：《事件研究法在我国药品降价政策评估中的应用》，《财经研究》2010 年第 12 期。

张伟明：《我国蔬菜出口现状及策略》，《国际贸易问题》2002 年第 9 期。

张晓敏：《基于易腐性视角的我国农产品非对称价格传递研究》，博士学位论文，南京农业大学，2012 年。

张义博等：《农业经济形势分析及展望》，《宏观经济管理》2015 年第 1 期。

张于喆、王俊沣：《我国蔬菜价格调控机制研究综述》，《华中农业大学学报（人文社会科学版）》2014 年第 1 期。

张照新等：《通货膨胀、农产品价格上涨与市场调控》，《农业技术经济》2011 年第 3 期。

章棋等：《双边技术性贸易措施对我国蔬菜出口贸易的影响分析》，《国际贸易问题》2013 年第 3 期。

赵翠萍：《我国城乡蔬菜价格联动机制实证分析》，《农业技术经济》2012 年第 6 期。

赵姜等：《我国鲜活农产品价格波动特征与调控政策建议》，《中国软科学》2013 年第 5 期。

赵俊晔：《我国蔬菜价格保险试点与研究进展》，《蔬菜》2014 年第 12 期。

赵瑞莹、杨学成：《农产品价格风险预警模型的建立与应用——基于 BP 人工神经网络》，《农业现代化研究》2008 年第 2 期。

赵瑞莹、周衍平：《欧盟主要农产品市场政策的经验借鉴》，《世界农业》2010 年第 5 期。

赵晓飞：《我国蔬菜市场存在的主要问题分析》，《经济研究参考》2015 年第 24 期。

赵辛、钟剑：《交易成本视野的价格波动：自鲜活农产品观察》，《改革》2013 年第 3 期。

赵玉、祁春节：《中国大豆期货市场有效吗？——基于事件分析法的研究》，《经济评论》2010 年第 1 期。

郑大豪：《农业弱质性的成因、影响和对策》，《农业技术经济》1995 年第 4 期。

郑风田：《鲜活及小宗农产品"卖难价跌"现象的深层次思考》，《价格理论与实践》2013 年第 1 期。

郑桂环、汪寿阳：《新出口退税政策对中国出口贸易方式的影响——事件分析法的一个新应用》，《公共管理学报》2004 年第 3 期。

钟甫宁：《农业政策学》，中国农业出版社 2003 年版。

周望军：《论价格监管的边界》，《宏观经济研究》2011 年第 2 期。

周望军等：《台湾稳定蔬菜价格的经验与启示》，《价格理论与实践》2013 年第 9 期。

周望军等：《以价调基金为资金依托，从国家层面构建蔬菜价格稳定长效机制》，《中国经济导报》2013 年第 5 期。

周姁、张建波：《我国农产品价格上涨原因及农业政策分析》，《江西财经大学学报》2008 年第 4 期。

周应恒、卢凌霄：《生鲜蔬菜供应链效率研究——以南京为例》，《江苏农业科学》2008 年第 1 期。

周应恒等：《近期中国主要农业国内支持政策评估》，《农业经济问题》2009 年第 5 期。

周振亚等：《我国蔬菜价格问题及其成因分析》，《农业经济问题》2012 年第 7 期。

朱晶：《中国劳动力密集型农产品出口市场结构与定位分析》，《中国农村经济》2004 年第 9 期。

朱满德、程国强:《中国农业政策:支持水平、补贴效应与结构特征》,《管理世界》2011 年第 7 期。

朱四海:《我国农业政策演变的两条基本线索》,《农业经济问题》2005 年第 11 期。

庄丽娟等:《金砖五国农产品出口增长及竞争力实证分析》,《华中农业大学学报(社会科学版)》2015 年第 4 期。

宗义湘、李先德:《中国农业政策对农业支持水平的评估》,《中国软科学》2006 年第 7 期。

Pollard C. M. , et al. "Translating Government Policy into Recipes for Success! Nutrition Criteria Promoting Fruits and Vegetables" *Journal of Nutrition Education and Behavior*, Vol. 41, 2009.

Veerman J. L. , et al. "The European Common Agricultural Policy on fruits and vegetables: exploring potential health gain from reform" *European Journal of Public Health*, Vol. 16 (1), 2006.

"Agriculture in the European Union" *Statistical and economic information*, Report 2012.

Aarestrup AK, et al. "Implementation of strategies to increase adolescents'access to fruit and vegetables at school: process evaluation findings from the Boost study" *BMC Public Health*, Vol. 15, 2015.

Arezki R, et al. "The Relative Volatility of Commodity Prices: A Reappraisal" *American Journal of Agricultural Economics*, Vol. 96 (3), 2014.

Aysoy C, et al. "How does a shorter supply chain affect pricing of fresh food? Evidence from a natural experiment" *Food Policy*, Vol. 57, 2015.

Balagtas JV, et al. "How Has US Farm Policy Influenced Fruit and Vegetable Production?" *Applied Economic Perspectives and Policy*, Vol. 36 (2), 2014.

Beatty TKM, et al. "Is Diet Quality Improving? Distributional Changes in the United States, 1989 – 2008" *American Journal of Agricultural Economics*, Vol. 96 (3), 2014.

Bender, S. "The Changing Trade and Revealed Comparative Advantages of Asian and Latin American Manufacture Exports", Working Paper, Economic Growth Center. Yale University, 2011.

Cioffi A and dell'Aquila C. "The effects of trade policies for fresh fruit and vegetables of the European Union" *Food Policy*, Vol. 29 (2), 2004.

Dallongeville J, et al. "Increasing fruit and vegetable consumption: a cost – effectiveness analysis of public policies" *European Journal of Public Health*, Vol. 21 (1), 2011.

De Mouzon O, et al. "Are fruit and vegetable voucher policies cost – effective?" *European Review of Agricultural Economics*, Vol. 39 (5), 2012.

De Sa J and Lock K. "Will European agricultural policy for school fruit and vegetables improve public health A review of school fruit and vegetable programmes" *European Journal of Public Health*, Vol. 18, 2008.

Ding JP, et al. "Direct farm, production base, traceability and food safety in China" *Journal of Integrative Agriculture*, Vol. 14 (11), 2015.

D'Souza A and Jolliffe D. "Food Insecurity in Vulnerable Populations: Coping with Food Price Shocks in Afghanistan" *American Journal of Agricultural Economics*, Vol. 96 (3), 2014.

Foltz JL, et al. "Support Among U. S. Adults for Local and State Policies to Increase Fruit and Vegetable Access" *American Journal of Preventive Medicine*, Vol. 5, 2014.

Gaigne C and Le Mener L, "Agricultural Prices, Selection, and the Evolution of the Food Industry" *American Journal of Agricultural Economics*, Vol, 96 (3), 2014.

Gardner BL, "The Farm – Retail Price Spread in a Competitive Food Industry" *American Journal of Agricultural Economics*, Vol. 57, 1975.

Gelbach J, et al. "Cheap Donuts and Expensive Broccoli: The Effect of Relative Prices on Obesity" Florida State University, 2007.

Glanz K and Yaroch AL. "Strategies for increasing fruit and vegetable intake in grocery stores and communities: policy, pricing, and environmental change" *Preventive Medicine*, Vol. 39, 2004.

Greig E, et al. "Women infants and children policy change: effects on fruit and vegetable consumption among loe – income children new mexico" *Journal of Investigative Medicine*, Vol. 59, 2004.

Hood C, et al. "Promoting healthy food consumption: a review of state – level policies to improve access to fruits and vegetables" WMJ: *official publication of the State*, Vol. 111, 2012.

Kyureghian G, et al. "The Effect of Food Store Access and Income on Household Purchases of Fruits and Vegetables: A Mixed Effects Analysis" *Applied Economic Perspectives and policy*, Vol. 35 (1), 2013.

Lima – Filho DdO, et al. "Purchase policies to fresh fruit and vegetables in supermarkets in Campo Grande, Brazil" *Horticultura Brasileira*, Vol. 30 (1), 2012.

Linda Calvin and Philip Martin, "The U. S. Produce Industry and Labor: Facing the Future in a Global Economy" USDA, *Economic Research Service*, Vol. 11, 2010.

Lock K. "The Global Burden of Disease attributable to low fruit and vegetable intake – What does this mean for public health policy in Europe?" *European Journal of Public Health*, Vol. 12 (4), 2002.

MacKinlay A. C. "Event Studies in Economics and Finance" *Journal of Economic Literature*, Vol. 35 (1), 1997.

Marcu N, et al. "An evaluation of the Romanian fruits and vegetables producers access to different types of Common Agricultural Policy instruments. Is there any real consistency with the policy objectives?" *Notulae Botanicae Horti Agrobotanici Cluj – Napoca*, Vol. 43 (1), 2015.

McGoy SL. "Opportunities for Local Produce: Alternative Food Venues, Culturally – Preferred Fruits and Vegetables, Supportive Policy, and Technological Advances" *Journal of Nutrition Education and Behavior*, Vol. 45, 2013.

McWilliams A and Siegel D. "Event studies in management research:

Theoretical and empirical issues" *Academy of Management Journal*, Vol. 40 (3), 1997.

Miao Z, et al. "Taxing Sweets: Sweetener Input Tax or Final Consumption Tax?" *Contemporary Economic Policy*, Vol. 30, 2012.

Mitchell, et al. "The Role of Financial Economics in Securities Fraud Cases: Applications at the Securities and Exchange Commission" *The Business Lawyer*, Vol. 49 (2), 1994.

Nanney MS, et al. "Recommended school policies are associated with student sugary drink and fruit and vegetable intake" *Preventive Medicine*, Vol. 62, 2014.

Okrent AM and Alston JM. "The Effects of Farm Commodity and Retail Food Policies on Obesity and Economic Welfare in the United States" *American Journal of Agricultural Economics*, Vol. 94, 2012.

Parker JS, et al. "Including growers in the 'food safety' conversation: enhancing the design and implementation of food safety programming based on farm and marketing needs of fresh fruit and vegetable producers" *Agric Hum Values*, Vol. 29, 2012.

Pollard C. M., et al. "Selecting interventions to promote fruit and vegetable consumption: from policy to action, a planning framework case study in Western Australia" *Australia and New Zealand Health Policy*, Vol. 5, 2008.

Revoredo – Giha C and Renwick A. "Retailers Price Behavior in the UK Fresh Fruit and Vegetable Market" *Agribusiness*, Vol. 28 (4), 2012.

Rickard B. J. and Sumner D. A. "Was there policy 'reform'? Evolution of EU domestic support for processed fruits and vegetables" *Food Policy*, Vol. 36 (3), 2011.

Teimoury E, et al. "A multi – objective analysis for import quota policy making in a perishable fruit and vegetable supply chain: A system dynamics approach" *Computers and Electronics in Agriculture*, Vol. 93, 2013.

Vercammen J and Doroudian A. "Portfolio Speculation and Commodity

Price Volatility in a Stochastic Storage Mode" *American Journal of Agricultural Economics*, Vol. 96 (2), 2014.

Warren B. F. "An Event – Probability Case Study" *Review of Industrial Organization*, Vol. 19 (4), 2001.

Waterlander WE, "The effect of a 25% price reduction on fruit and vegetable purchases: a RCT using the 'Virtual Supermarket'" *European Journal of Public Health*, 2010.

Worsley A, "Australian consumers'views of fruit and vegetable policy options" *Health Promotion International*, Vol. 26 (4), 2011.

Zenk SN, "Impact of the Revised Special Supplemental Nutrition Program for Women, Infants, and Children (WIC) Food Package Policy on Fruit and Vegetable Prices" *Journal of the Academy of Nutrition and Dietetics*, Vol. 114 (2), 2014.

# 附录 蔬菜产业相关的调控政策概览

## 附表 1 中央层面与蔬菜生产环节相关的调控政策汇总（2000—2015 年）

| 类别 | 发布部门 | 时间 | 文件名称 | 主要内容 |
|---|---|---|---|---|
| 『菜篮子』产品标准化生产与保障菜品供给政策 | 国务院 | 2002.08 | 关于加强新阶段"菜篮子"工作的通知 | 确保长期稳定供给，提高蔬菜类产品质量安全 |
| | | 2008.02 | 批转煤电油运和抢险抗灾应急指挥中心低温雨雪冰冻灾后恢复重建规划指导方案的通知 | 重建蔬菜大棚，恢复蔬菜类产品生产 |
| | | 2009.05 | 关于当前稳定农业发展促进农民增收的意见 | 实现蔬菜产业化运营，推进标准化与规模化生产，强化蔬菜类产品质量与综合竞争力 |
| | | 2009.11 | 关于做好强降雪防范应对工作的通知 | 恢复蔬菜生产，保障菜品供应 |
| | | 2010.03 | 关于统筹推进新一轮"菜篮子"工程建设的意见 | 保证蔬菜类产品供应，提升各地菜品自给率 |
| | | 2010.08 | 关于进一步促进蔬菜生产保障市场供应和价格基本稳定的通知 | 加强生产基地建设，确保菜品有效供给 |

| 类别 | 发布部门 | 时间 | 文件名称 | 主要内容 |
|---|---|---|---|---|
| 「菜篮子」产品标准化生产与保障菜品供给政策 | 农业部 | 2007.08 | 关于贯彻落实全国"菜篮子"工作电视电话会议精神的通知 | 保障蔬菜类产品稳定供给，加强产品质量监管 |
| | | 2008.02 | 关于切实抓好主要农作物灾后生产恢复工作的紧急通知 | 重建蔬菜大棚，保障蔬菜类产品的供给 |
| | | 2008.02 | 关于切实抓好农垦系统灾后重建恢复生产工作的通知 | 恢复蔬菜生产 |
| | | 2008.02 | 关于印发农业灾后恢复重建工作安排意见的通知 | 扩大蔬菜生产，保障菜品供应 |
| | | 2008.07 | 关于促进设施农业发展的意见 | 促进设施蔬菜发展，保障菜品的季节性均衡供应 |
| | | 2011.09 | 关于进一步加强产销衔接 保障农产品市场稳定的通知 | 确保越冬菜品的供应 |
| | | 2014.04 | 2014年国家深化农村改革、支持粮食生产、促进农民增收政策措施 | 继续做好北方城市冬季设施蔬菜的开发，促进设施菜品向科学化、规范化方向提升，确保北方地区冬季反季节菜品稳定供给 |
| | | 2015.02 | 关于进一步调整优化农业结构的指导意见 | 发展北方城市冬季设施蔬菜，巩固与提升"南菜北运"冬季瓜菜的生产能力，发展西部特色高原菜品，保证蔬菜类产品实现区域性与季节性的均衡供应；因地制宜，健全菜品分类调控制度；调整优化区域生产布局，在绿洲农业区发展设施蔬菜特色园艺产业 |

| 类别 | 发布部门 | 时间 | 文件名称 | 主要内容 |
|---|---|---|---|---|
| 『菜篮子』产品标准化生产与保障菜品供给政策 | 农业部 | 2015.04 | 2015年国家深化农村改革、发展现代农业、促进农民增收政策措施 | 推进化肥、农药零增长扶持机制，做好17省（市）42县低毒生物农药示范补助试点工作；保障菜品的周年均衡供给，切实落实生产"三提升"工作：一是提升菜品供给能力；二是提升菜品科技化水平；三是提升蔬菜组织化水平 |
| | 发改委、商务部 | 2013.12 | 关于保障当前蔬菜市场供应和价格基本稳定的通知 | 提升认识水平，落实蔬菜类产品市长负责制；抓好蔬菜生产，稳定菜品上市量；推进产销衔接，做好产品组织调运工作 |
| 强化质量安全 | 主席令 | 2015.04 | 中华人民共和国食品安全法 | 禁止将剧毒、高毒农药用于蔬菜类产品 |
| | 国务院 | 2003.07 | 关于实施食品药品放心工程的通知 | 规范行业市场，加强菜品农药残留检测工作 |
| | | 2004.05 | 关于印发食品安全专项整治工作方案的通知 | 尽可能地降低蔬菜类产品的农药残留平均超标率 |
| | | 2004.09 | 关于进一步加强食品安全工作的决定 | 将蔬菜类产品纳入食品安全信息发布试点品种 |
| | | 2005.03 | 关于印发2005年全国食品药品专项整治工作安排的通知 | 规范蔬菜市场，落实蔬菜类产品的农药残留检测项目 |
| | | 2014.04 | 关于印发2014年食品安全重点工作安排的通知 | 构建产品质量标识与原产地可追溯机制，稳步推进菜品质量安全与流通环节追溯机制构建；推动蔬菜生产基地建设，引导小作坊、小企业、小餐饮等生产经营活动向食品加工产业园区集聚 |

| 类别 | 发布部门 | 时间 | 文件名称 | 主要内容 |
|---|---|---|---|---|
| 强化质量安全 | 国务院 | 2015.03 | 关于印发2015年食品安全重点工作安排的通知 | 加大包括蔬菜类产品在内的食用农产品监管力度，积极推行菜品标准化生产和全程控制系统，严格管控农药、化肥的投入，推动病虫害绿色防控机制；加快建设"农田到餐桌"全程可追溯体系；科学创建农产品质量安全县试点 |
| | 农业部 | 2003.09 | 关于加强无公害农产品生产示范基地县管理的通知 | 进一步完善蔬菜集中产区农药使用约束机制 |
| | | 2004.01 | 关于开展2004年农产品质量安全例行监测工作的通知 | 组织菜品农药残留例行监测 |
| | | 2004.04 | 关于印发《农产品质量安全宣传周活动方案》的通知 | 发布关于蔬菜类产品农药残留监测结果 |
| | | 2006.12 | 关于开展农产品质量安全执法专项行动的通知 | 强化包括蔬菜类产品在内的食品安全管制工作 |
| | | 2007.08 | 关于开展农产品质量安全专项整治行动的通知 | 加强包括蔬菜类产品在内的食品安全管制工作 |
| | | 2014.03 | 关于印发《2014年高毒农药定点经营示范项目实施指导方案》的通知 | 在包括河北在内的5个省份试点高毒农药定点经营，要求生产蔬菜的重点区域不得设置高毒农药经营定点（即界定为高毒农药禁止使用区） |
| | | 2015.04 | 关于打好农业面源污染防治攻坚战的实施意见 | 启动化肥零增长项目，并在设施农业及蔬菜、水果领域广推测土配方施肥技术，使其覆盖全部作物 |

| 类别 | 发布部门 | 时间 | 文件名称 | 主要内容 |
|---|---|---|---|---|
| 强化质量安全 | 商务部 | 2012.09 | 贯彻落实《关于加强食品安全工作的决定》等文件的意见 | 推进蔬菜流通追溯机制重点项目实施，在试点基础上，争取扩展至部分直辖市、计划单列市及省会城市，科学构建符合大市场、大流通格局的全国性追溯网络 |
| | 商务部、科技部等11部 | 2004.06 | 关于积极推进有机食品产业发展的若干意见 | 着力推进有机蔬菜产业进程 |
| | 农业部、食品药监局 | 2014.10 | 关于加强食用农产品质量安全监督管理工作的意见 | 加快建立蔬菜类产品质量追溯机制，率先推动主产地的专业合作组织、龙头企业及家庭农场开展菜品质量追溯试点 |
| 科技研发与推广政策 | 国务院 | 2011.12 | 关于加快推进农业科技创新持续增强农产品供给保障能力的若干意见 | 实施蔬菜产业发展规划，保障蔬菜类产品的稳定供给 |
| | 农业部 | 2014.03 | 关于推介发布2014年主导品种和主推技术的通知 | 遴选并推广2014年四个重点菜品、三项关键技术 |
| | | 2015.03 | 关于大力推进农产品加工科技创新与推广工作的通知 | 强化蔬菜烘干贮藏保鲜共性关键技术变革和推广，开发与更新加工设备，将产后损失率控制在合理范围 |
| | 国家计委 | 2002.02 | 关于现代农业高技术示范工程2002年工作重点的公告 | 进一步强化蔬菜高产配套应用科技水平，研发与设施栽培、反季节供给及周年生产相配套的高产科技，构建标准化质量安全体系，推进工厂化育苗与无毒种苗繁殖技术，促进菜品良种率提升10%，加工比提升5%，安全卫生质量显著改善。重点扶持高档稀缺菜品加工与保鲜科技的研发 |

| 类别 | 发布部门 | 时间 | 文件名称 | 主要内容 |
|---|---|---|---|---|
| 标准园创建 | 农业部 | 2009.10 | 关于印发《全国蔬菜标准园创建工作方案》的通知 | 推进蔬菜"标准园"建设 |
| | | 2012.06 | 关于推进农业项目资金倾斜支持国家现代农业示范区建设的通知 | 重申强调了蔬菜"标准园"创建的重要意义，提出农业资金有必要倾斜支持产业示范区，积极打造一批安全、优质、高产、高效且生态的现代化产业园区。 |
| 农业保险或其他金融支持政策 | 国务院 | 2014.04 | 关于金融服务"三农"发展的若干意见 | 扩大涉农保险覆盖面，重点推行重要"菜篮子"品种保险；稳步推进主要菜品价格保险试点工作，倡导主产区因地制宜推行特色优势作物保险试点 |
| | 农业部 | 2014.08 | 关于推动金融支持和服务现代农业发展的通知 | 推动提高作物保险保障水平，开展蔬菜等农产品目标价格保险试点 |
| | 农业部、中国邮政储蓄银行 | 2014.09 | 关于邮政储蓄资金支持现代农业示范区建设的意见 | 邮政储蓄银行遵循资产评估价值科学界定贷款额度、期限、利率，会同示范区积极推进蔬菜大棚、农用机械及厂房等抵押贷款，推动贷款抵押担保方式创新 |
| | 发改委 | 2011.05 | 关于完善价格政策促进蔬菜生产流通的通知 | 开办蔬菜品种政策性保险 |
| 其他政策 | 农业部 | 2007.11 | 关于开展冬季农业生产督导工作的通知 | 督导蔬菜类产品的生产与稳定供应 |
| | | 2013.06 | 关于开展2013年度"稳定发展'菜篮子'产品生产"延伸绩效管理试点工作的通知 | 继续对部分省开展"稳定发展'菜篮子'产品生产"延伸绩效管理试点工作 |

| 类别 | 发布部门 | 时间 | 文件名称 | 主要内容 |
|------|---------|------|---------|---------|
| 其他政策 | 农业部 | 2013.09 | 关于扩大生产主体价格调查范围的通知 | 增加蔬菜市场价格调查县。其中，北京、天津及上海各增加1—2个，海南与宁夏各增加2—3个，其余各省（区、市）分别增加3—5个；各调查县选择8—10个种植大户、专业合作社、生产基地等作为信息采集点 |

## 附表2 中央层面与蔬菜产业流通环节相关的调控政策汇总（2000—2015年）

| 类别 | 发布部门 | 时间 | 文件名称 | 主要内容 |
|------|---------|------|---------|---------|
| 扶持蔬菜批零市场政策 | 农业部 | 2003.03 | 关于发展农产品和农资连锁经营的意见 | 鼓励茄果与根茎类蔬菜启动连锁运营模式 |
| | | 2005.04 | 关于印发《农产品批发市场建设与管理指南（试行）》的通知 | 规范蔬菜批发市场 |
| | 财政部、商务部、税务总局 | 2005.04 | 关于开展农产品连锁经营试点的通知 | 启动蔬菜类产品连锁运营试点工作，促进菜品流通规模化，提升种植户收入 |
| | 商务部 | 2008.04 | 农产品批发市场食品安全操作规范（试行） | 建议新鲜蔬菜类产品应根据自身生理特性选择适宜温湿度和存储方法。果蔬类产品应至少配备快速检测有机磷与氨基甲酸酯类农药残留量的仪器 |
| | 商务部、发改委、财政部等13部 | 2014.02 | 关于进一步加强农产品市场体系建设的指导意见 | 硬化细化"菜篮子"市长负责制，在考核机制中增加农产品市场体系建设状况评定；倡导各地设置迎合市场发展形势的菜市规范机构；鼓励包括连锁运营、社区电商、平价商店、便民菜店在内的新型流通模式 |

| 类别 | 发布部门 | 时间 | 文件名称 | 主要内容 |
|---|---|---|---|---|
| 创新流通模式 | 商务部、农业部 | 2011.02 | 关于全面推进农超对接工作的指导意见 | 支持超市采取日结方式收购生鲜蔬菜，尽量缩短账期。继续支持符合条件的合作组织实施"标准园"项目 |
| | | 2011.10 | 关于开展"全国农超对接进万村"行动的通知 | 鼓励"农超对接"，提高蔬菜类产品流通效率 |
| | 国务院 | 2015.05 | 关于大力发展电子商务加快培育经济新动力的意见 | 积极推进农村电子商务，强化植物检疫系统、安全追溯系统、产品质量标准系统、品质保障和安全监管机制构建，大力发展蔬菜冷链基础设施；倡导电商平台支持"一村一品"，支持名牌菜品对外输出 |
| | | 2015.07 | 关于积极推进"互联网＋"行动的指导意见 | 广推"互联网＋"现代农业，完善农副产品质量安全追溯体系；广推"互联网＋"电子商务，开展生鲜农产品和农业生产资料电商试点，助推农业大宗商品电子商务 |
| | | 2015.10 | 关于促进农村电子商务加快发展的指导意见 | 加快包括蔬菜在内的农业现代化流通网络建设 |
| | 商务部 | 2011.12 | 关于"十二五"期间促进拍卖业发展的指导意见 | 倡导中西部地区推行蔬菜、花卉、辣椒等特色作物拍卖机制 |
| | | 2012.10 | 启动应对工作机制解决蔬菜卖难问题 | 迅速摸清情况，启动网上对接，开展社会救助，启动储备机制，筹备产销对接会，加强信息引导 |
| | | 2012.12 | 关于加快推进鲜活农产品流通创新的指导意见 | 进一步探寻蔬菜类产品流通新模式 |

续表

| 类别 | 发布部门 | 时间 | 文件名称 | 主要内容 |
|---|---|---|---|---|
| 强化冷链物流设施建设 | 国务院 | 2008.01 | 关于加强鲜活农产品运输和销售工作的意见 | 加强蔬菜运输和销售，保障蔬菜类产品的稳定供应 |
| | | 2014.09 | 关于印发物流业发展中长期规划（2014—2020）的通知 | 加强冷链物流设施建设，完善"南菜北运"与大宗蔬菜预冷、加工、冷藏及冷链运输建设 |
| | 发改委 | 2010.06 | 关于印发农产品冷链物流发展规划的通知 | 强化蔬菜冷链物流，降低损耗，缓和季节生产矛盾 |
| | 商务部、发改委、供销总社 | 2011.03 | 商贸物流发展专项规划 | 重点做好包括低温运输、装卸、仓储及加工配送等工序在内的蔬菜类产品物流标准推广与应用工作 |
| 蔬菜流通追溯体系与市场信息平台建设政策 | 国务院 | 2011.12 | 关于加强鲜活农产品流通体系建设的意见 | 降低蔬菜中间成本，保障供应 |
| | | 2012.08 | 关于深化流通体制改革加快流通产业发展的意见 | 建立健全新鲜蔬菜和水果流通追溯体系 |
| | | 2013.01 | 关于印发降低流通费用提高流通效率综合工作方案的通知 | 控制蔬菜产销环节用水用电价格与运营费用 |
| | 经贸委 | 2002.12 | 关于做好2003年元旦、春节市场供应和食品安全工作的通知 | 进一步健全包括蔬菜类产品在内的食品卫生质量安全工作制度 |
| | 发改委 | 2011.05 | 关于完善价格政策促进蔬菜生产流通的通知 | 降低类品流通成本，建立菜价调节基金机制。规定蔬菜产销领域的价格调节基金比例不能低于基金总额的30%，且价格调节基金还未启动的区域，要在2011年年底之前依法建设价格调节基金机制。 |

| 类别 | 发布部门 | 时间 | 文件名称 | 主要内容 |
|------|---------|------|---------|---------|
| 蔬菜流通追溯体系与市场信息平台建设政策 | 发改委 | 2013.05 | 关于进一步降低农产品生产流通环节电价有关问题的通知 | 控制农业产销环节用电费用，明确了生产菜品过程中电费遵循农业用电价格 |
| | 发改委、商务部 | 2013.12 | 关于保障当前蔬菜市场供应和价格基本稳定的通知 | 增加销售网点，降低菜品的流通成本；完善菜品应急预案，及时投放储备；加强蔬菜产业市场监管机制，保障困难群众基本生活需求；强化菜品产销环节信息监测，做好舆论引导 |
| | 商务部 | 2003.12 | 关于做好2004年元旦、春节食品安全和商品市场供应工作的通知 | 加强蔬菜类产品的加工与流通管制，完善食品安全工作制度 |
| | | 2010.06 | 关于做好流通领域食品安全工作的通知 | 推动大中城市探索利用物联网技术，建立蔬菜类产品流通追溯体系，集成批发、配送、零售等多环节信息，形成菜品来源可查证、去向可追溯、责任可追究的完整的信息链条，促使生产经营主体规范生产经营，提高质量安全保障水平 |
| | | 2011.10 | 关于"十二五"电子商务发展的指导意见 | 倡导构建产品流通追溯机制，利用云计算与物联网技术革新追溯流程与模式，提升追溯精度、强化产品质量安全 |
| | | 2011.10 | 关于"十二五"期间加快肉类蔬菜流通追溯体系建设的指导意见 | 科学构建产品流通追溯机制 |

| 类别 | 发布部门 | 时间 | 文件名称 | 主要内容 |
|---|---|---|---|---|
| 蔬菜流通追溯体系与市场信息平台建设政策 | 商务部 | 2012.11 | 关于印发《肉类蔬菜流通追溯零售电子秤技术要求》《肉类蔬菜流通批发自助交易终端技术要求》等技术规范的通知 | 出台《肉类蔬菜流通追溯批发自助交易终端技术要求》《肉类蔬菜流通追溯零售电子秤技术要求》《肉类蔬菜流通追溯手持读写终端技术要求》《肉类蔬菜流通追溯体系城市管理平台技术要求》《肉类流通监管专用激光灼刻设备技术要求》五个技术规范 |
| | | 2014.06 | 关于做好2014年商务系统食品安全工作的通知 | 推进产品流通追溯机制构建 |
| | | 2014.07 | 关于抓好肉类蔬菜中药材流通追溯体系运行管理工作的通知 | 开通产品追溯信息查询通道，通过智能手机、热线电话、互联网在线查询窗口，面向社会公众提供方便快捷的查询服务 |
| | 财政部、商务部及中国人民银行 | 2011.10 | 关于"十二五"时期做好扩大消费工作的意见 | 建立蔬菜类产品来源可追溯、去向可查证、责任可追究流通追溯体系，加强与生产领域信息的衔接，逐步构建全过程追溯机制 |
| | 农业部 | 2008.02 | 关于加强灾后农产品市场流通工作的通知 | 保障蔬菜类产品的稳定供应 |
| | | 2014.04 | 2014年国家深化农村改革、支持粮食生产、促进农民增收政策措施 | 继续做好农产品追溯体系建设，在全国构建果蔬类产品"生产记录、责任备案、责任溯源、流向追踪、信息共享"机制 |
| 重要菜品储备政策 | 国务院 | 2012.08 | 关于深化流通体制改革加快流通产业发展的意见 | 完善中央与地方重要商品储备制度，优化储备品种与区域结构，加大蔬菜类产品储备力度 |

| 类别 | 发布部门 | 时间 | 文件名称 | 主要内容 |
|---|---|---|---|---|
| 重要菜品储备政策 | 农业部、发改委、商务部及财政部 | 2012.11 | 关于做好今年北方大城市冬春蔬菜储备工作的通知 | 严抓北方地区反季节菜品储备 |
| | 发改委、商务部 | 2013.10 | 关于做好2013—2014年度北方大城市冬春蔬菜储备工作的通知 | 落实北方地区反季节菜品储备工作 |
| 推进蔬菜加工 | 农业部 | 2004.03 | 关于印发《农产品加工推进行动方案》的通知 | 强化蔬菜加工 |
| 进出口政策 | 商务部、财政部等 | 2004.10 | 关于扩大农产品出口的指导性意见 | 适应国际贸易新形势，进一步构建与完善果蔬类产品商品协会与行业组织 |
| | 商务部 | 2010.12 | 《黄瓜流通规范》等7类国内贸易行业标准 | 批准了7类贸易标准 |
| 税收优惠政策 | 商务部 | 2008.11 | 关于发布享受企业所得税优惠政策的农产品初加工范围（试行）通知 | 确定企业所得税优惠机制试用的蔬菜初加工范畴 |
| | 财政部、税务总局 | 2011.12 | 关于免征蔬菜流通环节增值税有关问题的通知 | 免征菜品批发零售环节增值税 |
| | 农业部 | 2014.04 | 2014年深化农村改革、支持粮食生产、促进农民增收政策措施 | 免征蔬菜流通环节增值税 |

续表

| 类别 | 发布部门 | 时间 | 文件名称 | 主要内容 |
|---|---|---|---|---|
| "绿色通道"政策 | 经贸委、财政部等8部 | 2002.06 | 关于进一步推进"绿色通道"试点工作的意见 | 进一步改进生鲜蔬菜运输方式与保鲜设施建设，强化蔬菜公路运输管理工作 |
| | 交通部、农业部等 | 2005.01 | 全国高效率鲜活农产品流通"绿色通道"建设实施方案 | 提高蔬菜产业运营绩效，对"绿色通道"政策做进一步优化与完善 |
| | 交通部、发改委 | 2009.12 | 关于进一步完善和落实鲜活农产品运输绿色通道政策的通知 | 规定自2010年起国内所有收费公路均纳入"绿色通道"范畴 |

## 附表3　中央层面与蔬菜产业其他环节相关的调控政策汇总（2000—2015年）

| 政策类别 | 发布部门 | 时间 | 文件名称 | 主要内容 |
|---|---|---|---|---|
| 基础设施建设与基本农田保护政策 | 主席令 | 2004.08 | 关于修改中华人民共和国土地管理法的决定 | 将蔬菜生产基地划入基本农田保护区 |
| | 国务院 | 2007.12 | 关于切实加强农业基础建设进一步促进农业发展农民增收的若干意见 | 积极推动蔬菜规模化种植 |
| 应急调控政策 | 发改委 | 2009.11 | 关于积极应对恶劣天气影响抓紧做好煤电油气运及重要物资保障工作的紧急通知 | 各有关单位要密切关注天气变化，加强蔬菜类产品市场监测，及时掌握产供销存等情况，加强监管，稳定市场价格 |
| | 商务部、发改委 | 2012.12 | 关于及时投放储备蔬菜保障受灾地区蔬菜供应和价格基本稳定的通知 | 有效利用北方地区反季节菜品收储机制，确保灾区菜价稳定与产品供给 |

| 政策类别 | 发布部门 | 时间 | 文件名称 | 主要内容 |
|---|---|---|---|---|
| 应急调控政策 | 商务部、中宣部、发改委、公安部 | 2008.04 | 关于全国生活必需品市场供应应急预案的通知 | 出台包括蔬菜类产品市场供给应急预案 |
| | 农业部 | 2008.05 | 关于全力做好农业抗震救灾工作的紧急通知 | 保障地震灾区蔬菜供给 |
| | | 2008.06 | 关于防御近期强降雨天气加强农业抗灾救灾工作的紧急通知 | 组织抢收已成熟蔬菜 |
| | 商务部 | 2005.04 | 关于加强生活必需品市场监测的紧急通知 | 将蔬菜类产品纳入监测范围 |
| | | 2008.11 | 突发事件生活必需品应急管理暂行办法 | 制定蔬菜类产品价格异动时的应急方案 |
| | | 2009.08 | 关于进一步加强市场供应应急管理工作的通知 | 将蔬菜纳入《中国应急商品数据库》中17个应急商品之一 |
| | | 2011.12 | 生活必需品市场供应应急管理办法 | 出台了蔬菜类产品供给应急方案 |
| 稳定消费价格政策 | 国务院 | 2010.11 | 关于稳定消费价格总水平保障群众基本生活的通知 | 扩大生产，确保越冬蔬菜供给 |
| | | 2013.01 | 关于保障近期蔬菜市场供应和价格基本稳定的紧急通知 | 保障市场供应，搞活市场流通，加强价格监控，保障困难群众基本生活。 |
| | 发改委、农业部等5部 | 2011.01 | 关于做好2011年春节期间蔬菜市场保供稳价工作的紧急通知 | 确保2011年春节期间蔬菜市场保供稳价 |

| 政策类别 | 发布部门 | 时间 | 文件名称 | 主要内容 |
|---|---|---|---|---|
| 稳定消费价格政策 | 发改委、财政部等6部 | 2007.09 | 关于切实做好今年中秋、国庆期间市场供应和价格稳定工作的通知 | 与交通运输部门加强合作，加强产销衔接，组织好包括蔬菜类产品在内的重要农产品的调运工作 |
| | 发改委 | 2012.06 | 关于汛期蔬菜等农产品价格调控监管工作的通知 | 要求各地物价主管部门做好汛期的菜品价格管制 |
| 产业发展规划 | 农业部 | 2006.11 | 关于印发《"十一五"时期全国农产品市场体系建设规划》的通知 | 促进蔬菜市场机制构建 |
| | | 2009.04 | 关于印发蔬菜茶叶梨重点区域发展规划（2009—2015）的通知 | 出台蔬菜产业主产区发展规划 |
| | | 2014.01 | 关于印发《2014年种植业工作要点》的通知 | 提出确保菜品稳定生产，提升品质与效应，确保均衡供给的工作要点：稳定产品生产、扎实推进北方地区设施农业试点、强化产品产销信息检测 |
| | | 2015.02 | 关于扎实做好2015年农业农村经济工作的意见 | 优化调整种植结构，扩大北方城市冬季设施蔬菜生产试点规模；启动质量安全县创建项目，重点治理蔬菜生产违规使用禁限用农药等行为 |
| | 发改委、农业部 | 2012.01 | 关于印发全国蔬菜产业发展规划（2011—2020）的通知 | 出台蔬菜产业发展规划 |
| | 农业部、发改委等8部 | 2015.05 | 关于印发《全国农业可持续发展规划（2015—2030）》的通知 | 鼓励华南区建设生态绿色的热带水果、冬季瓜菜生产基地；鼓励青藏区适度发展设施蔬菜、油菜及马铃薯等产品生产 |

# 致　　谢

本书付梓之际，掩卷长思，感慨颇多。

本书是李崇光教授主持的国家社会科学基金重大项目"我国鲜活农产品价格形成、波动机制与调控政策研究"（项目编号：12&ZD048）课题的一部分，也是我的博士论文选题，从框架设计、资料搜集、文字撰写、初稿修改以及最后的定稿，李老师都给予了耐心的指导与解惑。特别感谢我的导师李崇光教授对我硕、博五年的倾心培养，他灌输给我的不仅仅是知识，还有为人处世的诸多道理。师从李老师，是我一生的荣幸。

在课题研究的各个阶段，都收获了相关领域学者们的评论和建议，如国务院发展研究中心程国强研究员、中南财经政法大学陈池波教授、中央财经大学的于爱芝教授、华中农业大学经济管理学院的陶建平教授、李谷成教授、严奉宪教授、罗小锋教授，以及文法学院的钟涨宝教授等，他们给予的有益评论和宝贵建议，在此表示一并感谢。

感谢经济管理学院项朝阳副教授、章胜勇副教授、包玉泽副教授、涂涛涛副教授、熊涛副教授、李春成副教授，公共管理学院李优柱副教授、章德宾副教授对我学习与科研方面的指导与帮助。感谢同门师兄姐弟妹们，他们分别是师兄胡华平、徐家鹏、郑鹏、孙科、赵武、吴涌、宋长鸣、肖小勇、纪龙、袁祥州、刘银成，师姐向玉林、张俊、张艳、李文瑛、谢继蕴，师妹周锦、殷端、刘念洁、刘姣姣、唐海洋、徐媛媛、张慧；师弟李俊青、闫甫、吴文劼、柯杨敏、张有望、崔帅、舒卓、侍威、赵晓阳、赵凯、严哲人；同级左可贵、李剑、高雪、齐皓天、陶艳红、李志利。每年的寒暑假，和你们一起奔赴兰州、石家庄、咸宁、宜昌、恩施、海南等地调研；两周一次的师门例行会议，大家毫无保留地向彼此分享学习与科研经验；每周一次的羽毛球活动，在你们的熏陶下我开始热爱运动……这五年，在蔬菜工作室，与你们共处的旧时光，回忆起来满满的都是阳光与不舍。

感谢博士班全体成员，感谢旧日时光里你们给予我的所有陪伴与关心。在这九年校园生活里，能够和来自五湖四海的你们结交为挚友，是我一生的财富。与此同时，感谢一路走来给予帮扶的朋友，尤其是西安交通大学的姜全保教授、西藏民族学院的赵宸君老师、甘肃省农科院蔬菜所的侯栋所长、程鸿老师等，你们对我求学、调研、生活等诸多方面的帮助，已然铭记于心。感谢南昌大学公共管理学院的各位领导和同事对我的科研工作提供的大力支持与关心。

本书的出版，得到了国家自然科学基金（71763018）、博士科研启动经费（06301351）和南昌大学廉政研究中心的资助。在此致谢！

本书的出版，还得到了中国社会科学出版社编辑刘艳老师的大力支持和指导。在此表示深深的敬意！

最后，谨以此文献给我的家人。感谢生育和培养我的父亲和母亲，尤其是我的母亲，这些年来我们一起经历了太多人生的酸甜苦辣、并肩成长；感谢我的姐姐和姐夫一家，永远做我强有力的后盾，小外甥乐乐的诞生更是给我们这个温暖的小家带来无尽的欢乐；感谢多年来始终陪伴左右的左先生，逐梦的人生总是有你不离不弃、共同进步；感谢其他的亲朋好友，给予我的物质上和精神上的所有支持与鼓励。

高 群

2018 年 1 月完稿于江西省南昌市前湖畔